Z세대에 나타난 하나님의 역사 이야기

부어주시는 부흥의 세대

애즈베리에서 일어난 하나님의
강력한 역사에 대한 목격자 이야기

사라 토마스 볼드윈 / 남성혁 역

다음시대연구소
Next Century Institute

부어주시는 부흥의 세대

초판 1쇄 발행 2025년 2월 20일

지은이 | 사라 토마스 볼드윈
옮긴이 | 남성혁

발행인 | 전석재
발행처 | 다음시대연구소
편 집 | 손애경
인쇄처 | 신일문화사

등 록 | 제2024-000033호
주 소 | 인천시 연수구 랜드마크로 19, 108동 2104호
전 화 | (대표) 010-2113-4792, 010-5090-4792
메 일 | jeon0262@naver.com

ISBN 979-11-989491-1-0

* 책값은 뒤표지에 있습니다.

[목 차]

감사의 글 ··· 5

역자 서문 ··· 9

추천사 ··· 13

거룩한 불꽃 ·· 17

1장   첫날 ·· 23

2장   첫 응답 ··· 53

3장   충만함 ·· 79

4장   문지기 ·· 103

5장   성별 ·· 131

6장   열방들 ·· 153

7장   과감한 겸손 ··· 171

8장   충만한 부흥 ··· 189

9장   두려워 말고 믿기만 하라 ····························· 205

10장   밤이나 낮이나 ······································ 219

11장   사랑받는 자 ··· 239

12장   축복기도 ··· 261

후기 - 사라 토마스 볼드윈 ································· 277

후기 - 데이비드 토마스 ···································· 281

감사의 글

2022~2023학년도 애즈베리 학생 여러분, 하나님은 여러분과 함께 시작하셨습니다. 여러분 안에서 시작된 일이 전 세계로 퍼져나갔고, 앞으로 다가올 세대들에도 영향을 미칠 것입니다. 여러분은 깨어난 세대입니다. 아웃포어링 기간 동안, 그리고 지금도 전 세계에서 간증을 나누고 성경을 읽고 설교한 학생 여러분, 감사합니다. 여러분의 증언은 계속되고 있습니다.

2월 8일과 그 이후로 성령님을 위한 문을 열어주신 애즈베리 가스펠 찬양팀, 정말 감사합니다. 벨, 벤, 케일럽, 채리티, 도노반, 도르커스, 엠마, 조르주, 레나, 메이시, 마리, 나다니엘, 사라, 고맙습니다.

애즈베리 대학교의 직원 및 교수님들께 감사드립니다. 여러분은 수천 번, 수만 번의 '예'로 응답하셨습니다. 여러분의 희생적인 봉사가 하나님의 놀라운 사역을 가능하게 했습니다. 모든 분께 감사를 전할 수는 없겠지만, 저와 함께했던 몇몇 분들께 특별히 감사의 말을 전하고 싶습니다. 벤 블랙, 조니 애드킨스, 팸 앤더슨, 케빈 벨루, 조 브루너, 바브 보일, 크리스티 보스, 테일러 콜링스워스, 크리스틴

엔디콧, 폴 뒤프리, 글렌 해밀턴, 카터 해먼드, 캐롤린 햄프턴, 리사 하퍼, 데이비드 헤이, 로라 하우겐, 브렌다 힐버트, 에스더 자드하브, 조 켈리, 샘 김, 미셸 크래처, 애비 라우브, 에밀리 라이닝거, 롭 림, 리즈 라우든, 재커리 매싱게일, 제니퍼 매코드, 콜린 맥글로슬린, 앤디 밀러, 돈 민크, 존 몰리, 앤디 네이먼, 매트 페니, 댄 핑크스턴, 셰리 파워스, 폴 스티븐스, 블레이크 서니, 마크 트로이어, 네이선 빅, 셰릴 보이츠, 에릭 월시 감사합니다. 또한, 사역 센터의 디렉터 여러분, 감사드립니다! 제임스 볼라드, 폴과 알마 케인, 조쉬와 켈리 핼러핸, 데이비드 슈네이크, 고맙습니다.

부어짐 핵심팀 8명 - 매들린 블랙, 지니 밴터, 케빈 브라운, 재크 미크립스, 그렉 해셀로프, 데이비드 토마스, 마크 휘트워스 - 우리는 함께 하나님의 아웃포어링을 경험하며 결코 이전과 같지 않게 되었습니다. 하나님, 다시 한번 임하여 주옵소서! #revival bonding

Seedbed, 애즈베리 신학교 커뮤니티, 윌모어 커뮤니티, 그리고 적시에 함께해주신 많은 친구들, 정말 감사합니다. 모든 분의 이름을 다 적을 수는 없지만, 그날들 동안 연결된 몇몇 분들께 특별히 감사의 말씀을 전합니다. 제시카 에이베리, 마크 벤자민, 브레나 불럭, 제리 콜먼, 조안나 코프지, 제이슨 던컨, 네이선 엘리엇, 알리시아 파일스, 젠 해셀로프트, 제시카 라그론, 루크 롱, 매튜 마레스코, K.O., 브랜든 슈크, 버드 사이먼, 마크 스웨이즈, 오스틴과 매디 우포드, J.D. 월트, 댄 월트, 감사합니다.

초대 물류 자원 팀의 렌 윌슨, 로리 와그너, 그리고 팀에게도 큰 감사를 드립니다. 이 책을 향한 비전과 진행 과정에서 주신 격려에 감사드립니다. 샤논 리우, 초기 독자로서 훌륭한 피드백을 주셔서 감사합니다. 마거릿 파인버그, 놀라운 지원에 감사드립니다.

마지막으로, 제 남편 클린트, 항상 제 가장 큰 팬이자 격려자였던 당신에게 마음 깊이 감사드립니다.

애즈베리대학교
2024년 초겨울
사라 토마스 볼드윈

역자 서문

애즈베리 대학교와 애즈베리 신학교가 위치한 켄터키주는 우리에게는 그리 잘 알려진 곳은 아닙니다. 더욱이 애즈베리가 위치한 켄터키의 윌모어(Wilmore)라는 마을은 미국에서 그 흔한 맥도널드 식당조차 없는 작은 도시입니다. 어쩌면 그런 윌모어의 분위기가 더욱 하나님께 집중할 수 있었던 것일 수도 있습니다. 선교학박사 학위를 공부하면서 아이들을 기르고, 함께 예배하고 기도했던 애즈베리 교정은 제게 기쁨과 슬픔, 고민과 환희가 함께 하는 추억의 공간이며 영적인 고향과 같은 곳입니다. 하나의 추억은 'Ale-8-One'이라는 초록 병에 담긴 생강 맛 소다입니다. 도서관에서 박사과정 연구를 하면서 끝을 모르는 지난 한 시간을 보내면서 이 소다를 즐겼고, 더욱이 켄터키주 밖에서는 접할 수 없는 것이기 때문에 저만의 켄터키 상징이 되었습니다.

그런데, 2023년 봄, 저만의 추억이 아닌 전 세계를 놀라게 하는 소식이 애즈베리에서 들려왔습니다. 하나님의 놀라운 부으심(outpouring)의 부흥이 바로 그것입니다. 비록 이 부흥의 역사는 제가 졸업한 이후의 이야기지만, 이 부흥의 기록 속에 등장하는 애즈베리 대학교, 애즈베리 신학교, 윌모어 시, 그리고 익숙한 이름의 건물들과 여전히 그곳에서 하나님의 사람들을 길러내는 교수님들과 직원 선생님들의 이름이 반갑기만 합니다. 이 책을 번역하면서 저는 휴즈 강당과 에스테스 채플과 같은 공간에서 호흡하는 것 같았습니다. 어느 장면에서는 눈물이 나서 잠시 읽기를 멈추어야 했고, 다른 장면에서 아는 인물의 이야기에 더욱 집중했습니다. 실제로 번역 작업을 하는 동안, 내 삶에 하나님의 임재와 성령의 충만하심이 지속해 경험되었습니다. 그래서인지, 다른 번역 작업보다 더욱 즐겁고 빠르게 할 수 있었던 것 같습니다. 윌모어 도시를 묘사하는 장면에서는 마치 과거로 시간 여행을 하듯이 모든 것이 생생하고 머릿속에 선명한 사진처럼 그려집니다.

　　윌모어에 관한 또 다른 추억은 애즈베리 신학교에 입학하던 해의 일입니다. 보스턴에서 석사과정을 마치고 박사과정을 시작하려고 켄터키주 윌모어로 20시간을 넘도록 운전하여 이사했습니다. 날이 저물고 주변은 외진 시골 풍경이 펼쳐졌습니다. 과연 이 길을 따라가면 학교가 있을까 하는 의문이 들었습니다. 학교가 있을 만한 모습은 보이지 않고, 불안함이 엄습해 왔습니다. 한인학생회 섬긴 이에게 전화하여 위치와 방향을 알리고, 길이 맞는지 확인했습니다. 그때, 전화 너머 들려왔던 대답이 잊히지 않습니다.

　　"우리 학교는 믿음으로 오셔야 합니다."

　　그때는 잘 몰랐지만, 다음 해가 되어 학생회에서 섬기는 동안 새로운 학생이 똑같은 상황에서 제게 전화했고, 저도 똑같이

　　"끝까지 운전해 오세요. 애즈베리는 믿음으로 오는 학교입니다."

라고 대답했습니다. 애즈베리 부흥의 역사를 뒤돌아보면, 이 대답은

단지 학교의 위치와 거리를 의미하는 것만은 아닌 것 같습니다. 애즈베리 부흥을 위하여 수많은 이들의 믿음의 기도가 담겨 있는 듯합니다. 애즈베리 부흥에 관한 책을 기쁜 마음으로 번역하고 한국교회에 소개하고자 하는 것은, 한국에서도 교회와 학교마다 이러한 부흥의 불길이 옮겨붙기를 소망하는 마음입니다. 하나님의 부어주심을 소망하며 믿음으로 기도하는 많은 하나님의 자녀들이 한국교회에도 많이 있기 때문입니다.

이 책은 2023년 애즈베리 대학에서 일어난 부흥을 기록하며, 특히 Z세대에 나타난 하나님의 역사를 묘사하고 있습니다. 번역 과정에서 성경 인용은 원저자의 의도를 존중하는 의미에서, 현대적인 표현이 돋보이는 새 한글 성경(대한성서공회, 2024년 12월)을 사용하여 표기하였습니다. 새로운 성경 번역이 기성세대 독자들에게는 익숙하지 않을 수도 있겠습니다. 그런데도, 애즈베리 부흥을 통하여 다음 세대를 축복하시는 하나님의 역사를 증언하기 위함을 헤아려 주시기를 부탁드립니다.

애즈베리 부흥 팀의 고백처럼, 대학교 휴즈 강당에서 일어났던 과거 부흥의 기억과 기록이 2023년 부흥의 지혜를 더하여 준 것 같이, 이 도서의 기록이 또다시 '부어주실' 하나님의 부흥에 관한 기대와 사모함의 길잡이가 되어주기를 소망합니다.

2025년 1월
아차산 기슭에서
남성혁

추천사

세상이 스캔들, 냉소주의, 회의주의 속에서 종교적 안정성이 무너지는 것처럼 보일 때, 켄터키의 캠퍼스에서 Z세대 학생들 사이에서 무언가가 일어났습니다. 애즈베리 부흥의 가장 가까운 관찰자 중 한 사람이 기록한 이 책은 무엇이 일어났는지, 왜 그것이 우리 세대와 상관없이 안일함과 절망에서 벗어나도록 우리를 흔들어야 하는지를 보여줍니다. 성령은 여전히 움직이고 있으며, 우리의 예측과 계획에 휘둘리지 않습니다. 기대치가 낮아진 이 시대에, 이 책은 우리가 필요로 하는 바로 그 책입니다.
　　　　─ 러셀 무어, 크리스찬니티 투데이(Christianity Today) 편집장

하나님의 임재가 강력히 부어질 때마다, 사람들은 종종 "열매는 어디에 있습니까?"라고 묻습니다. 이 기쁨으로 가득 찬 책에서, 우리는 애즈베리 대학교에서 드러난 하나님의 열매를 발견합니다. 마지막 페이지를 다 읽을 때쯤이면 예수님, 그분의 임재, 그분의 능력, 그리고 그분의 선하심을 더 갈망하게 될 것입니다. 읽는 것을 멈출 수 없게 만드는 선물 같은 글입니다.
　　　　─ 마가렛 파인버그, More Power to You 저자
　　　　　　　　　　및 The Joy cast 팟캐스터

하나님 성령의 사역은 언제나 예수 그리스도께 영광을 돌리는 것입니다. 장소에 구애받지 않으며, 외딴 마을에 하나의 도로만 있는 작은 대학 캠퍼스도 충분합니다. 페이스북과 인스타그램이 하나님의 조용한 음성을 전하는 중요한 도구가 될 수 있다는 사실도 성령께는

아무 문제가 되지 않습니다. 1,600명의 학생으로 시작된 부흥이 소셜 미디어를 통해 전 세계의 어두운 구석구석에 이르기까지 퍼져나간다는 것은 믿기 힘든 일입니다. 사라 볼드윈이 쓴 이 부흥에 대한 기록은 마음을 따뜻하게 하려는 이들을 준비시키며, 읽는 이들에게 감동을 줍니다.

— D. T. 슬루프먼, Redeeming Babel 콘텐츠 디렉터,
텔레비전 프로듀서, 열 차례 에미상 수상자

믿기 어렵지만, 이 책은 진정한 이야기를 전합니다. 하나님은 (그 많은 곳 중에서) 한 채플에서 예기치 않게 애즈베리 대학교에 나타나셨습니다. 하나님은 항상 그런 방식으로 일하십니다. 가장 예상치 못한 곳에 나타나십니다. 이 이야기는 하나님이 아직 끝내지 않으셨으며, 어떤 세대도 증인 없이 남겨두지 않으실 것을 보여줍니다. 이 책을 추천하는 것이 영광이며, 무엇보다도 이 책의 저자이자 내 친구인 사라 볼드윈이 하나님이 애즈베리에서 행하신 일을 충실히 섬긴 점을 더 큰 영광으로 여깁니다. 놀랄 준비를 하십시오. 이 이야기는 거의 믿기 힘들 정도로 놀랍습니다.

— A. J. 스워보다, 부시넬 대학교 성경 및 신학 교수,
The Gift of Thorns 저자

같은 참여자로서, 사라의 이야기와 간증에 감사를 표합니다! 그녀와 함께한 팀원으로서, 그 달콤한 날들을 떠올리며 눈물을 흘렸고, 함께 섬길 수 있었던 영광을 기억합니다. 그리스도 안에서 형제로서, 애즈베리에서 16일 동안 하나님께서 행하신 일에 대해 궁금해하는 교회와 사람들을 위해 이 책이 얼마나 중요한지 고무됩니다. 이 책을 읽고, 여러분의 채플, 교회, 그리고 여러분의 삶 속에서 새로운 하나님의 역사를 갈망하게 될 것입니다.

— 잭 미어크립스, 애즈베리 대학교 목회자 및 저자

애즈베리 부흥에 대한 상당수의 논평은 직접 경험하지 못한 목소리들로부터 나왔습니다. 《부어주시는 부흥의 세대》에서는 독자들이 2023년 2월의 역사적인 16일 동안의 아름다움, 복잡함, 갈망, 평화, 그리고 변화를 생생하게 기록한 사라의 1인칭 이야기를 경험하게 될 것입니다. 이 책은 희망과 격려의 책으로, 21세기에 우리가 본 적 없는 영적 전개를 가능하게 한 거룩한 상상력과 이타적 환대의 상세한 묘사를 담고 있습니다.

— 케빈 J. 브라운, 애즈베리 대학교 총장

너무나 아름답습니다! 하나님의 특별한 역사를 직접 목격한 증인으로서, 사라는 자신의 영혼이 하나님과 만난 순간들을 잊을 수 없는 성령의 역사에 대한 이야기 속에 녹여냈습니다. 이 책은 영적으로 섬세한 기록으로, 형언할 수 없는 현실을 단어로 감싸 독자를 이 사랑의 부흥 속으로 초대합니다. 그녀는 Z세대가 거룩한 사랑의 폭포 아래 서서 예수님의 임재에 흠뻑 젖은 모습을 묘사합니다. 성경과 예배의 찬양으로 가득 찬 그녀의 겸손한 간증을 읽으며, 그 축복이 제게도 흘러들어왔습니다.

— 린다 아담스, 자유 감리교 은퇴 감독

2023년 애즈베리 각성과 부흥에 대해 쓰인 수많은 책과 기사 중에서, 《부어주시는 부흥의 세대》는 특별합니다. 이 책은 애즈베리 대학교의 핵심 지도자 중 한 명이자 16일간의 모든 순간을 직접 경험한 증인의 생생한 기록을 제공합니다. 이 놀라운 기록은 잊을 수 없는 그날들의 신성한 순간들, 축제, 감정, 그리고 질문들을 되살리며, 이 각성이 Z세대와 절실히 각성이 필요로 하는 교회에 얼마나 깊은 영향을 미치고 있는지에 대한 성찰을 담고 있습니다.

— 티모시 C. 테넌트, 애즈베리 신학교 총장

《부어주시는 부흥의 세대》는 2023년 2월 애즈베리 대학교에서 하나님의 성령이 역사하신 방식에 대한 생생한 기록입니다. 볼드윈의 명확한 문체와 훌륭한 구성은 독자들에게 성령의 사역을 바로 눈앞에서 경험하는 듯한 느낌을 줍니다. 그녀는 겸손, 고난, 은혜, 그리고 변화를 담은 이야기를 들려주며, 하나님의 사랑이 여전히 우리 가운데 능력으로 나타나는지 궁금해하는 모든 사람에게 용기와 도전을 제공합니다.

— 에이미 줄리아 베커,
To Be Made Well: An Invitation to Wholeness, Healing, and Hope 저자

2023년 겨울의 16일 동안 예수 그리스도께서 놀라운 방식으로 애즈베리 대학교 캠퍼스를 방문하셨습니다. 사라 볼드윈의 생생한 목격담은 우리가 기다려온 이야기입니다. 그것은 단지 그녀가 16일 동안 하나님의 일을 겸손하고 능숙하게 이끌었던 방식 때문만이 아닙니다. 그 이전 3,195일 동안과 그 이후 매일 그녀가 하나님의 일을 돌보는 방식을 통해서도 그렇습니다.

사라의 이야기는 실용적이면서도 초월적인 지혜로 빛납니다. 그녀는 독자의 영혼을 격려하며, 예수님의 사랑으로 젊은 세대를 추구할 수 있도록 여러분의 손과 마음을 준비시킬 것입니다.

— J. D. 월트, Seedbed 창립자 및 수석 책임자

거룩한 불꽃

2023년 2월 8일, 애즈베리 대학교의 정규 채플 예배 후 몇몇 학생들이 자리에 남아 머물며 성령께서 불꽃을 일으키셨습니다. 이 불꽃은 전 세계에서 주목하는 큰 불길로 번져갔습니다. 위키피디아는 이를 "주목할 만한 사건(phenomenon)"으로 분류했습니다.[1] 세상은 대학생들이 하나님의 더 깊은 임재를 갈망하며 시작된 이 사건에 주목했습니다. 이후 16일 동안 페이스북, 인스타그램, 틱톡, 유튜브 영상들이 수백만 번 공유되고 조회되며 전 세계 미디어의 관심을 끌었습니다. 애즈베리 캠퍼스에서 대학생들이 성령의 새로운 움직임을 경험하며 시작된 이 사건은 자발적으로 폭발하며 전 세계를 향한 하나님의 역사가 되었습니다.

하나님 사랑의 불길은 애즈베리 캠퍼스에서 Z세대를 위해 타올랐고, 우리 모두의 마음에 성령의 불꽃이 타올랐습니다. 비판자들은 이번 부흥의 진정성과 자발성을 의심하려고 하지만, 그날들을 경험한 이들에게 이러한 주장들은 "세상의 지혜"로 들릴 뿐이며, 이는 하나님의 관점에서 어리석게 여겨질 뿐입니다(고린도전서 1:20 참조).

---

1) 위키백과, "2023 애즈베리 부흥" 참조, 2023년 12월 18일 접속, https://en.wikipedia.org/wiki/2023_Asbury_revival.

우리는 스스로 성령의 불꽃을 붙일 수 없었음을 압니다. 하나님의 사랑은 높고 밝게 타올랐으며, 2023년 2월 23일에 전 세계로 퍼져 나갔고, 지금도 여전히 타오르고 있습니다. 많은 이들이 하나님의 불꽃으로 자신의 촛불을 밝히고 있습니다.

2023년 2월 8일부터 2월 24일까지, 최소 오만명이 삼백 개 이상의 대학과 서른 개 이상의 주, 그리고 열세 개 이상의 나라에서 켄터키주 월모어로 모여 하나님의 풍성한 사랑을 경험했습니다. 그러나 그 오만명은 이 놀라운 하나님 사랑의 표현으로 만져진 수많은 사람 중 일부일 뿐입니다. 인터넷을 통해서든, 직접 공유를 통해서든, 2023년 2월에 하나님께서 하신 일에 대한 간증은 듣는 곳마다 새로운 하나님의 불꽃을 일으키고 있습니다.

미국에서 교회 출석률 감소, 설문 조사에서 종교란에 "없음 (None)"을 표시하는 사람들의 증가, 그리고 교회와 고등 교육 기관과 같은 제도에 대한 신뢰 상실에 관하여 많은 글과 소셜 미디어 게시물, 그리고 논의가 있었습니다. 우리는 종종 Z세대가 태어날 때부터 혹은 유치원 시절부터 스마트폰 문화에 익숙해졌으며, 불안감이 크고, 각자 개별적 맞춤화된 삶을 살고 있다고 안타까워합니다. X세대와 나이 든 밀레니얼 세대가 젊은 시절 "세상을 더 나은 곳으로 만들겠다"는 사회적 사명감을 지녔던 것처럼 보인 반면, Z세대는 종종 소셜 미디어에서 "인플루언서"로 유명해지는 것에만 관심을 두는 것처럼 보이기도 합니다.

하지만 우리가 이들에게 물려주는 세상은 어떤 모습일까요! 교회로서 우리는 Z세대에게 "좋아요"를 누름으로 도파민 자극으로 영혼을 채우려 하는 세상이나, 정치와 인종적 트라우마로 분열된 교회가 제자도의 모습으로 가장하고 있는 세상을 주려 합니다. 우리는 Z세대가 성숙한 그리스도인들보다 소셜 미디어 인플루언서와 넷플릭스에 의해 더 많이 영적으로 영향을 받도록 내버려두었습니다. 하나님의 거룩한 백성을 젊은 세대에게 제공하기보다는 유명인으로 키우고, 예수께 순복하며 자기 자신을 부인하는 삶 대신 리얼리티 TV를 제공하고 있습니다. 우리는 식탁 공동체를 세우기보다 서로 벽을 세우고, 사랑으로 알려지기보다 두려움으로 알려집니다. 믿음을 싹틔우기 위해 겸손과 십자가 아래의 연합에 뿌리를 내리기보다는, 안전과 정치 이데올로기의 토양에서 믿음을 키우려 합니다.

하지만 2월의 어느 평범한 날, 하나님께서 나타나셔서 Z세대를 십자가 아래에서 사랑의 홍수로 깨우셨습니다. 애즈버리 대학교의 휴즈 강당에서 젊은이들에게 부어진 하나님의 사랑이 전 세계로 퍼져나가면서, 우리는 고백, 회개, 그리고 순복으로 채워진 진정한 기독교적 삶을 갈망하는 세대를 발견했습니다. Z세대는 하나님께서 부어주시는 사랑 아래 머물며, 예수님의 임재를 압도적으로 경험하고, 서로를 사랑하며 하나님을 알고자 하는 열망을 느꼈습니다. 대학생들은 우리를 하나님 사랑의 식탁으로 이끌었습니다. 식탁이 차려지고 잔치가 준비되었을 때, 나를 포함한 수천 명이 하나님의 선하심 앞에 의자를 당겨 앉았습니다. 예수님에 대한 Z세대의 응답은 진지하지 못하고 오락적인 "믿음"과 정치적 "믿음"으로 양극화되던 교회를 바로잡는 하나의 새로고침처럼 보입니다.

하나님의 사랑이 부어진 이번 사건은 영적 갈망을 드러냈습니다. 그것은 하나님의 움직임을 자신이 주도하려 하지 않고 겸손하게 섬기려는 태도, 단순한 예배, 육체를 통한 영적 경험, 그리고 구원과 순복에 대한 초청으로 표현되었습니다. 우리는 부흥이 시간이 지나며 신뢰를 기반으로 한 관계 위에서 이루어진다는 것을 배웠습니다. 우리는 다민족 예배팀을 통해 나타난 하나님의 능력을 경험했습니다. 하나님께서는 20대와 30대부터 80대와 90대까지 모든 세대의 성도들을 부르셔서 이 위대한 하나님의 움직임을 지지하는 역할을 하게 하셨습니다. 우리는 함께 교회에 대한 새로운 비전을 경험했습니다.

캠퍼스에서 하나님의 사랑이 부어진 이야기를 나누며, 나는 세계 각지의 가장 맛있고 다양한 음식들이 펼쳐진 거대한 잔치를 떠올립니다. 내 이야기는 이 풍성한 잔치의 많은 이야기와 경험 중 하나의 접시에 불과합니다. 요한복음 21장 25절의 말씀이 내게 생생히 다가옵니다. "사실 예수님이 하신 다른 일들도 많이 있습니다. 하나하나 다 적어 두자면, 내가 생각하기에는, 온 세상도 그 안에 그 적어 둔 책들을 다 담지 못할 것입니다." 애즈베리 부흥을 복음과 비교할 수는 없겠지만, 나는 복음서 저자의 감정에 깊이 공감합니다. 2023년 하나님의 임재와 그로 인해 불붙은 부흥의 소식은 인간적으로 모두 기록하고 담아낼 수 없는 방대함을 지니고 있습니다.

애즈베리 대학교의 학생 생활 부책임자로서, 나는 학생 사역 전문가 팀을 이끌고 있습니다. 애즈베리와 이전에는 조지 폭스 대학교에서 채플 프로그램과 영성 훈련을 책임지며, 나는 젊은이들이 멘토링과 제자도를 통해 예수님과의 관계 속에서 변화되기를 열망합니다. 캠퍼스에서 하나님의 자발적인 역사가 일어나는 동안, 나는 부흥을 이끄는 핵심 사역팀을 공동 주재하고 독려하는 독특한 역할을 했습니다. 나는 급격히 확장되는 물류 관리팀을 이끌고, 상상하지 못했던 기관적 결정을 내리는 총장 실무팀에 속해 있었습니다. 이 책은 부흥 기간의 날들을 제 관점에서 충실히 기록하려는 시도입니다. 여러분이 이 글을 읽을 때, 그 시절 휴즈 강당, 윌모어, 그리고 전 세계에 부어진 하나님의 사랑이 여러분에게도 부어지기를 바랍니다. 하나님의 사랑의 부어짐은 여러분을 위한 것입니다! 이 순간을 놓치지 마세요.

1장

첫 날

2월 8일

휴즈(Hughes) 강당

애즈베리 대학교

예수님이 대답하셨다. "아멘 아멘 그대에게 말합니다. 누구든 물과
성령님으로부터 태어나지 않으면 하나님 나라에 들어갈 수 없습니다.
육신으로부터 태어난 것은 육신이고, 성령님으로부터 태어난 것은 영입니다.
놀라워하지 마세요, 내가 그대에게 '여러분은 위로부터 태어나야만 합니다.'
하고 말했다고 해서요. 바람은 불고 싶은 곳에서 불며, 그대는 그 소리를
듣습니다. 그러나 바람이 어디서 오고 어디로 가는지 그대는 알지 못합니다.
(요한복음 3:5-8)

여호와의 신이 수면 위를 운행하셨듯이,
성령이여 우리 위에 운행하소서
"성령님만 원합니다(Rest on Us)," 매버릭 시티 뮤직

2023년 2월 8일, 이른 오전

우리는 여전히 예배 중입니다! - 12:08 p.m.

점심시간에 나는 휴대전화 화면을 열어 메시지를 읽었다. 식당에서 식판을 반납하고, 코트와 가방을 챙기면서 일정을 확인해 보니, 잠시 들러서 채플실에서 무슨 일이 벌어지고 있는지 확인할 만한 시간이 충분히 있었다. 리모델링 중인 학생회관을 재빨리 지나, 벽돌 아치들로 늘어선 보행로를 따라, 건물 뒷문으로 들어가 로비를 지나며 그날 해야 할 일들을 머릿속으로 정리했다.

나는 휴즈 강당(Hughes Auditorium) 입구에 잠시 멈춰 섰다. 애즈베리 가스펠 찬양팀의 목소리가 나를 반기고, 스테인드글라스 창문으로 들어온 오후의 햇빛이 부드러운 빛을 뿌려, 하나님의 신실함과 선하심을 찬양하는 학생들에게 닿고 있었다. 공식 예배는 몇 시간 전에 끝났지만, 여전히 약 30명의 학생이 예배를 드리고 있었다. 일부는 두 손을 높이 들고 서 있었고, 일부는 무릎을 꿇고 있었으며, 몇몇은 음악에 맞춰 몸을 흔들며 서로 어깨를 감싸고 있었다. 또 다른 이들은 의자 아래에 배낭을 놓고 앉아 있었고, 그들의 눈에는 눈물이 반짝이고 있었다. 예배팀은 무대 가장자리에 앉아 하나님의 선하심에 대해 노래하고 있었고, 그들의 얼굴에는 빛이 비치고 있었다. 나는 숨을 들이마시며 이 모든 광경을 온몸으로 느꼈다. 처음에는 예수님의 임재를 느꼈고, 이어서 마음 한구석에서 예배에 머무르라는 부드러운 내적 울림이 전해졌다.

2023년 2월 8일 오후 1시가 조금 지난 시간이었다. 매년 몇몇 예배는 오전 10시 50분의 축도가 끝난 후에도 이어지는 경우가 있다. 학생들은 예배를 사랑하기 때문에, 예배팀이 계속 연주하거나 하나님의 영이 특히 가까이 느껴질 때 학생들은 자리를 떠나지 않고 찬양을 이어가곤 한다. 나는 앞줄의 나무 의자를 펼치고 앉았다. 발 아래에 작업 가방을 놓고, 주머니 속에서 진동하는 휴대전화는 무시했다. 의자에 몸을 기댄 채, 나는 그 순간의 평화에 나 자신을 맡겼다.

휴즈 강당의 각각 입구를 통해 학생들이 하나둘씩 들어왔다. 마치 보이지 않는 손에 이끌린 듯, 학생들은 조용히 제단 쪽으로 다가가거나 같은 줄에 앉아 있는 친구들과 함께 예배에 참여했다. 몇몇 학생들은 혼자서 자리를 잡고 앉거나 서서 예배 속으로 빠져들었다. 하나님의 숨결이 우리에게 불어오자, 그것은 마치 추운 방 벽난로에서 불이 타오르며 전해지는 따뜻함처럼 느껴졌다. 그 옆에 서지 않을 수 없는 온기였다.

하나님의 부드러운 포옹이 나를 감싸는 듯했다. 몇 분 후에 회의 일정이 있었지만, 나는 호흡을 천천히 고르며 어깨의 긴장이 풀리는 것을 느꼈다.

"당신의 선하심이 나를 찾아옵니다, 나를 찾아옵니다. 내 삶을 내려놓고, 이제 나는 내 삶을 드립니다."

학생들이 노래를 부르기 시작했고, 나도 그들과 함께 목소리를 더했다.[2] 행정 회의에 가야 할지, 아니면 이곳에 남아 학생들과 함

---

[2] Ed Cash 외, "Goodness of God," Bethel Music의 라이브 앨범 *Victory*의 2번 트랙, 2018년 발매.

께 예배를 계속 드릴 수 있을지 고민이 들었다. 아직 처리해야 할 일들이 내 머릿속을 빠르게 스쳐 지나갔다. 해야 할 업무들의 압박이 줄줄이 떠오르지만, 동시에 성령의 부드러운 초대가 나를 붙잡아 두었다. 우리 학교처럼 작은 규모에서는 교직원들이 여러 역할을 감당해야 하므로, 사람의 힘으로 다 해낼 수 없는 일들이 항상 넘쳐난다. 나는 학생 생활 팀을 이끌고 있는데, 이 팀은 교실 밖에서 학생들이 경험하는 모든 것을 지원하고 자원을 제공하는 역할을 한다. 약 천 명의 기숙사 학생들과 소수의 팀원으로 구성된 이 팀에게는 많은 책임이 맡겨져 있다.

"조금만 더…."

나는 이 순간의 평화가 마치 따뜻한 이불 속에 있는 것처럼 나를 감싸는 것을 느꼈다. 그것은 나를 사랑으로 감싸며 나를 포근히 둘러싸고 있었다. 눈을 감자, 마음이 고요해졌다. 부드러운 찬양 소리가 내 영혼과 마음을 초청했고, 내 영은 학생들과 함께 더 깊이 이 순간으로 들어가고 싶어 했다. 나는 내가 얼마나 지쳤는지를 그제야 깨달았다. 내 얼굴의 긴장이 풀렸고, 매일 반복되던 두통이 서서히 사라지기 시작했다. 목소리와 음악이 이 순간을 거룩하고 온화하게 붙들어 주었고, 내 영혼은 하나님의 임재로 한 걸음 더 들어갈 수 있도록 열려 있었다. 나는 우리 팀의 한 구성원인 리즈 라우든을 바라보았다. 리즈는 스테인드글라스 창 옆에 서 있었고, 다양한 색깔의 빛줄기가 그녀에게 비치고 있었다. 그녀의 손바닥은 하늘을 향하였고, 얼굴은 하늘로 고개를 들고 있었다. 대학 예배 코디네이터인 매들린은 학생들 한가운데 있는 제단에서 예배에 몰입해 있었다.

그녀의 얼굴은 빛나고 있었다. 이 순간의 아름다움이 내 마음과 가슴 깊이 새겨졌다. 하나님은 우리에게 정말 선하시다. 우리 학생들이 우리를 예배로 이끌었고, 그것은 바로 하나님의 마음으로 들어가는 길이었다.

"이곳에 임하소서."

학기가 아직 초반이지만, 우리 공동체 전체가 학사 일정의 고된 반복에 지쳐 있는 것이 느껴진다. 학생들은 2월의 음울한 아침에 몸을 질질 끌며 교실로 향하고, 교수들은 수업 준비에 짓눌려 사무실로 사라진다. 나도 지쳐 있다. 바스러질 듯한 피로감에 겨우 버티는 중이다. 눈물이 눈꺼풀에 맺혔다. 내 영혼은 마치 막내딸이 식탁 위에 놓아둔 찰흙 덩어리처럼 단단하고 메말라 버린 것 같다. 나는 대학의 행정직원으로 일하고 있지만, 목회자로서의 소명은 학생들을 위한 공동체를 만들어가는 내 사역에 활력을 준다. 그러나 끝없이 이어지는 학생 문제들, 캠퍼스 위기 상황, 내 아이들의 등하교, 이메일, 병원 예약, 행정 업무에 파묻혀 버렸다. 내 삶은 소명의 기쁨이 아니라 의무들의 연속처럼 느껴진다. 이 거룩한 순간에도 하나님의 임재에 대한 감각은 내 머릿속에 다시 밀려드는 업무들로 인해 배경음악처럼 희미해져 간다.

'위이잉!'
주머니 속의 휴대전화가 진동한다. 현실로 돌아와야 할 시간이다. 회의와 일정으로 돌아가야 하지만 잠시 멈칫했다. 혹시 하나님의 이 숨결이 나를 위한 것일까? 이 학생들처럼 모든 것을 멈추고 하나님의 임재 안에서 잠시 쉬어도 되는 걸까? 의심과 기대 속에서, 아름다운 예배의 공간을 음미하기 위하여 나는 잠시 더 눈을 감았다.

나는 스스로에게 "나는 절대 대학생들을 위해 사역하는 것에 지치지 않아"라고 자주 말하곤 한다. 그리고 그 말은 진실이다. 대부분의 대학생은 어른의 책임을 져야 하는 현실과 어린 시절의 비교적 단순한 삶 사이의 경계선에 서 있다. 성경에서도 하나님께서 종종 이 형성기의 청년들에게 부르심을 주셨다는 사실은 결코 우연이 아니다. 젊은 시절에 마리아가 하나님께 "예"라고 대답함으로써 예수님이 세상에 오셨다. 다윗이 어린 소년으로 양을 치고 있을 때, 사무엘은 그를 왕으로 기름 부었다. 요셉은 젊은 시절에 바로의 감옥에 갇히게 되었고, 그곳에서 하나님의 음성을 듣기 시작하여 결국 그의 가족을 기근에서 구하는 여정을 시작했다. 에스더는 목숨이 위태로운 상황 속에서도 하나님의 백성을 위해 간절히 호소하고 변호함으로써 한 세대를 구원했다. 사드락, 메삭, 아벳느고는 하나님의 길에 대한 헌신으로 인해 불타 죽을 위기에 처했으나, 천사들의 개입으로 구원을 받았다(다니엘서 1:3-6). 이들은 모두 다 '젊은이들'이었다. 하나님은 젊은 사람들을 사용하시는 습관이 있으시다.

대학생들은 우리 중 누구보다도 하나님께 더 쉽게 반응할 준비가 되어 있을지도 모른다. 그들은 진정한 관계에 마음을 열고, 성령의 인도를 기꺼이 받아들이려는 마음이 있기 때문에, 종종 하나님의 도구가 되곤 한다. 성장하는 과정으로 드러나는 공간은 하나님께서 그들의 삶 속에 깊이 개입하실 수 있는 기회를 제공한다. 나는 학생들을 통해 하나님의 은혜와 은사를 경험한다. 내가 그들의 사역자,

행정가, 멘토로 있었던 동안에도, 결국 변화하고 감동을 받은 것은 내 마음이었다. 대학생들을 은혜와 자유함, 그리고 진실한 제자도로 인도하면서 나의 영적 성장은 더욱 깊어졌다.

'위이잉!'

또 하나의 문자 메시지가 왔다. 나는 현실로 확 끌려 돌아왔다. 내 안에 있던 하나님의 임재에 대한 평온한 인식이 조각조각 부서졌다. 나는 작업 가방을 집어 들고 문을 향해 걸어 나갔다. 얼마나 귀한 현장인가! 나는 학생들로 인해 행복했다. 그러나 하루가 끝나기 전에 끝내야 할 일이 많다.

2023년 2월 초

2월은 캠퍼스에서 음울한 달이다. "터벅터벅 걷다(trudge)"라는 단어가 2월의 캠퍼스를 잘 묘사해 준다. 학생들과 교수들 할 것 없이, 모두가 터벅터벅 캠퍼스를 가로지른다. 잿빛 하늘은 대부분 사람들의 정신에 회색빛 무기력을 스며들게 한다.

햇볕이 거의 없는 겨울의 기나긴 날들과 수업에서 벗어날 틈이 없는 일정 사이에서, 2월은 매년 힘겹게 견뎌내야 하는 고된 시간으로 느껴진다. 올해는 그 어느 때보다 더 그렇게 느껴진다.

나는 종종 사무실로 가기 위해 캠퍼스를 가로질러 걸어가면서, 학생들이 고개를 숙이고 휴대전화나 발을 바라보며 수업으로 가는 모습을 관찰한다. 그들의 시선은 다른 사람들로부터 멀어져 있고, 사람에게 미소를 짓기보다는 휴대전화에 더 미소를 짓는 것처럼 보인다. 심지어 이렇게 작은 캠퍼스에서도 보이지 않는 장벽이 존재하는 것 같다.

때때로 나도 우리 학생들과 비슷하다고 느낀다. 고개를 숙이고, 어깨에 힘이 들어가고, 너무 바빠서 주변을 둘러볼 겨를이 없다. 문제 해결 모드에 갇혀 학생들의 복잡한 문제들을 처리하려고 하면서, 이동 중에 급하게 이메일과 문자를 보내다 보니, 나 역시 다른 사람들의 얼굴을 놓치곤 한다. 내 눈은 휴대전화에 고정되어 있고, 내 머릿속은 서로 우선순위를 다투는 업무들로 가득 차 있다.

지난 몇 년 동안, 우리는 모두 지칠 대로 지쳤다. 국가적 갈등과 복잡한 사회적, 정치적 이슈로 인한 복음주의자들 사이의 분열 속에서, 우리 작은 캠퍼스도 문화적 투쟁의 바람을 느꼈다. 코로나19로 인한 마스크 착용, 격리, 고립, 그리고 코로나 방역 조치에 대한 서로의 정치적 견해에 대한 불신이 우리를 서로 떼어놓았다. 그로 인해 우리 관계에는 심한 긴장이 생겼다.

2023년 졸업반인 '단절된 학번'(The Surrendered Class) 학생들은 코로나19 팬데믹을 함께 겪었다. 어떤 면에서는, 우리는 그 시기에 잃어버린 공동체의 유대감을 온전히 회복하지 못한 것처럼 느껴진다. 하지만 캠퍼스 대부분의 사람은 국가적 분열과 국제적 불안정성이 강의실, 기숙사, 식당에까지 스며들었다는 압박감을 느끼고 있었다. 게다가, 2월은 대학 캠퍼스에서 가장 고된 달이다.

"2월은 학생들의 정신 건강에 정말 힘든 시기입니다."

캠퍼스 상담사 중 한 명이 우리에게 상기시켰다.

"2월에 학생들을 기숙사 밖으로 불러내서 상호작용할 수 있는 활동을 계획할 수 있다면, 아주 좋은 아이디어일 겁니다. 사실상 거의 모든 학생이 불안을 느끼고 있다고 보시면 됩니다."

대학생들의 정신 건강은 현재 위기 상황에 놓여 있다. 애즈베리 대학은 매년 학생들의 정신 건강에 대해 설문조사를 실시하고 있으며, 우리 캠퍼스도 전국적인 경향과 별반 다르지 않음을 알고 있다. 대부분의 학생은 외로움과 고립감을 느낀다고 보고된다. 지난 10년 동안 불안감은 계속해서 급증하고 있다. 우리 캠퍼스에서 상담을 받는 학생 중 약 10퍼센트가 자살 충동이나 자해에 대해 보고되고 있다. 우리는 이 수치가 아마도 실제보다 낮게 집계된 것일 수 있다는 사실을 인지하고 있다.

연구자들은 전국적으로 대학생들의 약 절반이 우울증 증상을 보고하고 있다.[3] 약 9퍼센트는 지난 1년 동안 자살을 시도했다고 응답하고, 거의 20퍼센트는 자해를 하거나 자살을 생각한 적이 있다고 보고하고 있다.[4] 우리 캠퍼스에서는 이러한 위험한 징후를 보이는 학생들이 즉시 도움을 받도록 하고 있다. 그러나 경미한 불안이나 우울증을 겪거나 대학 생활에 압도당한 느낌을 받은 더 많은 학생이

---

3) Preeti Vankar, "Percentage of Colege Students with Symptoms of Depression in the United States in 2022-2023," Statista, November 29, 2023, https://www.statista.com/statistics/1126279/percentage-of-college-students-with-depression-us/.
4) Steven Reinberg, "One ni Five Colege Students So Stressed They Consider Suicide," Association of American Universities, September 10, 2018, https://www.aau.edu/research-scholarship/featured-rescarch-topics/one-five-college-students-reported-thoughts-suicide.

지원 그룹에 등록하거나 상담을 신청했다. 일부 학생들은 드라마를 몰아보거나 성 중독을 키우는 것과 같은 건강에 해롭고 부정적인 방법으로 이러한 감정을 해소하기도 한다.

스마트폰이 등장한 이후로 청년층의 우울증과 불안은 꾸준히 증가하고 있다. 대학 관계자들은 최근 몇 년 동안 학생들이 사회적 환경에 덜 준비된 상태로 캠퍼스에 들어온다고 보고하고 있다. 그뿐만 아니라, 학생들은 과거의 외상 경험이나 정신 건강 장애 진단을 받고 대학에 입학하기도 한다. 중학교와 고등학교 시절에 겪은 코로나19의 영향은 학생들이 이미 지니고 있던 고립감과 상실감을 더욱 증폭시켰다.

우리 학생 생활 팀은 점점 더 복잡해지는 학생들의 정신 건강 문제를 관리하기 위해 교육을 받고 준비한다. 우리는 위기에 처한 학생들을 위해 응급실과 정신과 병동에 방문해야 하는 상황에 익숙하다. 정신 건강 문제와 함께, 우리는 학생들이 백신, 마스크, 정치와 같은 사회적 이슈에 대해 점점 더 양극화되는 것을 목격하고 있다. 예전에는 학생들이 식당 테이블에서 정치 문제에 관해 토론하고 대화를 나누었지만, 이제는 그 대화가 트위터로 옮겨가고 공개적으로는 거의 이루어지지 않고 있다. 관계는 단절된다. 정치는 너무 많은 분열과 불편함을 초래한다. 국가가 인종적 긴장, 불의에 대한 슬픔과 탄식에 직면하고 있는 가운데, 우리 대학의 유색인종 학생들은 주로 백인인 관리자들과 교수들에게 자신들이 세상 속에서 느끼는 상실감과 안전의 부재에 대해 더 많이 이야기하기 시작했다. 나는 내 동료들과 함께 학생들의 슬픔과 긴장을 함께 견뎌냈다. 학생들의 요구 사항 목록은 점점 더 길어졌고, 소규모 대학인 우리 대학의 예산은 점점 더 빠듯해졌다.

우리는 이 긴장감을 느끼고 있다. 우리 학생들은 다양한 기독교 신앙 경험을 가지고 있다. 일부 학생들은 교회나 기독교적 실천과 거의 접촉하지 않고 캠퍼스에 도착한다. 반면에, 기독교인 부모와 헌신적인 청소년 사역자들로부터 제자 훈련을 받은 성숙한 신앙을 가진 학생들도 있다. 애즈베리 대학에 입학하기 위해서는 반드시 기독교 신앙을 고백해야 하는 것은 아니다. 애즈베리 대학교의 창립자인 존 웨슬리 휴즈(John Wesley Hughes)는 젊은 남녀들이 구원을 받고, 하나님께 온전히 헌신하며, 봉사를 위해 준비되도록 돕는 비전을 가졌다. 처음부터 애즈베리의 복음주의적 열정은 학문적 엄격함에 불을 붙였다. 애즈베리 대학교의 핵심은 학문적 탁월함과 영적 활력을 함께 추구하는 것이다. 애즈베리의 핵심은 예수님의 진실한 제자를 양성하여 사회의 모든 영역에서 지도자로 세상에 파송하는 데 있다. 오늘날 문화의 극적인 변화와 교회의 영향력이 세상 속에서 변화하는 역동성 속에서, 이 사명을 달성하기 위해 제자 훈련, 정신 건강 지원, 목회적 돌봄에 대한 필요는 더욱 커지고 있다.

"소속되기(Belong), 변화되기(Become), 구별되기(Be Set Apart)." 이 세 가지 가이드라인이 캠퍼스 공동체를 형성하는 원칙이 된다. 애즈베리의 동력은 학생들이 예수님께 소속되고 서로와 진정한 우정을 나누는 것에 있다. 학생들이 하나님과 서로에게 소속됨으로써 예수님을 닮아가고, 하나님께서 그들을 창조하신 본래의 모습으로 변화되기를 소망한다. 그리하여, 하나님께서 그들에게 맡기신 사역을 위해 세상에서 구별된 존재가 되는 것이 목표다.

학생 생활 팀으로서, 우리는 학생들이 영적 전쟁과 정서적 전쟁에 직면하고 있음을 알고 있다. 학생들은 예배에 참석하고 수업에 출석하는 일상적인 행동을 하면서도, 대부분은 매일의 삶 속에서 고통, 스트레스, 의심을 품고 살아간다. 오늘날, 소셜 미디어 인플루언서들이 이 세대의 학생들에게 목사나 멘토보다 더 강력한 영향을 미치고 있다. 우리 팀은 학생들이 불안 속에서 살아가는 현실과, 그들이 예수님의 소망, 자유, 선하심을 얼마나 적게 경험하고 있는지를 함께 염려하고 있다. 나는 연이은 회의에 참석하여 캠퍼스 문화를 형성하고 관리하는 일을 하고 있지만, 지금 우리에게 가장 필요한 것은 캠퍼스 공동체로서 예수님의 깊은 사랑에 흠뻑 잠기는 것이다. 나 또한 예수님의 깊은 사랑에 흠뻑 잠길 필요가 있다.

2023년 2월 8일 오후 3시 30분

나는 휴즈 강당의 앞 계단에서 총장인 케빈 브라운(Kevin Brown)과 마주쳤다. 우리는 함께 계단을 뛰어 올라갔다. 휴즈 강당은 기둥이 있는 입구로 이어지는 여러 개의 계단이 있는 상징적인 벽돌 건물이다. 애즈베리 대학교의 입구는 반원형을 이루고 있으며, 캠퍼스에서 가장 오래된 건물들인 휴즈 강당, 모리슨 홀(Morrison Hall), 헤이거 행정동(Hager Administration Building), 글라이드-크로포드 여성 기숙사(Glide-Crawford Women's Residence Hall)가 위치해 있다.

이 건물들은 1900년대 초반의 격식을 갖추어 캠퍼스의 전면 경계를 이루고 있다. 나무숲을 지나 길 건너편에는 애즈베리 신학교 (Asbury Theological Seminary)가 있다. 1923년에 애즈베리 대학교로 부터 탄생한 이 신학교는 웨슬리 신학과 성결 운동 전통의 풍부한 유산을 공유하고 있다.

나는 몇 시간 동안 학생 식사 서비스의 우선순위에 관한 회의에 참석했다. 그리고 케빈 총장과 또 다른 회의가 총장실에서 예정되어 있었다. 하지만 이번에는 그의 사무실이 아니라 휴즈 강당의 계단에서 그와 만났다. 특별한 대화 없이도, 우리는 우리가 그저 휴즈 강당에 있어야 한다는 것을 서로 알고 있었다. 우리는 조용히 예배당으로 들어갔다. 예배당 뒤쪽에 몇몇 교수와 교직원이 모여있는 것이 보였다. 조금 전, 케빈은 전 교직원과 학생들에게 이메일을 보내, 이곳에 와서 학생들 사이에서 일어나는 하나님의 은혜로운 역사를 경험하라고 초대했다. 내가 자리를 비운 두 시간 동안 더 많은 사람들이 모였다. 이제 약 150명의 학생과 교수 및 교직원들이 예배당을 채우고 있었다.

예배팀은 피아노 주변에 서서 계속해서 노래를 부르고 있었다. 그들은 간절한 마음으로 "우리 위에 임하소서"(Come rest on us) 노래를 불렀다. 나는 예배팀 대부분이 여전히 애즈베리 가스펠 찬양팀임을 알아차렸다. 가스펠 찬양팀은 입학 상담사이자 교직원인 벤 블랙(Ben Black)이 이끄는 학생 앙상블이다. 이 다민족팀은 오늘 아침 채플 예배에서 찬양을 인도했으며, 신학생 배우자를 둔 윌모어 (Wilmore) 거주자인 조르주 뒤맹(Georges Dumain)도 그들과 함께했다. 나는 조르주를 개인적으로 알지는 못하지만, 그의 온몸이 성령의 통로처럼 보였다. 그의 미소에서 그의 찬양 목소리까지, 찬양이 그로부터 흘러나왔다. 벤의 손은 피아노 건반 위를 춤추듯 누비고 있었고, 조르주는 그의 어깨너머로 몸을 기울이며 함께했다. 찬양 소리는 하늘과 땅의 거리를 좁혔고, 그 목소리의 아름다움이 나를 사로잡았다. 학생 가스펠 찬양팀의 멤버들은 음악에 맞춰 좌우로 움직이며 몸을 흔들었고, 그들은 하늘을 향해 손을 들었다. 다섯 시간이 흘렀지만, 멈출 기색 없이 가스펠 찬양팀은 여전히 찬양으로 기쁜 소식을 쏟아내고 있었다. 무대 위의 기쁨은 강당 전체로 뻗어나가, 1,500석 규모의 예배당에 햇살처럼 퍼져 나갔다.

벤의 아내인 매들린 블랙(Madeline Black)은 우리 대학의 채플 코디네이터로, 나는 그녀와 함께 예배를 계획하며 긴밀하게 협력하고 있다. 매들린도 그 자리에 있었고, 그녀의 얼굴은 눈물로 젖어 있었으며, 얼굴에는 진정한 기쁨이 가득했다. 매들린은 애즈베리 대학교를 최근에 졸업했고, 현재 애즈베리 신학교에 재학 중이다. 나는 그녀가 예수님에 대한 분명한 사랑을 가지고 자신의 예배 신학을 실천하고 있다는 사실을 경험을 통해 알고 있다. 비록 매들린이 아직 20대 초반에 불과하지만, 그녀가 채플 프로그램에 가져오는 지혜와 분별력에 깊은 존경심을 가지고 있다. 매들린은 예배가 그리스도인의 경험 중심이라고 믿고 있으며, 매 예배가 예수님을 찬양하는 시간으로 표현되도록 늘 힘쓰고 있다. 나는 예배당의 통로를 따라 걸어 올라가 매들린과 함께했다. 매들린과 나는 결속력 있는 팀을 이루고 있다. 학생 생활 부책임자로서 나는 채플 프로그램을 총괄하며, 매들린은 나를 지원하고 있다. 우리는 대학 교목인 그레그 해슬로프 (Greg Haseloff)와 함께 예배당의 영적 형성과 예배 경험을 유지하기 위해 협력하고 있다. 1,000명의 회중을 위해 매주 세 번의 예배를 기획하는 일은 결코 쉬운 일이 아니다. 매들린과 나는 이 일을 함께 하며, 우리가 말하듯이 "채플을 섬기는 것"에 헌신하고 있다.

"정말 놀라워요."

"믿을 수가 없어요..:"라고 나는 속삭였다.

"그러게요, 그러게요. 하나님은 정말 선하시죠."

매들린이 대답하며 나를 안아주었다. 나는 기쁨과 놀라움 속에서 조용히 머물렀다. 이 공간에 있는 하나님의 임재를 말로 표현할 수가 없었다. 매들린과 나는 그레그와 함께 기도하며 채플을 준비했고, 설교와 찬양을 통해 학생들이 성령의 강력한 임재를 경험할 수 있기를 간절한 소망과 사랑으로 준비했다. 그런데 지금 이 일이 실제로 일어나고 있었다. 뭐라고 말로 설명할 수가 없었다. 더 많은 학생이 제단 앞으로 나왔다. 그들은 이마를 난간에 대고, 어깨를 들썩이며 조용히 눈물을 흘리고 있었다. 이제 학생들이 예배당의 중앙 부분을 가득 메웠다. 일부 학생들은 손을 들었고, 일부는 손바닥을 위로 향한 채 서 있었으며, 또 다른 학생들은 나처럼 가만히 서서 모든 것을 마음에 새기고 있었다. 성경과 노트가 일지처럼 펼쳐져 있었다. 몇몇 학생들은 함께 모여 기도하고 있었다. 하나님의 영이 이 공간을 감싸고 있었고, 그 초청의 느낌이 모두에게 전해지고 있었다.

예배당 뒤쪽과 양옆에서는 몇몇 교수와 교직원이 눈에 눈물을 머금고 서로를 바라보며 각자 자리를 찾아 앉았다. 입학처 팀원 20

명은 좌석 한 줄을 가득 채우고 있었다. 우리 중 몇몇은 한쪽에 서서 원을 이루었고, 서로 믿을 수 없다는 말과 동시에 확신에 찬 말을 주고받고 있었다.

"하나님이 역사하고 계십니다. 하나님이 역사하고 계십니다!"

"어떻게 이럴 수 있지? 어떻게 이럴 수 없겠어?"

"성령이여, 이곳에 임하소서"라는 목소리가 찬양으로 흘러나왔다. 그리고 정말로, 성령께서 이 공간 위에 움직이고 계셨다.

이건 정말 특별하다고 생각했다. 이건 뭔가 다르다. 평소에도 학생들이 채플 예배가 끝난 후에 남아 있기도 하지만, 오늘은 뭔가 다르다. 학생들이 계속 들어오고 있었고, 이제는 교수들과 교직원들까지도 함께하고 있었다.

나는 예배당의 무대와 떨어진 뒤쪽 입구 쪽으로 통로를 따라 걸어갔다. 벽 쪽에 있는 접이식 쿠션 의자에 앉아 두 명의 여교직원들과 함께했다. 그들은 열심히 기도하고 있었다. 두 사람의 얼굴에는 눈물이 흐르고 있었고, 무릎 위로 떨어지고 있었다. 그중 한 명이 내 손을 잡고 말했다.

"우리와 함께 기도해 주세요. 우리 아이들을 위해 기도하고 있어요. 우리 아이들이 이런 성령의 움직임을 경험할 수 있기를 간절히 바라고 있어요."

나는 함께 기도에 동참했다. 우리는 아이들, 남편들, 그리고 이 아름다운 학생들을 위해 기도했다. 우리는 하나님의 사랑이 이 공간 안에, 그리고 우리 자신의 마음속에 강하게 밀려오는 것을 느꼈다. 우리는 지금 이 움직임과 일어나는 변화가 이곳에 있는 모든 사람의 마음에 하나님의 사랑을 깊이 새기기를 간절히 기도했다.

젖은 눈을 들어 바라보니, 몇몇 학생들이 뒤쪽으로 들어오는 것이 보였다. 그들은 손에 휴대전화를 들고 있었고, 등에는 배낭을 메고 겨울 코트를 입고 있었다. 그들의 눈이 내 눈과 마주쳤고, 우리는 서로 경이로움이 가득한 시선을 주고받았다.

"여기 최대한 빨리 와야 했어요!"

한 학생이 문을 벌컥 열고 들어오며, 계단을 뛰어오르느라 거의 숨을 헐떡이고 있었다.

"내 휴대전화가 미친 듯이 울리고 있어요," 또 다른 학생이 말했다.

"사람들이 교실 문을 두드리면서 '당장 가야 해!'고 말하고 있어요!" 다른 학생이 말했다.

"오후 수업이 취소됐어요. 모두가 휴즈 강당에 가고 싶어 해요."

"모두가 '여기 와야 한다'고 문자 메시지를 보내고 있어요,"

마지막 학생이 배낭을 정리하고, 아이폰을 옆 주머니에 넣으며 설명했다.

학생들은 통로로 내려가기 전에 잠시 멈추어 섰고, 눈앞의 광경을 경외심 가득한 표정으로 바라보았다. 그들의 친구들과 동급생들이 기도와 예배에 깊이 빠져 있는 모습이 보였다. 나는 눈가에 고인 눈물을 훔쳤다. 우리는 모두 함께 이 경이로움을 느끼고 있었다. 학생들, 교수들, 교직원들 모두가 하나가 되어 같은 기적을 체험하고 있었다.

오후 6시 30분

저녁 메뉴는 그릴드 치즈 샌드위치, 랜치 드레싱이 곁들여진 미니 당근, 그리고 치킨 너겟이었다. 남편 클린트(Clint)와 나는 두 명의 어린 자녀와 함께 저녁을 먹었다. 10살 카이(Kai)는 4학년이고, 6살 에밀리(Emily)는 유치원에 다니고 있었다. 우리 첫째 딸 매디(Madi)는 아일랜드에서 대학원 과정을 밟고 있었다.

"우리는 인생 내내 부모 역할을 하고 있어요."

사람들이 자녀들의 나이 차에 대해 궁금해할 때 나는 종종 농담처럼 이렇게 말하곤 한다. 사실, 대학원에 다니고 있는 딸 매디(Madi)와 아들 카이(Kai) 사이에는 10년이 넘는 불임의 시간이 있었다. 그 과정 자체가 하나님의 선하심과 기다림의 이야기였다. 에밀리(Emily)도 하나님의 선하심의 이야기를 품고 있다. 그녀는 다운증후군을 나타내는 추가 염색체를 가지고 태어났다. 에밀리의 삶은 우리에게 선물이며 은혜이지만, 처음부터 그것이 진리라는 것을 알지는 못했다.

나는 방과 후 프로그램에 늦게까지 남아 있던 두 아이를 데리러 학교로 갔다. 집에 돌아와서는 빠르게 저녁을 준비하며 아이들의 학교생활, 축구 이야기, 숙제 이야기를 들었다. 우리 가족이 식탁에 둘러앉아 있는 이 순간은 그저 평범한 수요일처럼 느껴졌다. 남편 클린트(Clint)는 그날 오후 휴즈 강당에서 무슨 일이 일어나고 있는지 직접 보기 위해 들렀었지만, 지금은 온 가족의 관심이 아이들에게 집중되어 있었다. 우리 가족이 함께 식탁에 둘러앉아 보내는 시간은 하루 중 가장 소중한 순간 중 하나다. 하루의 첫 순간, 저녁 시간, 그리고 잠자기 전의 시간이 모든 순간이 우리 가족의 기도 시간이다.

내 눈은 매디가 크리스마스 선물로 만들어준 그림에 닿았다. 그 그림에는 다음과 같은 문구가 적혀 있었다.

"내 삶의 방식이 기도다. 내 기도의 방식이 숨 쉬는 것이다."

나는 한때 부모들이 어떻게 "하루의 시간을 따라 기도하는지"에 대한 책을 읽은 적이 있다. 시편 기자는

"하루에 일곱 번, 나 주님을 찬양합니다. 주님의 공의로운 법령들을 두고서요."라고 말했다 (시편 119:164).

사도행전에 나오는 초기 교회 성도들은 하루 중 여러 시간에 걸쳐 기도했으며, 특히 오후 3시와 자정에 기도한 것으로 알려져 있다. 6세기로 거슬러 올라가면, 성 베네딕트는 수도사들과 경건한 종교 생활을 따르는 사람들을 위해 하루의 시간마다 기도를 드리는 전통을 마련했다. 하루는 찬미기도(lauds), 즉 아침 기도로 시작된다.

그 후, 오전 9시경에 터스(terce) 기도가 이어지고, 정오에 섹스트(sext) 기도가, 오후 3시경에 노나(none) 기도가 드려진다. 저녁에는 베스퍼스(vespers), 즉 저녁기도가 드려지며, 마지막으로 콤플라인(compline), 즉 밤 기도가 이어진다. 또한, 마틴스(matins) 또는 비질(vigils)라고 불리는 심야 기도도 있다. 이 기도는 새벽 2시부터 동이 틀 때까지의 시간에 드릴 수 있는 기도다.

부모는 정기적인 기도를 아이들과 함께하는 일상에서 실천한다.

아침에 아이들을 깨우고, 낮과 오후에 간식을 챙겨주고, 저녁을 함께 먹고, 목욕시키고, 이야기를 들려주며, 침대에 눕히는 그 모든 순간이 기도의 리듬이 된다. (그리고 우리가 바라지 않는 밤 중의 깨어남도 포함된다.) 우리는 아이들의 일상 리듬에 맞춰 하루의 시간을 함께 걸어가며, 그 과정에서 "시간의 기도"를 드린다. 시계의 시침과 분침이 지나가는 것을 의식하며, 돌봄의 일을 하고, 그 자리에 함께 있는 것 - 이것이 바로 거룩한 일이다. 타인을 돌보는 사람으로서, 우리는 다른 사람의 필요에 응답하고, 가족의 일상과 한계에 맞추어 함께한다. 우리가 숨을 쉬고 몸을 움직이며, 부모로서 감정적, 영적, 육체적 돌봄의 일을 해 나가면서 "시간의 기도"를 실천할 때, 우리는 이 시간이 거룩하다는 것을 깨닫는다.

이러한 방식으로, 가족이 함께 식탁에 모여 앉고, 저녁 산책을 하며, 이야기를 나누는 시간이 아이들에게는 "시간의 기도"가 된다. 이러한 부드러운 리듬은 부모의 삶과 마음을 통해 하나님의 사랑이 언제나 변함없이 함께한다는 예측 가능한 확실성을 아이들에게 가르쳐 준다.

나는 이런 리듬 속에 함께 있는 것을 사랑한다. 나는 지난 23년 동안 직장에 다니며 동시에 엄마의 역할을 해왔다. 일하는 엄마로서 나는 이러한 부드러운 리듬이 우리 가족의 삶에 단단한 닻이 된다는 것을 깨달았다. 내 직업은 많은 책임과 약속으로 가득하지만, 나는 일주일에 두 번 이상은 가족과 떨어지지 않도록 정했다. 물론 때때로 더 자주 집을 비워야 할 때도 있지만, '일주일에 두 번 밤 외출'이라는 규칙은 내 삶의 원칙이 되었다. 우리 캠퍼스 공동체는 내가 저녁 행사나 식당 식사에 아이들을 데리고 오는 것에 익숙하다. 이

것이 우리 가족의 삶의 방식이 되었다. 우리는 캠퍼스의 삶에 흠뻑 젖어 살아가면서, 서로에게 연결된 확장된 가족으로서의 삶을 실천하고 있다.

우리가 식탁을 정리할 때, 남편이 내게 말했다.

"오늘 밤 7시에 직장 회의 영상 통화가 있어."

나는 그 말을 들었지만, 그날 저녁에 다시 휴즈 강당에 가고 싶었다. 아니, 가야 했다. 나는 아이들을 데리고 갈 것이었다. 그날 저녁에는 아이들과 떨어지고 싶지 않았다. 나는 우리 아이들이 학생들이 경험하고 있는 예수님의 깊고 놀라운 사랑을 함께 경험할 수 있기를 바랐다.

우리 집은 캠퍼스 가장자리 위치에 있다. 나는 아이들의 손을 잡고 우리는 휴즈 강당으로 걸어갔다. 나는 아이들에게 지금 무슨 일이 일어나고 있는지 설명하려고 했다. 하나님께서 애즈베리에서 어떻게 변화를 불러일으키고 계시는지, 그리고 이것이 얼마나 오래 지속될지 나도 모른다고 말했다. 나는 그들이 이 일을 직접 경험하고, 하나님의 선하심을 맛보고 보기를 바란다고 전했다.

우리는 캠퍼스의 그린존 쪽에 있는 휴즈 강당의 옆문을 통해 들어갔다. 나는 잠시 멈춰 주변을 살피며 상황을 파악했다. 내가 떠난 이후로 몇백 명의 사람들이 더 도착했는데, 대부분은 대학생들이었다. 하지만 교수와 교직원, 그리고 근처 윌모어 지역 사회의 몇몇 사람들의 얼굴도 보였다. 그들이 어떻게 이 소식을 들었는지 궁금했다. 강당에는 약 500명의 사람이 가득 차 있었다.

예배는 여전히 애즈베리 가스펠 찬양팀이 인도하고 있었다. 같은 밴드가 여전히 찬양을 인도하고 있었다. 나는 그들이 얼마나 오랫동안 찬양을 인도하고 있는지 마음속으로 기록했다. 최소 8시간은 된 것 같았다. 그들이 저녁을 먹을 시간이 있었는지 궁금했다. 제단에는 여전히 많은 학생이 있었고, 그 수는 점점 더 늘어나고 있었다. 두세 명의 학생들이 겹겹이 줄을 서서 제단에 몸을 굽히고 기도하고 있었다. 그들의 마음은 예배와 간절한 기도로 쏟아져 나왔다. 나는 매들린을 발견했다. 그녀는 여전히 그곳에 있었고, 벤과 피아노 의자에 함께 앉아 있었다. 나는 그날의 채플 설교자인 잭 미르크립스(Zach Meerkreebs), 그레그(Greg), 그리고 몇몇 교수들과 학생 생활 팀의 멤버들이 학생들과 함께 기도하고 있는 모습을 보았다. 나는 나와 우리 가족, 즉 "볼드윈 주니어 팀"이라고 클린트와 내가 부르는 두 아이를 위한 앞줄의 자리를 찾았다. 카이는 의자에 몸을 기대었고, 에밀리는 물로 색칠하는 책과 붓을 들고 바닥에 자리를 잡았다.

나는 깊이 숨을 들이마시며 이 모든 것을 내 안에 담았다. 위를 올려다보니, 주로 신입생들이 채플 시간에 앉는 발코니 좌석은 대부분 비어 있었다. 하지만 2학년들이 앉는 중앙 구역은 대부분 가득 차 있었고, 그 옆에 있는 3학년과 4학년의 좌석도 절반 정도는 차 있었다. 나에게 휴즈 강당의 나무 내부는 그동안 이곳을 거쳐 간 학생들의 찬양과 기억으로 빛나고 있는 것처럼 느껴졌다. 나 역시 그 학생 중 한 명이었다. 나는 20살의 학생으로서 이 자리에 앉아 있었다. 내 학급 친구들이 교가를 힘차게 부르는 소리를 들었고, 열정적인 설교자들이 복음을 선포하는 소리를 들었다. 여러 면에서, 나의 영적 정체성은 바로 이 좌석에서 다져졌다. 나는 제단에서 기도했고, 예배 설교를 공책에 기록했다. 진지하게 설교를 들었던 때도 있었지만, 때로는 덜 흥미로운 설교를 들을 때 멍하니 공상에 빠진 적도 있었을 것이다. 30년 전, 내가 성인이 되기 시작하던 그 시절에, 내 인생의 가장 중요한 영적 서약 중 일부는 바로 이곳에서 이루어졌다.

이 장소에는 뭔가 특별한 것이 있다. 우리의 동문이자 교수인 크리스 바운즈(Chris Bounds)가 설교 중에 이런 말을 한 적이 있다.

"하나님은 언제나 어디에나 계시지만, 모든 곳에 동일한 방식으로 계시는 것은 아니다."

내게 이 생각이 계속 떠오른다. 하나님의 임재는 휴즈 강당 안에서 달콤하고 가깝게 느껴진다. 물론 하나님을 경험하기 위해 굳이 휴즈 강당에 와야 하는 것은 아니지만, 많은 사람들이 이곳의 제단에서 예수님을 만난다는 사실을 부인할 수 없다. 나 역시 제단에서 내 삶을 온전히 내려놓았던 순간을 기억한다. 그곳에서 나는 무릎을 꿇고 영적, 정서적 치유의 어려운 작업을 해내야 했다. 하나님의 임재가 휴즈 강당을 특별한 방식으로 가득 채우고 있었다.

학생이었던 그 시절 이후로, 내 삶에서는 참으로 많은 일들이 일어났다. 그 일 중에는 힘든 일도 있었고, 아름다운 일도 있었다. 내 신앙은 단련되었고, 의문이 생기기도 했으며, 때로는 의심하기도 했다. 신앙이 약해졌다가 다시 강해지기도 했다. 최근 몇 년 동안의 도전 속에서, 지침과 피로가 내 존재 전체에 스며들었다. 예전처럼 강렬한 믿음을 느끼던 날들이 그리워지기도 했다. 그때는 지금처럼 많은 책임과 삶의 무게를 짊어지지 않았던 시절이었다. 이제는 학생들과 내 아이들을 위해 모두에게 공간을 만들어주는 일에 압도당하는 느낌이었다.

우리 학교의 각 학급에는 학급 찬송(Class Hymn)과 학급 이름 (Class Name)이 있다. 나는 '섬김의 학급(Servant Class)'의 일원이었다. 그 학급의 찬송가 가사는 내 마음에 깊이 새겨졌다.

내 삶을 받으사 주님께 바치게 하소서.
내 시간과 나의 하루를 받으사,
끝없는 찬양으로 흘러가게 하소서,
끝없는 찬양으로 흘러가게 하소서.[5]

지금 내가 경험하고 있는 것이 바로 이것이라는 것을 깨닫게 되었다. 이 학생들은 끝없는 예배와 찬양의 순환 속에 있었다. 그 광경은 내 마음과 영혼을 따뜻하게 했다. 내 아들 카이가 내 쪽으로 머리를 기대었고, 우리는 그저 하나님의 영 안에서 함께 쉬었다. 하나님의 영은 선함과 친절함, 초대의 마음으로 움직이고 있었다. 나는 간단하게, 그리고 반복해서 기도했다.

"예수님, 제 삶을 받으시고 주님의 뜻대로 하소서. 이 학생들이 그들의 가장 깊은 필요의 자리에서 주님을 만나게 하소서."

자리에 가만히 앉아 있는 것은 쉽지 않았다. 너무나 많은 사람들이 찾아와서 하나님이 무엇을 하고 계시는지에 대한 흥분과 경이로움을 나누고 있었기 때문이다. 그리고 더 많은 학생이 이곳으로 오고 있었다!

"사라, 켄터키 대학교(University of Kentucky)의 학생 예배가

---

5) Frances R. Havergal (1836-1879), "Take My Life and Let It Be."

일찍 끝나고 지금 이쪽으로 오고 있다는 소식을 들었어요.”

"인디애나 웨슬리안 대학교(Indiana Wesleyan)의 학생들이 오는 중이라는 소식을 들었어요.”

"방금 이스트 켄터키 대학교(Eastern Kentucky University)에서 학생들이 오고 있다는 문자를 받았어요.”

"오하이오 크리스천 대학교(Ohio Christian)도 학생들을 보내고 있어요!”

나는 말문이 막혔다.

"그들이 어떻게 이곳에서 무슨 일이 일어나고 있는지 알았을까요?”

"아마 학생들이 인스타그램과 틱톡에 올린 것 같아요. 친구들에게 문자도 보내고 있어요.”

정말 놀라웠다. 더 많은 학생이 이곳으로 오고 있었다! 내 마음이 뛰기 시작했다! 하나님께서 이곳에서 엄청나게 특별한 일을 하고 계셨다.

자발적으로 학생들이 마이크 앞에 나와 간증을 나누기 시작했다. 그들은 무대 가장자리에 앉아서 자신이 경험하고 있는 것에 대해 한마디씩 나누었다. 한 무리의 학생들이 어깨를 맞대고 통로를 따라 기도의 줄을 형성했다. 그들은 하나님께서 하시는 일에 대해 나누고 있는 학생 위에 손을 얹고 기도했다.

잭(Zach)은 학생들에게 일어서서 공개적으로 회개하라고 권면했다. 한 사람이 회개할 때, 다른 사람들도 함께 회개에 동참했다. 학생들은 서로 모여 서로의 위에 손을 얹고 기도했다. 그들은 회개하고, 고백하며, 서로를 위해 치유와 자유를 선포했다.

    30대 초반의 나이에, 수염과 문신을 지닌 잭은 겉모습에 있어서 특별히 눈에 띄지는 않지만, 학생들이 쉽게 다가갈 수 있는 친근한 스타일을 가지고 있다. 그날 아침, 잭은 채플에서 하나님의 깊은 사랑에 대해 설교했다. 그의 메시지는 '간지러운 스웨터'에 비유된 하나님의 사랑에 대한 내용이었다. 그의 설교는 하나님의 사랑이라는 주제를 통해 학생들의 마음을 성령 안에서 흔들어 놓았다.

    "우리가 예수님의 사랑을 경험하기 전까지는, 여러분이 하나님의 사랑을 경험하기 전까지는, 우리가 원하는 방식으로 사랑할 수 없습니다.

    우리는 하나님이 먼저 우리를 사랑하셨기 때문에 하나님을 사랑할 수 있습니다.

    우리 중 일부는 하나님의 사랑 안에 가만히 머물러 있어야 할 필요가 있습니다.

    성령의 능력 안에서 맛보고 보아야 합니다. 행동으로 사랑을 실천하는 사람이 되고 싶다면, 먼저 하나님의 사랑 안에 엎드리는 것으로 시작해야 합니다.

    여러분이 하나님의 사랑을 경험해야, 비로소 하나님의 사랑을 나누는 사람이 될 수 있습니다.

    내가 바라는 것은 이 말씀이 여러분에게 간지러운 스웨터처럼 다가가는 것입니다. 간지러우면 긁지 않을 수 없죠. 그래서, 하나님의 사랑을 경험하십시오!"

    잭은 학생들을 위해 기도했고, 성령께서 그들 위에 하나님의 사랑을 부어 주시도록 간구했다:

    "예수님, 우리 가운데 새 일을 행하소서. 주님의 사랑으로 우리를 소생시키소서."

하나님의 사랑이 너무 간지러워서 그것을 무시할 수 없기를, 그 사랑을 어쩔 수 없이 다루어야만 하기를. 캠퍼스 전체가 하나님의 사랑의 전염병을 경험하고 있는 것처럼 보였다.

학생들은 잭을 사랑한다. 그 이유는 그가 자신의 트라우마와 상실의 이야기를 솔직하게 공유하고, 동시에 주님을 향한 열정으로 불타고 있기 때문이다. 지난 몇 년 동안, 잭은 채플과 집회 설교자로, 그리고 축구팀의 자원봉사 보조 코치로 섬겼다.

한편, 그레그는 기도 중인 운동선수 그룹 위로 몸을 돌렸다. 그의 섬세한 얼굴과 따뜻한 눈빛에서는 매일같이 학생들을 향한 예수님의 사랑이 흘러나오고 있었다. 하지만 그날, 운동선수들은 팀 전체가 함께 와서 이 급진적인 예수님의 경험에 대한 열망으로 마음이 흔들리고 있었다. 그레그만큼 학생들을 사랑하는 사람은 없다. 그레그는 연민과 친절한 마음을 가지고 학생들을 목자의 마음으로 돌보며, 그들을 찾아가고 그들의 이름을 알고 있다. 그는 캠퍼스에 있는 모든 학생을 아는 것처럼 보였다. 그리고 그는 학생들 위에 예수님의 사랑을 인격화하는 사람이었다.

내 눈이 잭의 눈과 마주쳤을 때, 우리는 서로의 얼굴에 경이로움과 놀라움이 가득한 표정을 공유했다. 이런 일이 일어날 줄은 꿈에도 상상하지 못했다!

"우리 팀에 연락해서 어디선가 모여서 이야기를 나눠야 한다고 전해주세요," 내가 격려하며 말했다.

"휴즈 강당 아래층으로 내려갑시다."

나는 에밀리를 한쪽 팔에 안고, 잭과 함께, 그리고 몇몇 애즈베리의 행정관들과 친구들이 모여 휴즈 강당의 지하 복도에 모였다. 휴즈 강당 지하 복도의 벽에는 졸업생들의 졸업 사진들이 줄지어 걸려 있었다. 그 사진 속에는 과거에 이곳 휴즈의 좌석에 앉았던 사람들, 제단에 무릎 꿇고 기도했던 사람들, 하나님을 경험했던 수천 명의 얼굴들이 담겨 있었다. 우리는 1970년 부흥의 50주년 기념을 불과 몇 년 전에 축하했었고, 우리가 회의 장소로 가는 동안, 우리는 1970년 졸업반의 얼굴들을 지나쳐갔다. 우리는 하나님께서 휴즈 강당에서 특별한 방식으로 임재하셨다는 사실을 알고 있었다. 우리는 하나님의 영이 휴즈에 임했던 가족의 이야기를 서로 나누었다.

1970년 부흥은 나의 사역에 대한 부르심과 영적 삶의 이야기에 많은 실타래를 엮어 넣었다. 내가 10대였을 때와 대학생이었을 때, 내 제자 훈련 과정에서 영적으로 중요한 역할을 했던 거의 모든 사람이 1970년 휴즈 강당에서 하나님의 능력을 통해 변화를 경험했다. 그 순간 내가 인식했든 아니든, 내가 서 있는 이 원 안에서 펼쳐지는 이야기는 이미 몇 년 전부터 성령의 움직임을 통해 시작된 이야기였다.

우리는 잠시 동안 경이로움 속에 조용히 기다렸다. 위층에서 흘러나오는 찬양 소리가 우리의 귀에 스며들었고, 사람들이 걷는 발소리와 의자가 열리고 닫히는 소리가 들려왔다. 우리는 눈을 들어 벽에 걸린 사진들을 바라보았다. 그 사진들은 과거에 부흥을 경험했던 학생들의 얼굴들이었다.

그때, 원 안에 있던 사람 중 한 명인 데이비드 토마스(David Thomas)가 원 중앙으로 몸을 기울이며 진지하고 간절한 목소리로 말했다.

"여러분, 여기에 뭔가 특별한 일이 일어나고 있는 것 같아요."

그의 말이 끝나자, 우리는 모두 서로를 바라보았다. 각자의 얼굴에는 경이로움과 놀라움이 뒤섞여 있었다. 지금 무슨 일이 일어나고 있는 걸까?

2장

첫 응답(The First Yes)

2023년 2월

휴즈(Hughes) 강당 애즈베리 대학교

"말씀하시고서 못 하실 일이 하나님께는 하나도 없기 때문입니다."
마리아가 말했다.
"예, 저는 주님의 종입니다. 당신의 말씀대로 저에게 이루어지기
바랍니다." 그러자 천사가 마리아한테서 떠나갔다.
누가복음 1:37-38

길을 만드시는 분, 기적을 행하시는 분
그는 나의 주, 나의 하나님
"길을 만드시는 분(Way Maker)," 시나크(Sinach)

"여기에 뭔가 특별한 일이 일어나고 있는 것 같아요."

데이비드 토마스의 이 말이 우리 원 안에서 메아리쳤다. 데이비드는 영적 각성 신학자이자 부흥 역사 연구자로서, 우리에게 지금 우리 가운데 일어나고 있을지도 모르는 일에 마음과 생각을 열라고 격려했다. 다음 며칠 동안, 데이비드의 이 권면의 말은 하나님의 임재에 대한 이해를 높이는 데 중요한 역할을 하게 되었다. 원래 데이비드는 잭을 지원하고, 하나님께서 휴즈 강당에서 역사하시는 것을 자신의 눈으로 직접 보기 위해 이곳에 왔을 것이다. 하지만, 그 자신도 거의 즉각적으로 이 운동 사역과 리더십에 연결되었다.

우리는 잠시 동안 조용히 기다렸다. 우리의 마음이 요동치기 시작했고, 하나님의 임재가 커지는 느낌이 우리를 서로 한마음으로 묶고 있었다. 그 마음은 바로 우리의 학생들이 영적 각성을 경험하기를 바라는 마음이었다.

우리는 하나님께서 수십 년 동안 휴즈 강당에서 강력하게 일하셨다는 것을 알고 있다. 1970년 부흥의 이야기가 내 머릿속에 떠올랐다. 내 기억 속에는 나의 멘토들이 그들의 경험을 나눠주었던 목소리가 담겨 있다.

"저항할 수 없는 이끌림."

"앞으로 나아가지 않으려고 뒤쪽 난방기구를 꼭 붙잡고 있어야 했어요."

"우리는 하나님께서 애즈베리에 부흥을 가져오시기를 기도하며 매일 오전 8시에 1년 동안 기도했어요."

1970년 애즈베리의 겨울 학기는 학생들의 불안감과 반항적인 분위기 속에서 시작되었다고 한다.

1월 28일 자 <애즈베리 콜레지언>(Asbury Collegian)의 여러 사설에 따르면, 학생들은 규칙에 대한 불만과 반항적인 영으로 인해 불안정한 상태에 있었다고 한다.[6] 당시 사회적, 정치적 격변이 학생들에게도 영향을 미쳤을 것이다. 그런 맥락 속에서 하나님께서 역사하셨다. 저명한 전도자이자 저자, 그리고 교수 로버트 콜먼(Robert Coleman)은 1970년 부흥에 대해 다음과 같이 썼다.

"두려울 정도로 놀라운 방식으로, 하나님께서 캠퍼스를 장악하셨습니다. 그 경이로움 속에서 천 명의 학생들이 며칠 동안 대학 강당에 머물렀습니다. 더 많은 자유를 요구하거나 체제에 항의하기 위해서가 아니라, 자신의 죄를 고백하고 구주를 찬양하기 위해서였습니다."[7]

1970년의 부흥은 내가 태어나기 전에 일어난 일이지만, 그 영향은 지금까지도 내게 남아 있다. 하지만 부흥은 1970년에만 일어난 것이 아니었다. 휴즈 강당에서는 한 세기를 넘는 시간 동안 물결이 움직이고 있었다. 1905년 2월, 1921년 2월, 1950년 2월, 1958년 3월, 1970년 2월, 1992년 3월, 2006년 2월. 하나님의 임재가 이 거룩한 공간에 임하셨다. 하나님의 이 역사들로 인해, 전국에서 수많은 사람들이 사역에 대한 부르심과 구원의 경험을 하게 되었다.

그리고 이제, 1970년 부흥으로부터 53년이 지난 2023년 지금, 그때의 부흥이 믿음 갱신의 물결을 다시 일으킨다. 하지만 우리는

---

6) Joe Thacker, Jr., *Asbury College: Vision and Miracle* (Nappance, IN: Evangel, 1990), 222.
7) Robert E. Coleman, ed., *One Divine Moment* (Old Tappan, NJ: Spire, 1970), 13-14.

다시금, 어떤 면에서는 캠퍼스 내에서, 그리고 확실히 더 넓은 기독교 맥락에서 분열되고 고립된 것처럼 느낀다.

하나님께서 다시 역사하고 계시는 걸까?

제닌 브라본(Jeannine Brabon)은 애즈베리의 동문이자 기도의 사람으로, 내가 열두세 살쯤이었을 때 나를 제자로 삼아 주었다. 제닌은 콜롬비아에서 자신의 삶을 선교사로 헌신하며, 세계에서 가장 어두운 곳 중 하나인 콜롬비아 감옥과 마약 카르텔 구성원들을 대상으로 사역했다. 나는 그녀가 안식년을 보내는 동안, 그녀가 살던 캠퍼스 근처에 위치한 '한 선교회(One Mission Society)'의 학생 센터에서 그녀와 함께 테이블에 앉아 있었던 기억이 난다. 그녀는 내게 이런 이야기를 들려주었다.

"1970년 부흥이 시작되기 1년 전, 소수의 학생이 학기 중 매일 오전 8시에 하나님께서 역사하시기를 기도했지."

나는 지금도 캠퍼스에서 약 400미터 떨어진 세계 복음 선교 센터(World Gospel Ministry Center)에서 소수의 학생이 정기적으로 부흥을 위해 기도하고 있다는 것을 알고 있다. 이제 하나님께서 이전처럼 우리 학생들을 위해 움직이실 때가 된 것일까?

원 안에 있던 우리들은 모두 하나님께서 휴즈 강당에서 일하셨던 애즈베리의 이야기를 알고 있었다. 우리는 하나님께서 하시는 일을 멈추거나 제한하고 싶지 않았다.

"그렇습니다. 휴즈 강당을 밤새 열어두겠습니다."

만약 하나님께서 계속 역사하시고 학생들이 그에 반응한다면,

그 공간은 계속 열려 있어야 한다고 생각했다.

다른 곳에서 오는 대학생들에 대한 걱정이 되었다. 만약 자정에 휴즈 강당을 닫는다면, 그들은 어디로 가야 할까? 휴즈를 열어두는 것이 더 합리적이었고, 아침에 다시 모여 성령의 움직임을 분별하는 것이 좋겠다고 느꼈다.

하지만 나는 동시에 약간의 망설임도 느꼈다. 행정적인 역할을 맡은 사람으로서, 우리 학생들의 안전에 대한 책임감을 느꼈다. 휴즈를 밤새 열어두고, 다른 캠퍼스에서 온 학생들이 다양한 시간대에 도착하도록 허용하는 것은 약간 위험해 보였다. 그럼에도 불구하고, 하나님께서 움직이고 계셨다. 나는 그 길을 막고 싶지 않았다. 우리는 안전을 위해 기도했고, 캠퍼스 안전팀에 연락해 휴즈 안팎에 추가 인원을 배치했다.

우리는 "네(YES)"라고 대답했다. 우리가 알지 못했던 것은, 이 순간이 수천, 수만 번의 '네(yeses)'로 이어지는 첫 번째 순간이 될 것이라는 사실이었다. 그 순간, 우리는 이 경험이 성령님을 아는 대로 표현되었다는 것을 절대적으로 확신했다. 성령님의 역사는 부드럽고, 초대하며, 사랑과 친절로 가득하고, 거의 저항할 수 없는 것이었다. 우리는 오직 "네"라고 말할 수밖에 없다는 것을 알았다.

성경은 수많은 "네"로 가득하다. 나는 마리아가 "말씀대로 저에게 이루어지기 바랍니다"라고 대답했던 순간을 떠올린다. 그녀는 자신에게 다가올 일과 요구되는 것이 무엇인지 전혀 알지 못했다. 그러나 그녀는 그 순간의 경이로움과 거룩함을 느꼈을 것이다. 그녀의 영혼에서 나오는 대답은 명확하고 진실하며 올바르게 느껴졌을 것이다. 부흥의 첫날 밤, 우리에게도 일어나고 있는 일이 진실하고 올바르게 느껴졌다.

내가 이 글을 쓰며 돌아보았을 때, 하나님께서 애즈베리에서 행하신 역사는 그 단순한 '네'에서 시작되었다고 생각한다. 그 순간, 우리는 이렇게 말했다.

"네, 우리는 휴즈 강당을 열어두겠습니다."

"네, 하나님께서 하시고자 하시는 일을 보기를 열망하겠습니다."

이후, 우리 운영진은 모여서 애즈베리에서 하나님의 역사에 대해 성찰하게 될 것이다. 만약 하나님께서 우리에게 24시간 전에 알림을 주셨다면, 우리는 '네'라고 말했을까? 아닐 것이다. 만약 하나님께서 한 달 전에 준비를 요구하셨다면, 우리는 '네'라고 말했을까? 아닐 것 같다. 만약 하나님께서 1년 전에 이 일을 알려주셨다면, 우리는 '네'라고 말했을까? 아닐 것이다. 만약 하나님께서 앞으로 있을 모든 일의 범위를 우리 앞에 펼쳐놓고 "이 산을 오를 준비가 되었습니까?"라고 물으셨다면? 우리는 대부분 '아니요'라고 판단했을 것이다. 너무 많은 것들이 필요했을 것이다. 사람들에게는 너무 큰 부담이고, 너무 많은 자원이 필요하며, 건물에 너무 많은 손상이 갈 수 있고, 모든 사람에게 너무 많은 시간과 에너지가 요구되었을 것이다. 우리는 분명 이렇게 생각했을 것이다.

"하나님, 우리가 잘못 들었겠죠."

우리는 하나님께서 지난 세기 동안 부흥을 일으키셨던 모든 역사를 알고 있었음에도, 하나님께서 요구하시는 것에 '네'라고 대답할 거룩한 상상력을 가지고 있지 않았을 것이다. 인간적인 관점에서는 장애물과 부담만 보였을 것이다. 그래서 하나님께서는 그분의 자비와 선하심 안에서, 우리를 이 거대한 여정으로 초대하셨다. 한 번에

한 걸음씩, 단순하고 분명하게 그분의 임재를 보여주심으로. 우리는 어느 순간이라도 '아니요'라고 말할 수 있었고, 하나님께서는 그분의 백성에게 임하실 또 다른 방법을 찾으셨을 것이다. 하나님께서 우리에게 의존하신 것은 아니었다. 그러나 성령께서는 우리를 초대하셨다. 예수님의 구속과 해방의 사역에 동참하라고, 한 걸음씩. 우리는 이 한 걸음을 내디딜 것인가?

나는 휴대전화를 꺼내 13명의 팀원에게 문자를 보냈다.

친애하는 동료들이여, 하나님께서 우리 가운데 역사하시는 것을 보게 되어 얼마나 큰 영광인지요. 우리는 휴즈 강당을 밤새 열어둘 계획입니다. 팀원 중 최소한 한 명이 현장에 있어 주시면 큰 도움이 될 것입니다.

나는 문자의 시간을 나열해 덧붙였다. 오후 10시-자정, 자정-오전 2시, 오전 2시~4시, 오전 4시~6시 등. 나는 오전 4시 교대를 맡기로 했다. 팀원들은 빠르게 반응하며 몇 분 만에 나머지 시간대를 맡아 주었다.

에밀리는 내 주변을 빙글빙글 돌며 뛰어다녔고, 나는 그녀를 돌보면서 애즈베리 팀에게 문자를 마무리하려 애썼다. 아이들을 집에 데려가 재운 후, 아침에 다시 돌아올 계획이었다. 내가 다시 휴즈 강당을 지나갈 때, 모인 사람들의 수가 확연히 늘어난 것이 보였다. 나의 가장 소중한 영적 멘토이자 친구 중 한 명인 코비 밀러(Koby Miller)가 뒷줄에 앉아 있었다. 그녀는 그 자리에 직접 참석함으로써

지지를 보내고 있었다. 그녀만이 아니었다. 또 다른 친구이자 평생 애즈베리 팀의 일원이었던 존 몰리(John Morley)는 내게 문자를 보내왔다.

"여기에는 학생들만큼이나 교인들이 많이 와 있어요!"

정말로, 나이 든 세대의 성도들로 이루어진 공동체가 도착하고 있었다. 그들의 존재 자체가 예수님을 나타내는 것 같았다.

월모어(Wilmore)는 교차로 두 개가 있는 작은 마을로, 막다른 길에 위치해 있다. 월모어를 통과하는 주요 도로는 켄터키 강까지 이어지지만, 강을 넘지는 않는다. 이 마을은 말 농장, 검은 울타리, 완만한 언덕들로 둘러싸인 아름다운 곳이다. 애즈베리 대학교와 애즈베리 신학교는 빨간 벽돌 건물과 두 개의 우아한 채플로 주요 도로를 둘러싸고 있다. 세 개의 교회가 거리의 모퉁이에 자리하고 있으며, 한쪽에는 주유소와 서브 숍도 있다. 인구 약 6,000명 정도인 월모어는 지난 수십 년 동안 거의 변하지 않았다. 47년 동안 같은 시장이 이끄는 이 마을에는 몇 개의 공원, 가족이 운영하는 작은 식당들, 몇몇 공예품 상점들, 오래된 IGA 식료품점, 은퇴자 공동체, 초등학교, 그리고 약 20개의 소규모 비영리 사역 단체들이 있다. 이 모든 것이 메이베리(Mayberry) 같은 평온한 커뮤니티의 일상을 이루고 있다.

월모어는 교회 성도들의 고향이다. 인구 대비 기독교인의 비율로는 월모어를 능가하는 곳을 찾기 어려울 것이다. 이 마을의 집들에는 은퇴한 선교사와 목회자들이 살고 있으며, 목회 파송을 준비 중인 신학교 학생들과 가족을 키우며 정착한 대학 졸업생들이 어울려 살아가고 있다. 윌모어는 아마도 배관공이 신학석사학위(Master of Divinity)를 가지고 있고, 부동산 중개인이 은퇴한 목사인 유일한 마을일 것이다. 윌모어에 대해 궁금하다면, 그 마을의 물탱크탑(water tower)을 보면 된다. 주민들은 종종 농담한다.

"파리는 에펠탑이 있고, 뉴욕은 자유의 여신상이 있다면, 윌모어는 물탱크 탑이 있다."

그 흰색 물탑 꼭대기에는 하얀빛으로 빛나는 십자가가 자리 잡고 있다. 이 십자가는 소프트볼과 야구 경기장 위의 밤하늘을 환히 비추며, 윌모어가 하나님께 속한 마을임을 분명히 드러내고 있다.

나는 성인이 된 후 두 번이나 윌모어를 떠났다가 다시 돌아왔다. 한 번은 미시간에서, 또 한 번은 오리건였다. 내 사역과 리더십에 대한 부르심이 확실해지면서, 나는 떠나야 한다는 것을 깨달았다. 때로는 크리스천들과 기독교 기관들의 가까운 위치가 마치 온실에 있는 것처럼 느껴지곤 했다. 온실에서는 세심하게 돌봄과 물을 공급받았지만, 내 뿌리와 가지가 자랄 공간이 없었다. 오랜 거주자 중 한 명이 내게 이렇게 핀잔을 주며 말했다.

"윌모어를 떠나는 건 좋은 일이에요. 너무 많은 소금은 사해(Dead Sea)를 만들잖아요."

그녀의 농담 속에는 약간의 진실이 담겨 있었다.

윌모어는 겹겹이 쌓인 다층적인 장소가 될 수 있었다. 수많은 기관, 교회 문화, 그리고 한 마을에 어쩌면 너무 많은 박사 학위 소지자들이 있는 곳에서, 이 모든 것을 처리하고 이해하는 데는 시간이 걸렸다. 나의 영적 여정은 좋은 크리스천이 된다는 것이 무엇을 의미하는지, 그리고 사람을 구원하는 것이 교리와 규칙인지, 아니면 마음의 상태인지를 고민하며 이어졌다. 젊은이로서 이런 문제와 씨름하는 동안, 나는 윌모어에서 율법주의가 아니라 은혜와 사랑으로 가득한 삶을 보여준 멘토와 친구들을 만났다. 나는 20대를 "율법에서 사랑으로"라고 규정하며, 예수님의 사랑 안에서 깊이 뿌리를 내리고 넓게 성장했다. 그렇게 하나님의 부르심을 따라 다른 땅으로 옮겨질 준비를 마쳤다.

하지만 이번에 애즈베리에서 맡은 역할로 돌아왔을 때, 윌모어의 토양이 나와 내 가족에게 꼭 필요한 곳처럼 느껴졌다. 영양이 풍부하고 잘 경작된 이 작은 마을은 친절한 이웃들과 기독교적 세계관 속에서 내 어린아이들을 키우기에 평안과 감사만을 느낄 수 있는 곳이었다. 어디에 살든, 사람들은 진짜 문제와 진짜 상심, 그리고 재정적, 신체적 도전을 마주한다. 윌모어도 이런 점에서는 다르지 않았다. 그러나 이곳의 영적 성숙은 삶의 고통과 어려움을 견뎌낼 수 있도록 경건한 지지를 제공했다. 그것은 윌모어의 교회 첨탑과 거리 사이에 존재하는 특별한 방식으로 이루어졌다. 이 공동체에 대해 한 가지 확실히 진실인 점은, 하나님의 백성들이 이곳에 살고 있었으며, 성령께서 움직이실 때 그들이 나타났다는 것이다.

그날 밤, 하나님의 새로운 역사가 펼쳐지는 가운데, 나는 학생들과 함께 예배드리고 기도하기 위해 모인 성도들의 얼굴을 알아보았다. 그들은 내가 신학교에 다닐 때의 교수님들, 이웃들, 그리고 친구들이었다.

"어린아이가 그들을 이끌 것이다."

오랜 친구이자 팀원인 미셸 크래처(Michelle Kratzer)가 내게 메시지를 보냈다. Z세대가 우리 공동체를 휴즈 강당의 제단으로 이끌고 있다. Z세대는 성령의 잔치로 초청에 '네'라고 대답하고 있었다. 그리고 우리는 그 잔치에 참여하기 위해 의자를 끌어다 앉고 있었다.

2023년 2월 9일, 새벽 3시 45분

내 휴대전화 알람이 울렸고, 나는 침대에서 머리를 들었다가 다시 누웠다. 몇 시간 동안 침대에 있었지만, 잠을 잘 자지 못했다. 내 교대 시간을 놓치고 싶지 않았다. 비틀거리며 부엌으로 가서 커피를 만들고, 성경과 노트, 내가 가장 좋아하는 펜을 찾았다. 따뜻한 양말과 편한 신발을 신고 캠퍼스를 가로질러 걸어갔다. 걸으며 이런 생각이 들었다.

"휴즈 강당이 텅 비어 있을까? 모든 것이 끝났을까?"

무슨 일이 있든, 이것은 우리 학생들에게 하나님의 달콤한 역사였다. 이 모든 것을 목격할 수 있었던 것만으로도 감사했다.

휴즈 강당의 옆문이 열려 있었고, 나는 건물 뒤쪽으로 돌아가 그 문으로 들어갔다. 건물 모퉁이를 돌자, 높은 스테인드글라스 창문들이 밤하늘로 노란 황금빛을 내뿜고 있는 것이 보였다. 창문을 보는 순간, 나는 그것이 끝나지 않았음을 알았다. 하나님께서 여전히 휴즈 강당에 계셨다.

내 영혼이 요동쳤고, 나는 건물 안으로 들어갔다. 강당 안에는 약 25명의 학생이 여기저기 흩어져 있었다. 몇몇 학생들은 피아노 벤치에 앉아 함께 노래하고 있었지만, 특별히 어떤 노래인지 잘 들리지는 않았다. 나는 혼자 미소를 지었다. 학생들은 강당 여기저기에 작은 그룹으로, 또는 혼자 앉아 기도하거나 글을 쓰거나 생각에 잠겨 있었다. 발코니를 올려다보니, 학생들이 잠을 잘 수 있도록 설치된 간이침대 몇 개가 눈에 들어왔다. 한 구석에서는 한 학생이 기숙사에서 가져온 듯한 싱글 매트리스 위에서 자고 있었다. 나는 이전 교대 팀원을 찾아가 그녀와 대화를 나누었다. 그녀는 지금까지의 상황을 나에게 알려주었다. 찬양팀은 한 시간 전에 떠났고, 조용한 밤이었다. 다른 학교에서 온 몇몇 학생들이 도착했으며, 이곳에 있거나 밤을 지낼 곳을 찾았다.

나는 무대와 마주 보는 오른쪽 자리에서 강당의 4분의 1쯤 되는 위치에 자리를 잡았다. 커피와 성경을 들고 자리에 앉아 이 순간을 내 마음에 새겼다.

"아직도 진행되고 있다."

"하나님께서 여전히 움직이고 계시며, 학생들이 여전히 응답하고 있다."

"믿기지 않는다."

나는 속삭이듯 기도했다. "하나님, 정말 놀랍습니다."

나는 1년간 성경 읽기 계획을 따라 성경을 읽고 있었다. 한 번도 1년 동안 성경 전체를 다 읽어본 적은 없었지만, 2023년이 시작되었을 때, 이번이 그 해가 될 것이라는 느낌이 들었다. 나는 그날의 분량을 펼쳤다. 내가 읽을 부분은 출애굽기 19~21장, 모세가 이스라엘 백성과 함께 광야를 지나가는 이야기였다. 하나님께서 모세를 산 위로 부르시며,

"이제 나의 목소리를 참으로 잘 듣고 나와 맺은 언약을 지키면, 너희는 모든 백성 가운데서 나에게 특별한 백성이 될 것이다. 온 땅이 나의 것이다. 너희야말로 나에게 제사장 나라가 되고, 거룩한 겨레가 될 것이다."라고 약속하셨다.

나는 몇 구절에 괄호를 쳐 두었다.

여호와께서 모세에게 말씀하셨다. "보라, 내가 짙은 구름 속에서 너에게로 갈 것이다. 그러면 내가 너와 이야기하는 것을 백성이 듣고, 또한 너를 영원히 믿어 줄 것이다." (출애굽기 19:9)

짙은 구름… 하나님의 임재… 우리 위에 두텁게 머물렀다. 하나님의 임재는 마치 구름이 학생들 위에 자리 잡은 것 같았다. 성경은 구름의 이미지를 사용해 하나님의 이야기를 전해준다.

"아론이 이스라엘 사람들의 온 무리에게 말할 때, 그들이 광야 쪽으로 돌아섰다. 거기, 구름 가운데서 여호와의 영광이 나타난 것이 아닌가!" (출애굽기 16:10)

"제사장들이 거룩한 곳(성소)에서 나올 때의 일이었다. 구름이 여호와의 집을 가득 채웠다. 제사장들은 구름 때문에 서서 섬길 수가 없었다. 여호와의 영광이 여호와의 집에 가득 차 있었기 때문이다." (열왕기상 8:10-11)

"여호와가 임금으로 다스리시네. 땅이 기뻐하기를! 여러 섬이 즐거워하기를! 구름과 짙은 어둠이 여호와를 에워싸네. 공의와 정의가 여호와의 임금 자리의 버팀돌이야." (시편 97:1-2)

"이들은 여자들과 어울려 더럽혀진 적이 없는 사람들입니다. 순결한 사람들이거든요. 이들은 어린양이 어디로 이끌든지 어린양을 따르는 사람들입니다. 이들은 사람들한테서 값 주고 산 사람들입니다. 하나님과 어린양을 위한 첫 열매입니다." (요한계시록 14:4)

나는 이 구절들을 잠시 곱씹었다. 확실히, 여호와의 임재가 구름처럼 우리 위에 자리 잡으셨다. 내 시선은 무대 위 천장 근처에 새겨진 글귀로 옮겨졌다.

"여호와께 거룩함(Holiness unto the Lord)."

오늘날 우리는 거룩함에 대해 많이 이해하지 못하는 문화와 세상 속에 살고 있다. 심지어 크리스천들 사이에서도, 거룩함은 종종 "나만 거룩하다"는 태도나 고루한 위선적 경건으로 오해되곤 한다. 그러나 거룩함은 행동에 관한 것이 아니라, 하나님의 영이 우리의 존재 전체 안에 거하시며 이루어지는 친밀함에 관한 것이다. 우리의 마음이 하나님의 마음을 향하고, 하나님의 마음이 우리의 마음을 향하는 것. 거룩함은 모든 것을 주시는 하나님께서 우리 모두를 위해 존재하시는 것이다. 한 채플 설교자가 이렇게 말한 적이 있다.
"세기의 거래! 우주의 가장 큰 선물! 당신의 모든 것을 내 모든 것과 교환하는 것!"

하나님의 영이 우리 위에 임하셔서 머무실 때, 그것은 하나님의 거룩함이 우리 위에 자리 잡으시는 것이며, 우리와 하나님 사이에 친밀한 공간을 만들어 주시는 것이다.

이제 점점 더 조용해지고 있었다. 몇몇 학생들이 더 자리를 비웠다. 나는 우리의 총장 케빈과 그의 아내 마리아가 뒷줄 중 한 곳에 앉아 기도하는 모습이 눈에 들어왔다. 새벽 6시 교대 팀원이 도착했다. 나는 집에 가서 아이들이 학교 갈 준비를 도와야 했다. 기지개를 살짝 켜면서, 하나님의 임재라는 거대한 바다 안에서 맞이한 이 조용한 아침에 감사했다.

하나님께서 임재하셨고, 학생들이 이에 응답했다. 그것은 거룩했고 충분했다. 학생들은 평소처럼 강의실에 들어가고, 전날의 일에 관해 이야기했다. 나는 이 시간을 내 마음에 소중히 간직할 것을 알고 있었다. 앞으로 하루의 일과 양육이 펼쳐질 것이기에, 나는 하나님께 감사드리고, 집으로 걸어가 아이들을 깨웠다.

2023년 2월 9일, 오전 10시 30분

휴즈 강당은 새롭게 도착한 학생들로 가득 찼다. 아무것도 멈추거나 느려지지 않았다. 나는 소그룹에 문자를 보냈다:

"오전 10시 30분에 만납시다."

그레그, 잭, 매들린, 그리고 나는 강단 가장자리에서 기도하며 이 계속되는 예배를 어떻게 잘 관리할지에 대해 대화를 나누었다. 매들린은 다양한 학생들이 피아노에서 연주하고 노래하도록 준비했다. 벤과 조르주는 오전 10시 50분, 즉 공강 시간에 돌아올 예정이었다. 애즈베리에서는 오전 10시 50분부터 정오까지 수업이 열리지 않기 때문에, 더 많은 학생이 예배로 돌아올 것으로 기대되었다. 수업은 공식적으로 취소되지 않았지만, 학생들은 수업 시간을 중심으로 오가며 반 친구들과 계속 예배드리기를 간절히 원하고 있었다.

그레그는 간증 시간을 열어야 한다고 느꼈다. 잭은 하나님께서 그에게 초대의 메시지를 너그럽게 주셨다고 느꼈다. 둘 다 옳아 보였다.

우리는 또한 몇 가지 질문을 놓고 고민했다. 실시간 중계와 찬양 가사 문제에 관해서였다. 매들린이 설명하기를,

"휴즈 강당에 있는 사람들하고만 있어도 충분히 솔직해지기가 어렵습니다. 실시간 중계는 하지 맙시다."

학교 운영진도 학생들이 더 솔직하게 나눌 수 있도록 실시간 중계는 하지 않기로 동의했다. 우리는 채플은 방송하지만, 휴즈 강당에서 일어나는 모든 일을 중계한 전례는 없었다. 세상이 우리 공동체 안에서 학생들이 솔직하고 진정성 있게 고백하고 나누는 내용을 모두 알 필요는 없었다.

그레그는 몇몇 사람들이 가사 요청을 했는데, 그것이 예수님께 집중하는 데 방해가 될 수 있다고 말했다. 우리는 함께 논의하며 정리했지만, 아무도 어제 하나님의 임재가 부드럽게 흐르고, 우리가 그분의 움직임을 경험했던 것을 해치고 싶지 않았다. 결론은 가사 없이 진행하기로 했다.

나는 고민 없이 회의를 취소했다.

"여기 있어야 한다."

하나님께서 하시는 일에 나 자신을 온전히 기울이며 이 거룩한 순간에 참여해야 한다고 느꼈다. 나 역시 이것이 필요했다. 나는 하나님의 임재를 보고, 숨 쉬는 것이 필요했다.

학생들의 간증은 강력했다. 회개, 고백, 축복의 말들이 넘쳐났다. 학생들은 다른 학생들을 위해 중보기도 했고, 방 안에는 자유와 선함이 전염되듯 퍼졌다. 캠퍼스와 인근 학교에서 더 많은 학생이 도착했다. 많은 이들이 자리를 떠나지 않고, 자신 친구들이 회개하고 예수님께 돌아서는 소리를 들으며 경외와 놀라움 속에서 수 시간 동안 머물렀다. 학생들은 죄를 고백하고, 고통을 나누었다.

"나는 성인물 중독이 있어요."

한 학생이 내뱉고는 깊이 숨을 내쉰 뒤, 자신의 자리로 몸을 기울이며 얼굴을 손으로 덮었다.

"나는 너무 외로워요. 아무도 나를 보지 않는 것 같아요."

한 여학생이 눈물을 흘리며 말했다. 학생들은 파도처럼 앞으로 나가 그녀를 감싸 안았다.

"나는 크리스천이 아니에요. 여러분이 무슨 말을 하고 있는지도 모르겠어요. 예수님을 따르는 게 뭔지 알려주세요."

다른 한 학생이 손을 내밀며 울부짖었다.

"누군가가 나에게 말해줬으면 좋겠어요."

"나는 치유가 필요해요."

"나는 예수님을 더 알고 싶어요."

"나는 자살하려 했었어요. 예수님이 나를 구하셨어요."

"우울증과 불안이 더 이상 내 삶을 지배하지 못해요!"

그레그는 기쁨과 눈물이 뒤섞인 눈으로 한 학생, 자라(Zara) 옆에 섰다. 자라가 간증을 나누고 있었다. 그녀의 삶의 절반 이상 동안, 자라의 정체성은 불안과 우울에 묶여 있었다. 그러나 주님께서 그녀에게 분노와 원망을 내려놓고, 십자가 발치에서 모든 것을 맡기라고 말씀하셨다. 자라는 평생 처음으로, 자신의 모든 것을 예수님의 발치에 내려놓았고, 다시 되찾아가려 하지 않았다고 고백했다.

"나의 하나님은 나의 우울증보다 더 크신 분이에요! 나의 하나님은 나의 불안보다 더 크신 분이에요! 예수님이 무덤에서 걸어 나오셨고, 여러분도 걸어 나올 수 있어요. 왜냐하면 나도 그랬으니까요!"

자라가 이렇게 말할 때, 그레그의 마음은 하나님의 은혜에 압도되었다. 그는 단지 자라를 목회적으로 동행했을 뿐만 아니라, 자라의 이야기가 그의 자신의 이야기를 건드리고 있었다. 그레그는 젊은 시절, 아버지와 형을 자살로 잃었다. 그의 삶의 이야기와 영적 부르심은 깊은 상실의 고통 속에서 형성되었다. 예수님의 능력으로 불안의 무덤에서 걸어 나오고, 우울의 관에서 일어난 자라의 간증을 들으면서, 그레그의 존재는 마치 종이 울리듯 이 진리와 함께 울려 퍼졌다.

"치유는 가능하다. 자유는 가능하다."

이런 일이 하루 종일 이어졌다. 한 사람의 마음에서 나오는 자유와 진리의 간증이 다른 사람의 마음 안에 기쁨을 불러일으켰다. 학생들은 전염되는 자유, 전염되는 기쁨, 전염되는 사랑을 경험했다.

불안과 우울이 이 세대의 상징처럼 보일지 모르지만, 학생들은 자신의 삶에서 일하시는 하나님의 치유 능력에 대해 간증했다. 우리는 학생들(그리고 모든 이들)이 우울증과 불안에 대한 처방 약물을 계속 복용하며, 자신의 상담사나 의사와의 치료를 지속하도록 격려하지만, 동시에 하나님께서 우리 눈앞에서 삶을 치유하고 회복하시는 것을 보았다. 약물의 능력으로든, 성령의 능력으로든, 혹은 둘 다를 통해, 예수님 안에서의 자유는 풍성히 넘쳤다.

그레그는 제단에서 학생들과 함께 무릎을 꿇고 기도하며, 그들을 위해 몸을 숙이고 잃은 양을 찾아가는 목자처럼 학생들을 위해 중보했다. 제단에는 학생들이 몰려들어 대여섯 줄이 만들어졌다. 나도 학생들 위로 몸을 기울이며 마음속으로 기도했다.

"너희는 하나님의 사랑받는 자다. 너희는 하나님께 속한 자다. 주님께서 모든 면에서 너희에게 자유를 주시기를."

많은 애즈베리의 직원들과 교수들도 학생들과 함께 기도했다. 그들은 제단 옆 바닥이나 통로에서 무릎을 꿇고, 옆에 휴지 상자를 두고 학생들의 이야기를 듣고, 하나님의 역사가 그들에게 이루어지도록 기도 속에서 소중히 담았다.

몇몇 학생들이 자신의 방에서 악기를 가져와 예배에 합류했다. 첼로, 바이올린, 봉고, 그리고 학생들의 목소리가 자연스럽게 조화를 이루며 연습도, 계획도 없이 그저 예수님의 초청에 응답하며 찬양팀은 점점 커졌다. 그들의 얼굴에서 순수한 기쁨이 흘러나왔다. 눈물이 흐르고, 목소리는 멜로디와 진정성을 담아 예수님께 올려졌다.

이것은 신성한 순간이었다. 1970년 부흥 당시 애즈베리의 총장이었던 데니스 킨로(Dennis Kinlaw)의 말이 떠올랐다. 나는 그 인용문을 친구에게 문자로 보냈다.

"하나님께서 행동하시는 단 한 번의 신성한 순간을 나에게 주십시오. 나는 그 순간이 인간이 수 세기 동안 기울인 모든 노력보다 훨씬 뛰어나다고 말할 것입니다."

이것은 학생들의 삶에서 거룩하고 신성한 순간이었다. 오후 늦게, 우리 중 몇몇이 피로함에 사로잡혔다. 나도 예외는 아니었다. 매들린은 그녀의 남편 벤과 함께 저녁 예배팀을 조직했다. 학생들이 떠날 기미는 보이지 않았지만, 나는 이런 생각이 들기 시작했다.

"이 거룩한 순간은 얼마나 계속될 것인가? 48시간? 불가능해 보이지만, 학생들의 반응을 보니 가능할 것 같기도 하다."

우리는 계획이 필요했다. 사역팀 중 한 명, 아니 어쩌면 두 명이 항상 이곳에 있어야 했다. 한 사람이 모든 것을 감당하기에는 너무 큰 일이었다. 많은 지역 교인, 교수, 그리고 직원들이 학생들 가운데로 들어가 그들을 위해, 그들과 함께 기도했다. 그러나 이 공간의 목회적 관리와 전체 사역을 책임질 필요가 있었다. 우리는 학생들과 그들과 합류한 다른 사람들에 대해 엄청난 책임감을 느꼈다. 그래서 저녁 동안에는 두 명씩 교대하며 그곳에 있기로 계획했다.

우리는 저녁 7시에 예배에 약간의 체계를 추가해서 다시 모이기로 했다. 잭은 우리에게 기도 메시지를 보냈다.

예수님. 감사합니다.
예수님. 우리는 모든 영광과 존귀를 주님께 돌립니다.
그리고 지금 우리 가운데 행하시는 일에 대해 감사를 드립니다.

주님께서 지금 행하시는 일을 잘 관리할 수 있도록 우리에게 자비롭고 온유한 인내와 끈기를 허락해 주시기를 기도합니다.

우리가 주님의 인도하심에 민감하게 반응할 수 있기를, 그리고 팀과 공동체로서 하나 될 수 있기를 기도합니다.

주님께서 우리를 더 깊은 곳으로 이끌어 주시기를 기도합니다. 더 깊은 회개로, 더 깊은 변화를 향해, 더 깊은 기쁨과 사랑 안으로 우리를 이끌어 주셔서 우리가 주님 안에서 진정 사랑받는 자임을 경험할 수 있기를 기도합니다.

지금, 이 순간,
캠퍼스를 이끌고 있는 사라의 리더십에 지혜를 허락해 주시기를 기도합니다.
그레그가 목회자로서, 그리고 강한 성품과 통합성을 가진 리더로서 우리를 이끌고 있습니다. 그를 위해 기도합니다.

또한 매들린이 예배를 조율하고 주님의 일을 충성스럽게 섬기고 있는 사람들의 지속 가능성을 세심히 살피며 섬기고 있습니다. 매들린을 위해 기도합니다.
그녀를 지탱해 주십시오, 예수님.

우리는 더 원합니다.
마라나타, 주여 오시옵소서.

나는 렉싱턴에서 학교를 마친 두 아이를 데리고 운전하여 집으로 향하고 있었다. 아들은 작은 기독교 학교에 다니고, 딸은 몬테소리 학교에 다닌다. 68번 고속도로를 따라 윌모어로 돌아오는 길, 내 마음과 생각은 여러 감정으로 가득했다. 해가 지면서 하늘은 아름다운 분홍빛과 황금빛으로 물들었다. 켄터키의 일몰은 참으로 장엄하며, 이날의 일몰은 평소 회색빛이 감도는 2월의 날씨와 달리 나의 시선을 완전히 사로잡았다.

게다가, 윌모어로 향하는 도로 위에 보이는, 지금까지 본 적 없는 구름 떼를 발견했다. 짙은 구름 떼가 도로 근처에 떠 있으며, 마치 나보다 앞서 윌모어로 들어가는 것처럼 보였다. 나는 아이들에게 그 구름을 가리키며 말했다.

"이런 거 본 적 있니?"

나는 구름을 따라 윌모어로 들어가는 마지막 곡선 도로를 지나갔다. 구름은 놀랍도록 짙고 낮게 떠 있었다. 그리고 아침 일찍 휴즈 강당에서 성경을 읽으며 묵상했던 구절이 떠올랐다.

"아론이 이스라엘 사람들의 온 무리에게 말할 때, 그들이 광야 쪽으로 돌아섰다. 거기, 구름 가운데서 여호와의 영광이 나타난 것이 아닌가!" (출애굽기 16:10).

행복한 눈물이 내 얼굴을 적셨다. '이게 말이 돼? 지금 우리 캠퍼스를 감싸고 있는 하나님의 임재의 표시가 구름의 형태로 나타나다니!' 나는 더 큰 소리로 말했다.

"하나님, 이제 정말 사랑하시는 거죠?"

그 구름은 캠퍼스 뒤쪽에 도착해, 학교 뒷배경을 감싸며 자리 잡았다. 나중에 나는 밖에 서서 그 구름의 사진을 찍었다. 물탱크탑 위의 십자가가 구름 위로 솟아올라 있었다. 그것은 성령께서 우리의 보호자로서 우리를 덮고 계신다는 표시였고, 하나님의 구름이 성령의 임재가 우리에게 머물렀음을 나타내는 표시였다. 나는 이 장면을 마음에 품으며, '이 시간은 하나님께 속한 날들이다.'라는 약속으로 삼았다.

2023년 2월 9일, 목요일 오후 7시

우리는 휴즈 강당 옆 교실에서 관리자의 책임을 분담하기 위해 모였다. 데이비드 토마스(David Thomas)가 우리와 함께했으며, 학교 운영진 몇 명도 참석했다. 우리는 함께 서서, 하나님께서 오늘 저녁 우리 학생들과 캠퍼스에서 어떻게 역사하고 계시는지에 대한 기대와 설렘으로 가득한 마음을 나눴다. 더 많은 학생이 계속 도착했다. 놀랍게도, 휴즈 강당의 바닥은 학생들로 가득 찼다.

"어떻게 이런 일이 일어나는 거지?"

우리는 서로에게 물었다. 아무도 답할 수 없었지만, 우리는 단 한 가지 확실히 알 수 있었다.

"이것은 숨이 멎을 듯한 아름다움이다."

"확실히 48시간이 지나면 잦아들겠지," 우리는 서로에게 말했다.

"하나님께서 우리 가운데 얼마나 오래 움직이실까?"

우리는 예배와 간증의 흐름을 계속 이어갔다. 기숙사에서 거주하며 일하는 전문 사역자 중 한 명인 잭커리 매센게일(Zachary Massengale)는 성령의 능력을 통해 순결로 나아가라는 메시지를 설교했다. 나는 매들린과 함께 휴즈 강당의 피아노 쪽에 서서 예배로 깊이 나아갔다. 예배팀은 온 마음을 다해 찬양을 드렸고, 대학생들과 교인들로 이루어진 회중은 손을 들어 함께 찬양했다. 노래는 웅장하게 퍼져나갔다. 큰 드럼 세트나 전자 악기가 없는 단순한 음악과 가사가 아름다움으로 우리를 감싸는 듯했다.

압도할 만큼 많은 대학생이 계속해서 나타났다. 어떤 그룹이 떠나야 할 때면, 우리는 그들을 축복하며 기도했고, 그들이 하나님의 사랑이 부어짐을 가지고 가기를 바랐다. 오후 10시, 나는 문자를 보냈다.

"동료 여러분, 부흥이 계속되고 있습니다. 휴즈 강당은 밤새 다시 열려 있을 것입니다. 우리는 긴급 상황을 대비하고 일반적인 감독을 제공하기 위해 직원들이 있어 주길 바랍니다. 가능하신 분은 알려주세요."
띵! "네! 몇 시간 동안 그곳에 있을 수 있어요."
띵! "네! 오전 2시부터 4시까지 가능합니다."

우리 공동체는 이 자발적인 하나님의 역사에 계속해서 '네'라고 응답하고 있었다. 그날 밤, 나는 늦게까지 남아 있었다. 음악과 기도가 내 위에 마치 달콤한 축복의 구름처럼 머물렀다. 나는 우리 위로 흘러넘치는 하나님의 사랑받는 존재라는 감각을 함께 나눴다. 나는 이것이 끝나지 않기를 바랐다.

"아마 하루나 이틀 더 이어졌으면 좋겠다."

정말 달콤한 시간이었다. 새벽 2시가 넘은 시간, 나는 집으로 걸어갔다. 피곤했지만, 내 영혼은 깊이 만족해 있었다. 내 마음은 예수님 안에서 이보다 더 평안했던 적이 없었다. 내 마음은 노래하고 있었다.

"네, 네, 네, 예수님께 '네'라고."

3장

충만함(Enough)

예수님은 제자들한테 말씀하셨다:
"그대들이 주세요, 그들에게 먹을 것을! 그대들이요!"
누가복음 9:13

"복 있습니다, 정의에 굶주리고 목마른 사람들은!
그들이 배부르게 될 테니까요."
마태복음 5:6

"나는 주의 선하심을 맛보고 보았으며,
주의 임재의 능력 속에 서 있었네"
토드 둘라니, 찬양곡 "Mighty One"

2월 10일, 금요일

문자 메시지가 계속 도착했다.

새벽 2시 18분

"지금 아름답고 달콤한 찬양이 울려 퍼지고 있어요. 깊은 회개가 일어났습니다. 린제이 윌슨(Lindsey Wilson) 학생들이 도착했고, 몇몇 학생들은 세례를 받고 싶다고 요청하고 있습니다."

새벽 5시 23분

"약 20명이 기도하고 있습니다. 정말 경건한 분위기 속에서 하나님께서 놀라운 일을 하고 계십니다."

새벽 6시 17분

"우리 학생 중 한 명이 마운트 버논 나사렛 칼리지(Mount Vernon Nazarene College)와 그 캠퍼스를 위해, 그리고 그녀의 여동생을 위해 기도해 왔습니다. 알고 보니 학생들이 버스를 타고 그곳으로 가고 있다고 하네요."

오전 7시 57분

"새벽 2시 30분까지 학생들과 함께 기도하다가 끝났습니다. 많은 해방과 치유가 있었습니다. 하나님께서 정말 많은 선한 일을 하고 계십니다!"

오전 8시 15분

"마운트 버논 학생들이 여기 와서 예배를 인도하고 있습니다."

오전 8시 15분

"여러 사람들이 이미 도넛을 가져왔습니다. 음식이 계속 도착하고 있어요."

전날 이른 아침부터 사람들은 계속해서 음식을 가져왔다. 아무도 음식을 요청하지 않았지만, 사람들은 자원해서 음식을 가져왔다. 학생 생활팀의 존 몰리(John Morley)는 지역 식료품점에서 도넛을 가져왔고, 학생들을 지원하는 나의 중요한 동역자 조 브루너(Joe Bruner)는 샘스클럽에서 생수와 그래놀라 바를 구입했다. 한 친구는 나에게 문자를 보내며, 섬기는 스태프들과 팀을 위한 식사 제공을 계속 이어지도록 준비 중이라고 했다. 휴즈 강당 근처의 한 교실이 음식을 놓아두는 공간으로 사용되었지만, 마침 수업이 열리는 시간과 음식이 배달되는 시간이 겹쳤다. 나는 즉시 교무처에 연결해 수업을 며칠 동안 다른 공간에서 진행해 달라고 요청했다.

"네. 네, 괜찮습니다."

우리 교수들과 직원들은 계속해서 '네'라고 말했다. 애즈베리 학생 생활팀의 크리스틴 엔디콧(Christine Endicott), 미셸 크래처(Michelle Kratzer), 그리고 구세군 학생 센터의 디렉터 알마 케인(Alma Cain)이 테이블을 세팅하고 음식 기부를 정리하며 쓰레기 처리를 돕고 있었다. 로비 구역의 테이블을 지나가니 20개의 큰 피자

박스가 한쪽 테이블에 쌓여 있었다. 영수증에는 테네시 주소를 가진 '댄(Dan)'이라는 알 수 없는 사람이 보냈다는 내용이 적혀 있었다.

오후에, 나는 한 엄마와 그녀의 딸을 만났다. 나는 잠시 그들과 함께 앉아 예배와 관리, 그리고 물류 공급을 조율하며 교제의 순간을 즐겼다. 그 어머니는 인디애나폴리스에서 왔다. 그녀는 초콜릿 칩 쿠키를 구워 학생들과 나누기 위해 3시간을 운전해 왔다.

"나는 하루 종일 기도하고, 쿠키를 굽고 있었어요,"

그녀가 나에게 말했다.

며칠 후면 전 세계 사람들이 우리의 문을 두드릴 것이고, 그들을 위해 음식을 준비해야 할 것이라는 사실을 그 순간 나는 알지 못했다. 사람들은 빵, 사과, 단백질 바, 치즈 스틱, 감자수프가 담긴 크록팟, 수제 디저트, 브라우니, 그리고 할머니의 유명한 허밍버드 케이크를 가져올 것이다. 며칠 동안 치킨 샌드위치가 대량으로 도착할 것이고, 치폴레(Chipotle), 시티 바베큐(City Barbeque), 쿠도바(Qdoba)와 같은 식당에서 가져온 음식들이 잇따를 것이다. 도넛 상자들은 모든 공간을 채우며 쌓여 있을 것이다. 공동체와 외부 사람들이 관리팀원들과 학생들에게 음식을 제공할 것이다. 오하이오에 있는 한 교회는 푸드 트럭을 빌려 윌모어로 내려와, 캠퍼스 앞 광장에서 식사를 제공할 것이다. 그들은 가져온 음식으로 수백 명의 사람들에게 요리하고 나누어 줄 것이다. 예상치 못한 기부도 들어올 것이다. 한 트럭이 요청도 없이 다량의 소고기를 내려놓고 갈 것이다. 그 교회 팀은 3일 동안 요리를 이어가며, 줄을 선 사람들에게 식사를 제공할 것이다. 구세군 긴급구호팀은 이동식 주방을 가져와 많은 사람들에게 무료 음식을 나눌 것이다. 내슈빌의 한 핫치킨 레스토랑은 학생들에게 무료 식사를 제공할 것이다. 캠퍼스에는 커피트럭이 주차할 것이고, 사람들이 수제 바나나 빵과 근사한 오븐 요리를 예배팀을 위해 가져올 것이다. 줄을 선 예배자들은 배낭에서 꺼낸 음식을 서로 나눌 것이다. 때로는 생수가 다 떨어질 때도 있을 것이다. 그 순간 누군가 트럭 가득 실은 생수를 들고 도착했다는 문자를 받게 될 것이다. 이 모든 풍성함은 하나님의 풍요를 증언할 것이다.

"숲의 짐승이 다 내 것이거든. 수많은 산에 풀어 놓은 가축들도 내 것이고"라는 시편 50편 10절의 말씀이 내 마음을 스쳐 갔다. 그러나 2월 10일 금요일, 그날의 피자와 도넛, 치킨 샌드위치는 기적처럼 느껴졌다.

오늘 나는 휴즈 강당과 예배 인도자 및 직원들을 위한 커뮤니티 공간으로 변한 교실을 오가며 수돗가 옆 구석에 접이식 테이블이 놓인 것을 보았다. 그 위에는 커피 머신과 몇 가지 커피 캡슐이 정리되어 있었다. 설탕, 크리머, 젓는 막대, 컵도 세심하게 배치되어 있었다. 테이블 옆에는 한 학생이 접이식 의자에 앉아 있다가 내가 다가가자마자 일어섰다.

"제가 커피를 만들어 드릴까요?"라고 그녀가 물었다.

"그래요, 하지만 내가 할게. 이거 네가 준비했니?"

"아니요, 제가 해드리고 싶어요. 어떤 걸 드시겠어요?"

"괜찮아. 내가 할게."

그러나 그녀는 내 손을 밀어내고 커피를 만들기 시작했다.

"예수님께서 커피 스테이션을 준비하고 사람들에게 커피를 대접하라고 말씀하셨어요"라며 그녀는 진지하게 말했다.

그녀의 얼굴은 특별한 감정을 드러내지 않았지만, 솔직한 갈색 눈과 조용한 표정이 있었다. 나는 그녀를 잠시 바라보며, 근처에 놓인 소음 차단 헤드폰을 눈여겨보았다.

"내 딸도 그런 헤드폰을 써. 소음이 크거나 사람이 많을 때 힘들어하거든..." 내가 대화하듯 말했다.

"저도 그래요. 저는 자폐증이 있어요. 이 헤드폰이 소음을 더 잘 견디는 데 도움이 돼요. 여기 커피요."

"고마워,"

나는 감사하며 말했다. 커피를 들고 천천히 걸어 나오며, 그 학생의 단순하면서도 분명한 순종이 내 마음을 사로잡았다. 그녀를 통해 느껴지는 성령님은 단순하고, 옳고, 진실했다. 나는 커피를 홀짝이며 다시 휴즈 강당의 옆문으로 들어갔다. 그리고 계속해서 커피를 만드는 그 학생과 예수님이 회당에서 제자들을 가르치셨던 이야기를 떠올렸다. 예수님과 제자들이 부유한 사람들이 자랑삼아 헌금하는 모습을 지켜볼 때, 예수님은 과부에게 주목하셨다.

"저 여자를 보아라. 그녀는 가진 모든 것을 헌금했다. 아주 적은 금액을 넣었지만, 그것은 그녀가 가진 전부였다. 그녀가 바로 주목해야 할 사람이다." (누가복음 21:1-4, 저자 번역)

"이번 하나님의 역사에서 주목해야 할 사람은 누구일까?"

이 모임에는 유명한 연사도, 유명한 찬양팀도 없다. 무대에는 특별한 장식도 없다. 홍보를 계획하거나 연출한 적도 없다.

주목해야 할 사람들은 하나님께서 놀랍고 아름다운 방식으로 개입하시는 학생들이다. 전적으로 마음과 영혼을 다해 순종하며 모든 것을 맡긴 이들, 커피 테이블을 준비하며 하나님께서 맡기신 일을 묵묵히 수행하는 학생들, 이 하나님의 역사는 겸손함으로 특징지어진다. 예수님 외에는 아무것도 중심이 아니다. 나는 내 인생에서 수백 시간을, 예배를 기획하며 보냈지만, 지금은 단순히 성령님께서 우리 가운데 머무시는 시간이었다. 나는 하나님의 집 문지기가 되었다. 무대와 자리, 공간, 그리고 기도와 예배의 리듬을 돌보는 역할을 맡았다. 내 마음은 평화와 경이로움으로 뛰고 있었다. 하나님 나라의 경제에서는 유명인도, 스타도 없다. 하나님의 나라는 십자가에 못 박히고 부활하신 예수님이 중심이다. 자신의 삶을 온전히 맡기는 우리의 마음의 자세는, 유명한 크리스천들이 화면 속에서 받는 '좋아요'나 관심보다 세상의 권력과 이념에 더 큰 도전이 된다.

"예수님이 주님이시다"라는 무게감이 다양한 문화, 정치적 관점, 언어를 가진 그리스도인들을 하나로 모으는 힘이다.

나는 하나님께서 애즈베리에서 하고 계신 일을 묵상하며, 한 가지 분명한 진리를 깨달았다. 이 하나님의 역사는 개인의 성격, 재능, 화려함에 관한 것이 아니다. 뛰어난 설교나, 힙한 찬양팀, 매력적인 연사 때문도 아니다. 뛰어난 재능이 아닌 거룩한 마음의 자세, 그리고 인상적인 이력서가 아닌 섬기려는 마음이 하나님의 사랑을 향한 문을 연다.

우리가 48시간을 넘기면서, 계속해서 몰려드는 학생들의 숫자는 우리를 놀라게 했다. 더 많은 학생이 다른 학교에서 오고 있었다.

그레그의 아내 젠 하셀로프(Jen Haseloff)는 QR코드와 신청서를 만들어 학생들이 잘 곳을 찾도록 도왔다. 윌모어 공동체는 침대와 소파, 음식과 생수를 자발적으로 내놓으며 이에 응답했다. 사람들은 모든 곳에서 도움을 요청하고, 음식을 가져오고, 공간을 제공하며 지원했다. 이것은 놀랍고도 아름다웠다.

학생들의 숫자가 늘어남에 따라 예배 공간을 관리할 방법을 고민하기 위해 핵심 팀이 형성되었다. 우리는 몇 시간마다 회의를 여는 리듬을 시작했다. 커뮤니티 룸에서 모여봤지만, 너무 분주했다. 휴즈 무대 뒤에서도 시도했지만, 너무 시끄럽고 산만했다. 휴즈 강당과 가까우면서도 기도하고 서로의 이야기를 경청할 수 있는 공간이 필요했다. 결국 우리는 강당 뒤쪽에 있는 음악 장비 보관실을 선택했다. 그곳에서 우리는 의자를 들여오거나 바닥에 앉아 무릎을 맞대듯 가까이 모였다. 누군가 화이트보드를 찾아와 의자에 조심스레 올려놓았다. 나는 파란색 마커로 "저녁 예배(Evening Worship)"라고 적었다.

우리는 저녁 예배를 위해 간결한 구조를 신중히 준비하기 시작했다. 유지 관리 사항들도 다뤄야 했다. 오래된 건물인 휴즈 강당은 발코니에서 점프하거나, 좌석 수 이상의 무게를 감당할 수 없었다. 발코니 난간은 아래 사람들에게 충격을 줄 수 있는 커피잔이나 성경책 같은 물건들을 치워야 했다. 방문 학생들은 화장실 위치나 생수, 숙소 QR코드가 어디에 있는지 몰랐다. 환영과 안내 시간을 마련해야 했다. 이와 함께 간증과 성경 읽기가 적절해 보였다. 성령님께서 첫 시간에 역사하셨던 방식이 바로 이것이었다. 간단한 설교와 헌신

의 메시지, 열린 제단,

　새로 형성된 핵심 팀은 다양한 세대로 이루어져 있었다. 애즈베리 소속과 애즈베리 소속이 아닌 사람들, 20대 초반부터 60대 초반까지, 남성과 여성, 신학교 훈련을 받은 사람과 그렇지 않은 사람, 목회자와 행정가까지. 우리는 모두 하나님께서 하시는 일을 잘 관리해야 한다는 공통된 소명을 느꼈다. 대학 내에서의 공식 역할과 관계없이, 우리는 한 가지 공감대를 가졌다.

　'어느 한 인간 지도자에게 의존하지 않고, 공동체의 분별력을 통해 성령님의 인도에 귀 기울이자.' 우리는 함께 경청하며, 성령님께서 역사하시는 한 그분을 따르기로 다짐했다. 우리는 이전에 단체로 결정을 내려본 적 없는 팀으로, 함께 움직이는 것이 마치 구명보트에 탄 듯한 느낌이었다. 각자의 경험을 모으는 과정에서 감정적 긴장도 느껴졌다. 애즈베리 공동체에서는 비교적 편안하고, 학문적 계층에 크게 의존하지 않는 분위기였지만, 효율성과 소통을 위해 구조를 보고하는 시스템이 존재했다. 그러나 이번에는 이 구조를 내려놓는 것이 옳아 보였다. 우리는 단지 성령님께서 행하시는 일의 관리자일 뿐이었다. 교회나 교단의 권위를 따르지 않았고, 애즈베리의 신학적 정체성 외에는 기준이 없었다. 나는 자유 감리교회에서 안수받았고, 다른 이는 연합감리교회에서, 또 다른 이는 기독교선교연맹(CMA)에서 안수를 받았다. 어떤 이는 장로교회에서 장로로 섬겼고, 다른 이는 거룩성 전통에 깊은 신학적 뿌리를 두고 있었다. 또 다른 이는 카리스마적 스타일로 찬양을 인도하며 목회했다. 그룹으로 결정을 내리는 것은 깊은 관계와 명확한 기준이 있을 때도 엄청난 도전이었다. 우리는 시간적 압박 속에서 이 일을 해내려 했고, 그것은 불가능해 보였다.

나는 노트북을 열고 한 손에 전화기를 들고 회의 중에 운영 세부 사항을 조율했다. 나는 17년 동안 대학생들을 위한 예배를 계획해 왔지만, 지금은 여러 성격과 관점을 다루는데 힘겨웠다. 나는 모든 목소리가 들리고 존중받기를 원했다. 그러려면 시간과 연습, 신뢰가 필요했다. 다른 선택지가 없었기에, 우리는 본능적으로 서로를 믿고 압박 속에서 결정을 내릴 방법을 찾아야 했다.

우리가 공유한 한 가지 변혁적인 요소는 하나님의 역사에 "네"라고 응답한 것이었다.

"주의 말씀대로 내게 이루어지이다."

그날 밤, 한 학생의 치유 간증이 전해졌다. 경미한 뇌성마비를 가진 한 학생은 한 번도 달려본 적이 없었다. 그의 아버지는 오하이오 크리스천 대학교의 신학 교수로, 예배와 아들을 위해 운전해 내려왔다. 그날, 기도 후 그 학생은 생애 처음으로 인도에서 달렸다. 하나님의 치유 능력에 대한 더 많은 간증이 이어졌다. 나는 무대 옆에서 그 학생과 그의 아버지와 함께 서 있었고, 우리의 마음은 하나님의 선하심으로 벅차올랐다. 찬양은 웅장하게 울려 퍼졌고, 예배는 밤늦게까지 계속되었다.

학생들은 계속 몰려들었다. 영적 홍수가 열리고, 학생들은 휴즈 강당으로 쏟아져 들어왔다. Z세대의 홍수가 휴즈 강당으로 몰려오고, 하나님께서 그들 위에 부으셨다. 오후 10시 30분, 데이비드는 젊은 세대가 부모 세대를 위해 기도하고, 부모 세대가 젊은 세대를 위해 기도하라고 요청했다.

"우리는 영적 부모가 Z세대를 축복하고, Z세대가 영적 부모를 축복해야 합니다."

데이비드 자신의 마음도 이 깊은 영적 부모 역할의 부름에 공명했다. 나는 젊은이들이 데이비드의 목회적 지혜와 따뜻함에 매료되는 것을 뚜렷이 보았고, 그의 마음은 아버지처럼 그들에게 향하고 있었다.

찬양팀이 "The Blessing(축복)"이라는 찬양을 감동적으로 불렀다. 그 곡의 가사는 세대 간의 축복의 손이 사람들의 어깨와 머리 위로 실제적으로 내리는 듯했다.

"그는 너를 위해 계신다."

그 가사가 내 영혼에 메아리쳤다. 내 눈은 뜨겁고 눈물이 고이며, 내 마음은 그 순간의 아름다움과 확장성으로 아팠다. 무대 위에서 나는 몇몇 학생들 가까이에 서서 그들의 머리에 손을 얹고 축복의 기도를 드렸다. 나는 발코니를 올려다보며, 우리 총장 케빈 위에 손을 얹고 기도하는 네다섯 명의 학생들을 보았다. 우리 학생회 리더 두 명이 나에게 다가와, 눈물 어린 눈으로 나를 위해 기도하며 축복했다. 관계 속의 일체감이 우리를 감쌌다. 그 순간의 겸손함이 정직한 사랑과 연민의 홍수처럼 나를 삼켰다.

무대에 서서, 휴즈에서 벌어지는 일에 함께하며, 빛은 하나님의 능력으로 빛나는 것처럼 보였다. 빛의 줄기가 위에서 아래로 비치며, 비록 밖은 어두웠지만, 회중 위로 쏟아져 내렸다. 그것은 방의 조명에 반사된 것이었는지, 아니면 성령의 현현이었는지 알 수 없었다.

그 장면의 아름다움은 예수님의 임재를 반영하며 나를 깊이 감동시켰다. 나는 오후 10시 35분에 휴대전화로 사진을 찍었다. 이 사진이 전 세계에 공유되고, 잡지 표지와 블로그 글에 실려 하나님과 함께한 순간으로 기록될 것을 나는 알지 못했다.

지난 30년 동안 나는 세 개의 다른 대학에서 대학생들과 함께 걸어왔다. 그 여정에서 나는 이 학생들에게 부모보다는 누나나 이모 같은 존재로 느껴졌다. 이제는 그들의 부모님조차 나보다 젊은 경우가 많다. 나는 수년간 독특한 방식으로 소통해왔다. 내가 20대일 때는 학생들의 삶에 깊이 관여하며 멘토 역할을 할 수 있었지만, 지금은 그렇게 하기 어렵다. 반대로, 지금 내가 줄 수 있는 것들은 20대나 30대에는 줄 수 없었던 것들이다. 삶의 각 계절은 다른 열매를 맺는다. 그 여정 내내, 대학생들은 나를 내 영혼과 다시 연결되게 해주었다. 그들의 예수님을 향한 진실한 사랑, 예배에 머물려는 열정, 소명에 깊이 뛰어들어 하나님의 큰 꿈을 꾸는 의도적인 태도는 나에게 큰 격려가 되었다. 그들의 예수님 사랑은 내 예수님 사랑도 더욱 북돋아 주었다!

한 지역 뉴스가 애즈베리에서 일어나고 있는 일을 금요일 밤의 주요 뉴스로 보도했다. 리포터가 휴즈 강당 로비에 와서 몇몇 학생들을 인터뷰하며 그들의 목격담을 들었다. 이렇게 전염성 있는 예배의 실황들이 언론 보도를 받았다는 것은 놀랍기도 하고 이상하기도 했다. 나는 예배와 기도에 대해 이런 종류의 주목을 받는 것이 조금 불편하게 느껴졌다. 우리의 전략 커뮤니케이션 팀도 마찬가지였다. 아무도 언론을 초대하지 않았지만, 그들의 요청에 은혜롭게 응하려고 노력했다.

새벽 1시, 여전히 약 250명의 학생이 남아 있었다. 새벽 2시, 앤더슨 대학교(Anderson University)의 학생들이 도착했다. 그날 밤 늦게, 핵심 팀의 한 멤버가 우리를 위해 기도 메시지를 보냈다.

'우리 한 사람 한 사람에게 구름을 주옵소서, 주님.'

우리는 절실히 하나님의 임재가 우리를 덮어주기를 필요로 합니다. 저녁에 애즈베리를 둘러싼 영광스러운 구름을 떠올리며, 그것이 이스라엘 백성을 인도했던 짙은 구름을 상기시켰다.

"하나님의 임재의 구름이 우리에게 임하게 하소서,"

나는 마음속으로 간절히 기도했다.

"우리는 주님의 인도가 절실히 필요합니다."

2월 11일, 토요일

핵심 팀은 토요일 아침에 기도와 분별함을 위하여 모였다. 우리는 계속해서 서로에게 질문했다.

"하나님께서 우리 가운데 어떻게 역사하고 계신가요?"

우리는 애즈베리 학생들의 간증, Z세대의 열린 간증, 예배, 설교, 그리고 기도 사역으로 이루어진 하루의 리듬을 만들었다. 그레그는 팀에게 마음의 성결, 복음에서 사랑의 중심성, 일치, 불안과 정신건강, 그리고 교회에서 받은 상처에 대한 성찰을 나누었다. 우리는 짧은 설교를 위한 아이디어들을 서로 엮어 나가기 시작했다.

"성찬식을 제공해야 할까요?"

기숙사 디렉터 중 한 명인 에밀리 라이닝거(Emily Leininger)가 그룹에 문자를 보냈다. 몇몇 다른 이들도 동일한 마음을 가지고 있다고 답했다. 우리가 휴즈에서 경험한 사랑의 부흥에 대해 성찬은 자연스러운 응답처럼 보였다. 우리는 그날 저녁 빵과 주스를 준비하기 위한 계획을 세우기 시작했다.

나는 계속해서 사람들이 휴즈 강당으로 몰려오는 것을 눈으로 보면서도 믿을 수가 없었다. 놀라웠다! 대학생들은 여전히 대규모로 들어오고 있었지만, 다른 사람들도 도착하기 시작했다. 나는 무대 계단에 앉아 점점 커지는 군중을 보며 놀라움과 기쁨이 뒤섞인 마음으로 그 광경을 지켜보았다.

"사람들이 어떻게 알고 오는 걸까?"

"소셜 미디어를 통한 성령님의 역사."

이 외에 다른 적절한 답은 없는 것 같았다. 말 그대로 들불처럼 퍼져나가는 이야기들이었다.

"오늘 밤 예배를 위한 공간이 충분할까?"

나는 지니 밴터(Jeannie Banter)에게 큰소리로 물었다. 지니는 캠퍼스에서 목회적 역할을 하며, 학생들의 마음을 자기 일처럼 품고 있었다. 그녀는 성령님에 대한 반응이 민감했으며, 그것은 그녀가 받은 목회적 기름 부음의 증표였다. 나는 그녀를 따라 무대 계단을 올라갔다. 팀은 교대로 그곳에서 영적 권위를 가지고 섬겼고, 지니는 이 사역에서 가장 일관성 있는 존재였다.

우리는 이 공간을 돌보아야 할 필요성을 빠르게 깨달았다. 우리 애즈베리 학생들은 휴즈 강당을 존중하며, 캠퍼스에서 예배가 어떻게 이루어지는지 이해하고, 웨슬리안 신학에 의해 형성되어 있었다.

그들은 예배당에서 무엇이 적절한지 알고 있었다. 새로 온 사람들은 진심으로 보였고 예배에 열려 있었지만, 우리는 이 공동체와 이 거룩한 공간을 돌볼 책임을 새롭게 느꼈다. 오후 3시에도 거의 모든 자리가 차 있었다. 지니와 나는 무대에 위치하며 군중을 바라보고 기도하고 찬양하며 예수님과 함께 시간을 보냈다. 우리는 강당 전체를 기도하는 마음으로 주의 깊게 지켜보았다.

나는 "부흥을 쫓는 이(revival chasers)"들이 존재한다는 것을 몰랐다. 어떤 사람들은 하나님의 역사를 따라다니며 그것을 경험하기 위해 나타나기도 했다. 다른 문화와 예배 장소에서 온 다양한 영적 표현과 스타일을 가진 사람들이 도착했다. 그것이 잘못된 것은 아니었지만, 우리가 애즈베리에서 하나님이 역사하시는 방식을 반영하지는 않았다. 찬양이 계속되던 중, '거룩한 웃음(holy laughter)'이라는 성령의 표현이 내 관심을 끌었다. 핵심 팀은 첫 48시간 동안 하나님께서 나타나셨던 방식을 기준으로 현재 어떤 것이 적절한지 결정하기 위해 함께 분별했다. 이미 직원들은 사람들에게 자리를 찾아주고, 실시간 중개하는 핸드폰을 자제시키려고 노력했다.

나는 직원들에게 '거룩한 웃음' 소리가 들리면 주의 깊게 살피고, 조심스럽게 사람들을 자제시키라고 문자를 보냈다. 그것은 우리가 경험한 예수님의 온화하고 기쁨 넘치는 임재라기보다는 방해가 되는 것처럼 느껴졌기 때문이다. 앞쪽에는 사람들이 찬양 깃발과 배너를 펼치고, 무대 주위를 빙글빙글 돌며 춤추기 시작했다. 우리는 조용하지만 진지하게 깃발을 접고, 참여자들이 춤추는 대신 예배에 집중하도록 요청했다. 다른 예배 공간에서는 이런 성령의 표현들이 완벽히 어울릴 수 있었겠지만, 우리는 이 공간을 처음 몇 시간 동안 성령님께서 나타나셨던 방식에 따라 돌보아야 했다. 우리는 온유하면서도 강단 있게 임했다.

오후 7시

온 도시가 휴즈의 문 앞에 모여든 듯 보였다. 1,500명 정원의 공간에 2,000명 이상이 몰려들었다. 발코니를 제외하고는 사람들이 복도와 문간, 로비까지 가득 채웠으며, 무대 앞의 카펫은 모든 공간이 차 있었다. 너무 많은 사람들이 바닥에 줄지어 앉아 무대 앞을 가로지르려 하면 누군가를 밟을 정도였다.

하나님을 만나고자 하는 사람들의 엄청난 갈망은 나의 마음에 강렬히 와닿았다. 나는 마들린 옆, 휴즈 강당 피아노 쪽에 있는 공간에 끼어 앉아 과도하게 채워진 공간의 장엄한 모습을, 숨을 들이마시며 바라보았다. 마들린은 하루 종일 학생들이 주도하는 예배팀을 세심하게 준비해 이끌었다. 그녀가 오늘 목양하는 모습은 내가 이해할 수 있는 수준을 넘어선 것이었다. 그녀는 진실한 마음으로 예배드리고 깊이 예수님의 얼굴을 구하는 것이 무엇인지 알고 있었다. 그녀는 정직함과 영성으로부터 나오는 마음으로 이끌었다. 그녀의 남편 벤(Ben)과 함께 그녀는 예배팀을, 양들을 돌보는 목자처럼 돌보았다. 다인종 부부인 그들의 결혼은 우리 예배의 중심에 있는 다양성 속의 연합을 반영했다. 예배팀도 하나님의 역사가 시작된 다민족적 기원을 반영하고 있었다. 우리는 첫 예배 시간의 형식을 그대로 유지했다. 예배 인도자들은 피아노 옆에 자리했고, 큰 드럼 세트나 전자 악기 없이, 단순한 곡조와 반복 가능한 후렴, 가사 없이 예배를 이끌었다. 찬양은 빛나고도 찬란한 소리로 울려 퍼졌고, 우리 모두를 하나의 몸처럼 천국으로 들어 올려지는 듯했다.

휴즈 강당은 성령의 빛과 영광으로 불타고 있었다. 기쁨이 강당을 가득 채웠고, 마치 천사들의 합창이 찬양에 동참한 듯했다. 하나님의 임재의 아름다움이 내려왔다. 나는 이제 천국에 대해 다르게 생각한다. 어릴 적에 하나님을 영원히 예배한다는 개념은 나에게 큰 감동을 주지 못했다. 더 많은 신학적 성숙을 통해, 하나님을 예배하는 것이 단순히 예수님 주위에서 노래하는 것 이상의 다양한 형태를 취할 수 있다는 것을 깨달았다. 지금 나는 휴즈 강당에서 넘쳐나는 예수님의 사랑을 경험하며, 끝없는 예배가 완전히 새로운 방식으로 나를 압도했다.

우리 대학교의 케빈 총장이 연단으로 나갔다.

"안녕하세요. 제 이름은 케빈입니다. 저는 여기서 일합니다."

직함과 학위는 사라지고, 오직 예수님만 중요해졌다. 케빈은 요한복음 17장에서 예수님께서 제자들을 위해 드린 기도, 즉 '하나가 되게 하소서'라는 주제로 확신에 찬 설교를 전했다. 케빈은 지난 4년 동안, 이 말씀을 우리 캠퍼스에 심어왔다. 우리가 흔히 연합을 서로 친절하거나 관용을 베푸는 것, 혹은 동일한 신념 체계를 공유하는 것이라고 해석할 수 있지만, 그리스도인에게 연합은 예수님께 마음을 내어드리고 순복하는 것에서 시작된다. 그리스도인의 연합은 의에 대한 갈망과 목마름을 공유하는 데서 확인되지, 단순한 조화에서 끝나는 낮은 기준이 아니다. 어떤 이념도 지속적인 연합을 줄 수 없으며, 오직 하나님의 질서 아래 마음의 애정이 집중될 때 진정한 하나 됨이 이루어진다. 마스크와 백신, 인종적 정체성과 정치적 입장으로 분열된 나라에서 케빈은 예수 그리스도의 주권 아래에서만 진정한 연합의 길이 있음을 설교했다.

그날 저녁 어느 순간, 군중 속에서 접힌 메모지가 내게 전해졌다. 나는 메모를 펼쳤다.

"내가 샤론과[8] 이야기했는데, 그녀가 괜찮다고 전해달라고 했어요. 그녀는 당신을 용서했대요."

서명이 없었다. 나는 종이를 다시 접어 주머니에 넣었다. 나는 샤론이나 그 상황이 기억나지 않았다. 이 메모가 어떤 상황과 관련된 것인지 알 수 없었다. 아마도 과거에 내가 내린 학생 징계가 누군가에게 깊은 상처를 주었을 것이다. 그 순간, 하나님 안에서 누렸던 평화는 증발했고, 나는 가슴 깊이 찔린 듯한 고통을 느꼈다. 내가 가장 원하지 않는 일은 누군가를 아프게 하는 것이다. 그러나 나는 과거에 이 대학에서의 역할과 다른 리더십 위치에서 내 결정이나 개인적인 관계 때문에 사람들을 아프게 했음을 알고 있다. 그것은 나를 깊이 슬프게 한다. 아마 이 메시지는 나를 회복시키기 위한 의도로 보냈을 것이다. 그러나 그 순간, 그것은 내 기쁨의 공기를 빼버리는 것처럼 느껴졌다.

"주님, 저는 오해받고 있어요."

나는 마음속으로 불평했다.

"넌 충분하지 않아."

내 안에서 속삭이는 목소리가 들렸다.

---

8) 실제 이름이 아닌 가명으로 표기함.

"넌 절대 충분하지 않을 거야. 더 열심히 일해야 해."

내 마음은 차갑게 식어갔다.

"보시겠어요, 주님? 저는 충분하지 않아요."

나는 주머니 속의 메모를 떠올렸다. 그 메모는 내가 기억하지 못하는 상황에 관한 것보다 훨씬 더 큰 수치심의 파도를 열어젖혔다. 그 파도는 나의 부족함과 실패의 홍수로 나를 압도했다.

학생들로 구성된 한 팀이 성찬식을 준비하고 있었다. 스무 개의 바구니와 잔이 무대 뒤 테이블에 줄지어 놓여 있었고, 학생들이 짝을 이루어 성찬 빵과 포도주를 나누어주었다. 사람들의 강물 같은 흐름이 군중 속으로 퍼져나갔다. 학생들은 예배를 나누며 말했다.

"그리스도의 몸이 당신을 위해 주어진 것입니다."

"그리스도의 피가 당신을 위해 흘려졌습니다."

그것을 바라보며 생각이 들었다.

"사람이 너무 많아 빵이 부족할 것 같아. 나는 받지 않을 거야. 충분하지 않을 거야."

예수님께서 말씀하셨다.

"내 양들을 먹이라."

"네, 주님. 당신은 모든 것을 알고 계십니다. 당신은 우리가 당신을 사랑한다는 것을 아십니다."

예수님은 다시 말씀하셨다.

"내 양들을 먹이라."

"주님, 우리는 빵이 충분하지 않습니다. 주님, 저는 충분하지 않습니다."

예수님은 말씀하셨다.

"내 양들을 먹이라. 나는 너와 무리들을 위해 충분하다."

빵 바구니가 돌아왔을 때, 남은 빵 조각과 껍질뿐이었지만, 여전히 더 많은 사람들을 위한 충분한 양이었다. 갑자기 나는 그 빵과 포도주를 맛보고 싶었다. 예수님의 몸과 피를 경험하고 싶었다. 마들린이 나에게 빵과 잔을 건넸다.

"내 삶은 나와 내가 무엇을 제공할 수 있는지가 아니라, 오직 예수님에 관한 것이다."

내 삶은 예수님께 바쳐졌다. 깨지고, 축복받아, 나누어졌다. 빵과 포도주를 받을 때, 나는 이 세상에서 내 길을 스스로 개척하지 않아도 되는 자유를 맛보았다. 감정의 강렬함은 내 눈물을 막아냈고, 나는 마른 눈으로 옆에 서서 음악이 퍼지고 노래하는 목소리가 울려 퍼지는 것을 들었다. 수백 명의 굶주린 사람들 가운데, 나 또한 주님이 그분의 마음으로 나를 먹여주시길 필요로 했다. 그리스도의 빵은 우리와 무리 모두를 위해 충분했다.

예수님은 우리가 가진 모든 것을 드리되, 우리가 갖고 있지 않은 것은 드리지 않기를 원하신다. 주님은 우리가 갖고 있지 않은 것을 요구하지 않으신다. 하지만 우리가 가진 것은 모두 예수님께서 요구하신다.

내가 드릴 수 있는 유일한 대답은 "네"다. 나는 그리스도의 몸으로 사람들을 먹이고 싶지만, 나 또한 같은 예수님께서 나를 먹여주시기를 필요로 한다. 내 삶은 많은 면에서 깨져 있지만, 하나님께 드려지고, 하나님의 손에서 축복받은 나의 모든 것은 충분하다. 왜냐

하면 하나님은 충분하신 분이기 때문이다.

밤늦게까지 나는 휴즈 강당에서 예배드렸다. 내 오랜 친구 미셸(Michelle)이 새벽 1시가 넘어서까지 나와 함께 무대 위에 남아 음악과 예배에 몰두했다. 그 시간은 기쁨으로 가득한, 다른 세상 같은 시간이었고, 미셸과 나는 5학년 때 학교 클럽에서부터 깊은 우정을 나누어왔다. 우리는 함께 성장했고, 떨어졌다가 다시 돌아왔으며, 나란히 가족을 이루고, 애즈베리에서 함께 일했다. 에밀리가 다운증후군 진단을 받은 것이 임신 10주째였을 때 내가 전화를 건 사람도 미셸이었다. 나는 오리건주 뉴버그(Newberg)에 기도를 위해 마련된 정원을 걸으며, 친구들과 시간을 보내던 중, 암흑 속에서 발 디딜 곳을 찾으려 절망하며 미셸과 통화했던 순간을 기억한다. 그 이후로 우리는 의학적, 정서적 도전을 겪으며 우리 삶과 가족의 삶 안에서 하나님께서 강력하게 역사하시기를 함께 기도해 왔다. 미셸의 마음과 섬김의 관대함은 끝이 없었다. 우정이 40년에 이른 지금, 그녀와 함께 무대에 서서 하나님의 사랑에 몰입한 사람들의 바다를 바라보는 순간, 그 사랑이 마치 달의 얼굴처럼 우리에게 반사되어 돌아오는 것을 보는 것은 어느 마음으로도 담을 수 없는 벅찬 순간이었다. 나는 하나님의 임재가 선하다는 것을 알았지만, 이것은 상상 이상이었다. 성령께서 우리에게 친히 먹여주시는 위로의 음식이었다.

새벽녘 휴즈 강당을 나서며, 다음 날을 위해 정돈된 커피 스테이션을 발견했다. 컵들이 정리되어 쌓여 있고, 커피 포드가 바구니에 담겨 있으며, 학생이 앉았던 의자는 비어 있었다. 그녀가 몇 시간 후에 다시 돌아오기를 기다리는 모습이었다. 이것이야말로 하나님

나라의 경제에서 주목해야 할 삶의 본보기였다. 화려하고 위대한 이들이 아니라, 급진적인 겸손으로 표식 된 자들이 하나님께서 이 시간에 부르신 사람들이었다. 우리는 모두 단지 넘쳐흐르는 사랑을 관리하는 청지기일 뿐이다. 우리는 그 사랑의 물꼬를 틀거나 닫을 수 없다. 우리가 할 수 있는 것은 단지 나타나서, 마음을 준비하고, 공간을 정돈하며, 주님을 기다리는 것뿐이다. 유일한 유명 인사는 예수님 한 분뿐이다.

4장

문지기(Doorkeeper)

"주님 뜰의 하루가 더 좋으니까요,
내가 택한 곳의 천 날보다.
내 하나님 집의 문턱에 서 있겠습니다.
불의의 천막에 머무르기보다."
시편 84:10

"여호와께 돌려 드리세요.
여호와의 이름에 걸맞은 영광을!
예물을 들고 여호와의 성전 뜰로 들어가세요
여러분은 거룩하게 꾸미고서 여호와께 예배하세요.
여호와 앞에서 떠세요 온 세상 사람들이여!"
시편 96:8-9

"당신은 모든 찬양을 받으시기에 합당하십니다.
당신은 영광을 받으실 자격이 있으십니다."
데이비드 브라이머 & 라이언 홀,
찬양곡 "Worthy of It All"

2월 12일, 주일

우리 컨퍼런스 서비스 디렉터인 크리스틴 엔디엇(Christine Endiot)은 쓰레기 처리, 화장실, 간식, 물 공급을 돕기 위한 신청서를 게시했다. 크리스틴은 일 처리 능력이 뛰어난 효율성 전문가로, 문제 해결 중심적인 소양을 지녔다. 어깨까지 내려오는 금발과 넘치는 에너지를 가진 그녀는 캠퍼스에서 많은 일을 관리하는 것으로 잘 알려져 있다. 크리스틴은 휴즈 강당에 몰려드는 대학생들과 다른 사람들을 지원하기 위한 체계를 즉각적으로 마련했다. 나는 일요일 아침에 캠퍼스에서 예배를 지속적으로 지원할 방법을 고안해 내는 크리스틴의 존재에 감사하는 기도를 드렸다. 그녀의 영향력 덕분에, 물류 팀이 구성되었다.

크리스틴이 지금까지 벌어진 일을 나에게 설명해 줬다. 화재 안전 관리자가 전화를 걸어왔다.

"휴즈 강당 안에 있는 인원을 통제하세요. 그렇지 않으면 폐쇄 조치를 취하겠습니다. 지금 상태는 너무 위험합니다."

지난밤의 상황은 모든 안전 기준을 초과한 것이 분명했다. 크리스틴은 즉시 안내 요원을 조직하고, 휴즈 안에 허용 가능한 인원수에 대한 지침을 마련하기 시작했다.

너무 많은 일이 너무 빠르게 진행되고 있었다. 대학의 배관공이 현재 사용할 수 없었던 여성 화장실을 수리하고 있다는 문자를 받았다. 의료 사고로 인해 캠퍼스에 구급차가 도착했다. 조 브루너는 자발적으로 제공된 음식과 함께 물과 간식을 준비하기 위해 또다시 샘스 클럽에 다녀왔다. 크리스틴은 분실물, 필요한 청소 지원, 그리고 안내 요원 배치 등 여러 목록을 점검하며 일을 처리했다.

유진 피터슨은 시편 84:10을 이렇게 번역했다.

"죄악의 궁전에서 손님으로 대접받는 것보다 하나님의 집에서 바닥을 닦는 게 낫습니다"(메시지 성경).

다른 번역에서는 이렇게 말한다.

"주의 궁정에서의 한 날이 다른 곳에서의 천 날보다 나은, 즉 악인의 장막에 사는 것보다 내 하나님의 성전 문지기로 있는 것이 좋사오니."

작지만 점점 커지는 문지기 팀이 휴즈 강당을 돌보기 위해 즉각 행동에 나섰다. 나는 두 개의 문자 그룹을 만들었다. 하나는 물류를 위한 '부흥 현장 팀(Revival Ground Team)'이고, 다른 하나는 사역 관리 감독을 위한 '부흥 핵심 팀(Revival Core Team)'이다.

어떤 면에서는 우리가 임신 사실도 모른 채 갑자기 아기가 태어난 상황 같았다. 그 아기는 하루 24시간 온전히 돌봄이 필요했다. 기쁜 마음으로 새 부모가 된 우리는 동시에 피로에 사로잡혔다. 우리는 모두 학생들과 휴즈 강당 시설을 보호해야 한다는 부모 같은 책임감을 느꼈다. 물병을 나르고, 휴지를 보충하거나, 쓰레기를 끌어내고, 또는 제단에서 누군가와 함께 기도하는 것이든, 우리는 모두 소중하고 귀중한 것을 돌본다는 느낌을 공유했다. 그것은 거룩하고, 피곤하며, 기쁨이 넘치고, 혼란스러웠다. 마치 갓난아기를 돌보는 것처럼 말이다. 아니, 혹시 쌍둥이 이상의 다둥이 출산인가? 혼자 웃음이 터져 버렸다. 어찌 됐든 우리는 예상치 못한 기쁨 속에 빠져 있었다.

일요일 오후에 휴스 계단에 줄이 서 있는 모습을 보았을 때 놀라움은 더욱 커졌다.

"믿을 수 없어,"

나는 로비에서 휴즈 강당 계단을 따라 줄 서 있는 사람들을 보며 생각했다. 아침 일찍 영하의 날씨였던 날씨가 기온이 올라 섭씨 10도 중반대의 화창한 날씨로 느껴지기 시작했다. 사람들은 인내심 있게 계단 위와 휴즈 강당 앞 로비에서 빈자리를 기다리며 모여들었다. 우리는 가능한 한 빨리 사람들을 자리로 안내하기 위해 안내 요원을 급히 배치했다. 휴즈 강당 안에서 사람들은 하나님의 임재 안에 머물며, 그들의 자리나 제단에서 예배의 물결을 느끼며 움직이지 않았다. 강당에 들어가기 위해 사람들이 계단에서 기다리고 있다는 사실을 믿기 힘들었다. 이제 96시간이 지난 시점인데도 여전히 비현실적으로 느껴졌다. 나는 IT 팀에 문자를 보냈다.

"휴즈 계단에 스피커를 설치할 수 있을까요?"

앤디 밀러, IT 서비스 데스크 매니저가 즉시 답장을 보냈다.

"네, 가능합니다."

또 하나의 "네". IT 팀은 주일임에도 불구하고 예배를 지속하기 위해 장비를 설치할 준비가 되어 있었다. 우리 애즈베리 공동체에서는 주일을 철저히 쉬는 날로 여긴다. 우리 IT 팀은 항상 섬기는 마음으로 일하지만, 서비스나 기술 지원을 요청하는 데에는 분명한 체계가 있다. 그 팀이 96시간 동안 '예스 모드(yes mode)'와 '실행 모드(go mode)'에 있는 것은 또 하나의 작은 (혹은 큰!) 기적이었다.

하나님께서 애즈베리 팀을 동원하고 계셨다. 사람들이 계속해서 "네"라고 말하는 이유는 달리 설명할 수 없었다.

사람들은 멈추지 않고 계속 찾아왔다. 우리의 작은 부흥 사역 핵심 팀은 모여서 놀라워하며 기도했다. 오늘 밤 슈퍼볼이 방송될 것이다. 사람들이 슈퍼볼 파티로 가서 나초를 먹으며 쉬겠지? 학생들은 월요일 수업을 위해 캠퍼스로 돌아가 훌륭한 이야기들을 나누면서도 이번 주말을 넘어서 지속되지는 않을 것으로 생각하겠지? 가족과 개인들은 다음 주에 일과 학교로 돌아가겠지?

"우리는 가장 붐비는 정점에 있는 거겠지?"

나는 만나는 사람마다 계속해서 물었다. 토요일 저녁이 이러한 물결의 정점이었고, 이제는 가라앉기 시작할 것이다. 여기서 일어나는 일이 잦아들 것이다. 다음 주로 이어질 가능성은 없어 보였다.

오후 8시 26분

제시카: "에스테스 채플에 약 170명 있습니다. 정말 아름다운 시간이었습니다."

사라: "고마워요, 친구. 우리는 지금 '애즈베리 [부흥]'을 함께 경험하는 것 같아요. 두 개의 예배당이 새로운 방식으로 우리를 하나로 모으고 있어요."

제시카: "맞아요! 단합을 계획하기 위해 위원회를 구성하는 것보다 훨씬 나아요!"

지난 토요일 밤, 휴즈 강당이 위험할 정도로 혼잡했으며 일요일 오후에 계단에서 줄을 서는 모습을 보고, 애즈베리 신학교의 채플

담당 제시카 라그론(Jessica LaGrone)과 나는 에스테스 채플을 동시 방송 장소로 여는 것에 대해 문자를 주고받기 시작했다. 모두가 휴즈 강당 안에서 사람들의 마음속에서 하나님께서 친밀하게 일하시는 일을 보호하고 싶어 했다. 이어지는 눈물의 물결과 자발적인 고백은 거룩했다. 우리는 이를 전 세계로 실시간 중계를 하고 싶지 않았다. 그러나 캠퍼스 바로 옆 공간으로 동시 방송하는 것은 자연스러운 다음 단계였다.

에스테스 채플은 결혼식에 완벽하고 우아한 중앙 통로, 높은 창문, 밤나무 장식, 그리고 짙은 파란색 카펫이 깔린 아름다운 예배당이었다. 그 공간에 들어서면, 예배당 앞에 있는 예수님의 스테인드글라스 창문이 눈에 들어온다. 많은 커플이 에스테스 채플에서 결혼식을 올리지만, 이 예배당은 매주 신학교 공동체의 예배로 더욱 유명하다. 휴즈 강당처럼 에스테스의 설교단에도 전 세계에서 온 설교자들이 올라 복음을 주마다 선포한다.

제시카와 나는 에스테스 채플실을 여는 것에 대해 문자를 주고받았다.

"누가 예배를 인도할까?"

"동시 방송이 될까?"

"설교자가 있을까?"

"얼마나 오래 열려 있을까?"

"누가 목회적인 역할을 할까?"

문자 메시지 아래에는 말로 표현되지 않은 커다란 질문이 하나 있었다.

"에스테스 채플실에서도 하나님께서 휴즈 강당에서와 같이 임재하실까?"

제시카와 나는 10년 동안 우정을 나눠 왔다. 2014년 켄터키의 여름 더위 속에서, 하나님은 우리 둘 다를 윌모어 마을로 다시 부르셨고, 우리는 즉시 영혼의 친구가 되었다. 우리는 몇 년 전 신학교 학생으로서 학교를 같이 다니며 시간을 보냈지만, 그때는 단순히 아는 사이일 뿐이었다. 우리가 신학 석사과정을 밟으며 어떻게 하나님께서 우리의 이야기를 미래에 심오하게 연결하실지는 전혀 알지 못했다. 이제 우리는 영적으로 나란히 섬기며, 서로 맞은편에 있는 애즈베리 두 기관의 각각 사무실에서 일하고 있다.

많은 사람들이 혼란스러워하는 점은 애즈베리 신학교와 애즈베리 대학교가 같은 기관이라고 생각하는 것이다. 대학교는 1923년에 애즈베리 신학교를 설립했다. 우리는 동일한 웨슬리안 신학과 정신을 공유하지만, 신학교는 주로 목회자와 세계적으로 하나님의 리더를 준비시키는 대학원 과정에 중점을 두고 있다. 대학교는 주로 학부 학생들이 사회, 문화, 공동체, 그리고 시장에서 영향력과 리더십을 발휘하도록 준비시키는 것을 목표로 한다. 제시카는 신학교의 채플 책임자를 맡고 있으며, 나는 대학교에서 학생 생활 부책임자로 일하고 있다. 하지만 우리는 둘 다 안수받은 목회자이며, 설교와 제자 훈련에 대한 열정을 공유한다. 우리는 서로의 예배당에서 설교한 적도 있으며, 윌모어의 작은 도시를 걸으며 리더십의 난제를 풀어내고, 유아기에서 중학생으로 성장한 우리의 아이들을 어떻게 양육할지에 대해 긴 대화를 나누곤 했다.

웨슬리안 신학 전통의 특징 중 하나는 교회의 모든 수준에서 여성이 리더로서 사역할 자유를 갖는 것이다. 웨슬리안들은 성경의 전체적인 메시지가 리더십, 설교, 권면의 영적 은사가 남성과 여성 모두에게 부어졌음을 가르친다고 믿는다. 리더로 부름 받아 설교하고 가르치는 여성으로서, 제시카와 나는 휴즈 강당에서 넘쳐흐르는 성령의 자발적인 움직임에 목회적 리더십과 분별력을 가지고 함께 참여한다.

기온이 차가운 섭씨 0도 가까이 떨어지자, 휴즈 강당으로 들어가기 위한 줄이 대학교 주요 건물 앞의 반원형 도로를 따라 길게 늘어섰다. 사람들은 추위에 대비해 코트를 단단히 여미고 긴 줄에서 기다렸다. 안내원과 가이드로 임명된 몇몇 사람들이 손님들을 설득해 길을 건너 에스테스 채플실로 가도록 유도하지만, 대부분은 거절하고 휴즈 강당에서 자리가 생기기를 기다리려고 했다.

그러나 몇백 명은 가이드를 따라 길을 건너 에스테스 채플실의 나무 벤치에 앉았다. 나머지는 여전히 휴스 강당의 자리를 기다린다.

"무엇이 그들을 휴즈 강당으로 이끄는 것일까?"

소셜 미디어 현상 때문인가? 친구의 권유 때문인가? 하나님의 영이 그들을 부르시는 것인가? 단순한 호기심 때문인가? 절망 때문인가? 나는 속으로 외친다.

"하나님은 휴즈 강당에만 계신 것이 아니야!"

나는 군중의 몇몇과 눈을 마주치며 마음속으로 조용히 축복을 기도했다. 인간의 마음으로 누가 성령의 길을 이해할 수 있을까?

창세기에서 아브람과 사라가 우르를 떠날 때, 그들은 신들이 돌이나 나무로 만들어졌거나 하늘과 강 같은 자연 속에 존재한다고 믿는 문화 속에 살고 있었다. 그러나 아브람과 사라는 돌이나 나무, 지리적 위치, 인간의 손으로 제한될 수 없는 하나님을 믿었다. 하지만 그들도 의문을 가졌을 것이다.

"우리가 가는 곳에 하나님이 계실까? 우리가 그 새로운 땅에서 하나님을 찾을 수 있을까?"

그들이 여행할 때마다, 아브람은 제단을 쌓고 그 새로운 곳에서 하나님이 가까이 계심을 발견하는 성경의 리듬이 있었다. 아브람이 하나님께 가까이 가자 하나님도 아브람에게 가까이 오셨다. 하나님은 새로운 땅에 계셨다. 어느 땅이나 물건도 한 분이신 참 하나님을 담거나 제한할 수 없었다. 나는 고향을 떠나 새로운 땅으로 하나님을 따라갔던 우리의 신앙의 선조, 아브람과 사라의 이야기를 떠올렸다. 내가 삶에서 영적, 육체적 경계에 서 있을 때마다, 나는 새로운 곳에서 하나님을 찾을 수 있을지 궁금해하곤 했다.

휴즈 강당은 하나님을 담아내거나 제한할 수 없다. 하나님은 어디에나 계신다. 오래된 신학자가 말했듯,

"하나님의 주변은 어디에도 없고, 그 중심이 어디에나 있다."

우리는 항상 하나님의 중심에 있다. 우리가 어디에 있든지, 그것은 하나님께 제단을 세우기에 적합한 장소이다. 우리의 믿음의 오랜 선조들이 새로운 곳마다 제단을 세운 것처럼, 우리는 있는 곳에서 하나님을 찾을 수 있다. 하나님은 우리가 있는 영적, 물리적 자리에서 우리를 만나신다. 사람들이 건물 안에 들어가고 싶어 했지만, 하나님은 그 건물에 얽매여 계시지 않았다. 하나님의 임재는 휴즈 강당에서 흘러나와 계단을 통해 대기 줄과 길을 건너 에스테스 채플

실로 퍼져 나갔다.

　하나님의 임재가 우리 위에 머물러 있을지라도, 그것은 제한되지 않는다. 사람들이 모이는 곳마다 하나님의 사랑이 그들 위에 임한다. 하나님의 임재와 사랑의 부어짐은 장소가 아니라 하나님에 관한 것이다. 이후에 수천 개의 이야기가 전 세계에서 나올 것이다. 사람들이 그들의 거실, 동유럽의 시골 교회, 한국의 경기장, 에콰도르의 작은 예배 모임에서 미디어와 간증의 힘을 통해 어떻게 하나님을 만났는지에 대한 이야기들이다. 하나님은 휴즈 강당에만 제한되지 않으시며, 전 세계 사람들이 그들의 거실과 자동차 안에서 제단을 만들고 스마트폰 기술을 통해 예수님을 친밀하고 개인적으로 만난다. 새로운 나라는 우편번호의 지리적 위치가 아니라 마음의 지리이다.

　그럼에도 불구하고 학생들과 다른 사람들은 계속 휴즈 강당으로 모였다. 우리는 방문한 대학생들이 캠퍼스로 돌아간 뒤에도 하나님 사랑의 움직임을 경험했다는 정기적인 보고를 받는다. 리 대학교, 오하이오 크리스천 대학교, 인디애나 웨슬리언 대학교 등에서 하나님이 움직이시며 젊은 세대를 자신의 것으로 삼고 계신다.

　밤 11시쯤 우리는 에스테스 채플실을 닫고 모든 사람이 휴즈 강당으로 이동했다. 자정부터 새벽 2시까지 주로 학생들이 예배당을 채우고, 많은 이들이 즉석에서 만들어진 청년 찬양팀처럼 무대 뒤에 모여 기쁨으로 가득 찬 열정적인 예배를 인도했다. 우리는 무대 위에서 몸을 흔들며 노래하고 눈물을 흘렸다. 목소리의 높고 낮음이 우리를 천국과 땅 사이의 공간에 붙잡아두며 빛과 생명으로 가득 채웠다.

우리 사역 팀은 제단에 있는 사람들 사이를 오가며 움직였다. 지니는 학생들과 간절히 기도하며, 그녀의 솔직한 예수님 사랑이 학생들을 끌어당긴다. 지니는 자신이 예수님과 바른 관계에 있지 않음을 알면서도, 기독교인들과 함께 있는 것이 마지막으로 하고 싶었던 일이라고 확신하며 애써 애즈베리에 왔던 자신의 이야기를 자주 나눈다. 그러나 예수님이 애즈베리에서 지니를 붙잡으셨고, 성령이 그녀의 삶을 급진적으로 변화시켰다. 이제 지니는 이 세대의 마음을 위해 싸우고 있으며, 학생들은 그녀가 자신들을 위한 열정을 가지고 있음을 안다. 지니에게는 학생들이 중생을 경험하고 하나님의 능력을 그들의 삶 속에서 경험하는 것보다 더 중요한 것은 없다.

오늘 밤 나는 지니가 우리 학생 중 한 명의 마음과 정신을 위해 기도로 싸우는 것을 보았다. 이 학생은 주말 동안 휴즈 강당을 자주 배회하며, 다른 사람들과 단절된 채 내적 싸움에 시달리는 것처럼 보였다. 그러나 이제 지니는 몇몇 사람들과 함께 앞줄에 있는 그에게 기도하며, 깊은 확신과 감정으로 중보하고 있었다. 밤이 깊어 갈수록 나는 그가 돌파구를 경험하는 것을 보았다. 기쁨이 그의 얼굴에 넘쳐나고, 주님을 만남으로 인해 흐르는 눈물과 평안이 그의 얼굴에 가득했다. 그는 마치 새 창조물처럼 보였다.

밤늦게 집으로 돌아가는 길에, 하늘은 구름 한 점 없이 맑고 별들은 밝게 빛났다. 나는 피곤하면서도 이상하게 정신이 또렷했다. 밤새 불렀던 노래 가사가 내 마음에 울린다. 나는 완전한 평화 속에 붙들린 느낌이었다. 그러나 이 아름다운 저녁을 돌이켜 보면서도, 이것이 은혜의 물결 정점일 것으로 생각했다. 물결은 지나갈 것이다. 하나님께서 예기치 못한 방문객들과 학생들을 은혜와 선하심으로 만나주신 이 며칠의 이야기를 나는 전하게 될 것이다.

2023년 2월 13일 월요일

1,500명이 자리를 가득 메우고 찬양과 경배드리며, 밖에는 줄이 이어져 있는 가운데, 나는 휴즈 강당에서 마이크를 들고 간증을 진행하고 있었다. 안경을 쓰고 검은 후드티를 입은 20대 초반의 청년 게이지(Gage)가 간증했다. 그는 몇몇 친구들과 함께 미시간에서 밤새 운전해 와서 부흥을 찾아왔다고 증언했다. 하나님의 임재로부터 뿜어져 나오는 전율이 그로부터 느껴졌다.

"저는 부흥에 대해 배웠습니다."

게이지가 말을 시작했다.

"우리 도시에 부흥이 오기를 갈망하며 기도했지만, 저는 한 번도 부흥을 본 적이 없었어요. 부흥이 언제 오나 기다리며, 그게 어떤 건지 몰랐죠."

그는 말을 이어갔다.

"그게 실제로 있는 건지도 몰랐어요. 이야기로만 들었거든요. '부흥을 원하면 간구해야 한다'고요.

그래서 저는 앉아서 하나님께 기도했어요. '하나님, 저는 간구하고 있어요!' 그리고 생각했죠,

'예수님이 방에 나타나셨다면, 우리가 7시간 반을 운전하지 않을 이유가 어디 있겠어요?'

그런데 여기 도착했는데 조용한 거예요. 그래서 저는 '하나님,

이게 부흥인가요?'라고 물었죠. 그러다 예배가 시작되었고, 사람들이 몰려오기 시작했어요. 그리고 하나님께서 말씀하시더군요.

'부흥은 떠들썩한 게 아니라 배고픈 평범한 사람들이 간구하는 거란다!'"

"그리고 하나님께서 말씀하시기를, '게이지, 네가 제단으로 나아가야겠다.' 하시더군요."

"하지만 저는 '제단에 나가기 싫어요.'라고 말했어요. 그런데 예배가 시작되고."

"하나님께서 말씀하시기를, '이게 부흥이다. 네 뒤를 봐라. 사람들이 기도하고 있지 않니? 왼쪽을 봐라,' 하고 보니 한 젊은 여대생이 나이 든 여성에게 기도를 받고 있더군요.

그리고 하나님이 말씀하시기를, '오른쪽을 봐라,' 하고 보니 젊은 남성이 나이 든 남성을 위해 기도하고 있었어요.

그리고 다시 말씀하시기를, '네 뒤를 봐라.' 보니 모두 손을 들고 있었어요."

"그리고 하나님께서 말씀하시기를, '게이지, 이게 부흥이다.'"

"이게 부흥이에요! 떠들썩한 게 아니라, 우리 세대가 하나님의 역사를 간구하는 평범한 사람들이에요!

여기 있는 게 얼마나 영광스러운지요! 부흥은 실제예요! 우리가 이야기로만 들었던 게 아니에요!

부흥이 왔어요. 그리고 오늘 여기서만 온 게 아니라, 이제 온 나라로 퍼져 나갈 겁니다!"[1]

---

1) 이것은 당시 이벤트의 유튜브 영상에서 기록된 게이지의 간증의 시작 부분이다. 또한 다음 링크들을 참조하라:
https://www.facebook.com/AwakeningMosaic/videos/656220656193063/ 및

나는 웃음을 멈출 수 없었고, 기쁨의 눈물이 멈추지 않았다. 청중이 게이지의 간증에 반응하며 웃고 환호하는 모습은 마치 이 순간이 하나님의 선하심을 담기에 부족한 듯했다. 이 순간 내가 몰랐던 것은, 게이지의 간증이 유튜브와 소셜 미디어에 업로드되어 수백만 명에게 보일 것이며, 사람들이 나에게,

"게이지에게 마이크를 들어 주던 당신의 얼굴에서 기쁨이 넘쳤어요!"라고 말할 거라는 사실이었다.

월요일 오후, 새로 임명된 강단 사역 코디네이터 제시카 에이베리(Jesscia Avery)가 핵심 그룹에게 간증의 ABCD 원칙을 가르쳤다.

이를 염두에 두고, 나는 단상으로 올라가 이렇게 말했다.

"여러분 중 몇 분의 간증을 듣고 싶습니다. 간증은 A-모든 것이 예수님 중심(All about Jesus), B-간결하게(Be Brief), C-현재 상황 중심(keep Current), D-설교하지 말고(Don't preach) 이야기하는 방식으로 해주세요."

우리는 성령께서 젊은 세대, 특히 Z세대에 특별히 역사하신다는 느낌에 따라 Z세대가 간증할 수 있도록 초대했다. 다른 세대도 간증할 내용이 많지만, Z세대가 성령의 문을 열어주고 있다는 것을 느꼈다. 오후마다 간증이 계속되었다. 중독에서 자유로워진 이야기, 재정적 문제와 인간관계 문제에 대한 하나님의 도움, 우울증 극복, 교회에서 받은 상처의 치유, 가족 및 친구와의 화해된 관계에 대한 이야기 등이었다. 어떤 간증은 여전히 억압적인 상황 속에서 하나님의 간섭을 간절히 필요로 하는 학생들의 이야기였다.

"Colege Student Shares Powerful Testimony from Asbury Revival," Caleb Parke가 게시한 유튜브 동영상, 날짜 미상.
https://www.youtube.com/watch?v=vlAzbaTRJ-E.

이후 나는 브렌다(Brenda)에게 마이크를 건네줬다.[2] 불타는 듯한 붉은 머리와 밝은 파란 눈을 가진 브렌다는 예민한 표정을 띠고 있었고, 떨리는 듯하지만, 분명한 목소리로 자신의 간증을 나누기 시작했다. 그녀가 나의 옆에서 이야기하는 동안, 감정의 격렬함 때문에 몸이 약간 떨리는 것이 느껴졌다. 브렌다는 우울증과 불안에서 자유를 얻은 경험을 진지하게 증언했다. 그녀의 간증이 끝난 뒤 나는 살며시 물었다.

"브렌다, 오늘 우울증이나 자해를 경험하고 있는 사람들을 위해 기도해 주실 수 있을까요?"

그녀는 고개를 끄덕이고 눈을 감고 기도를 시작했다. 그녀의 기도는 마치 지옥의 악마들이 구멍 속으로 도망가게 할 정도의 권위와 힘을 담고 있었다. 브렌다의 목소리는 불안에서 떨리는 것이 아니라, 하나님의 권능으로 떨리고 있었다. 그녀는 불안과 우울, 죽음의 생각에서 자유를 선포하며 기도했다. 나는 마치 엘리사벳이 마리아와 함께 서 있을 때 느꼈던 감정을 떠올렸다. 마리아의 태중에 있는 예수님의 존재를 느끼며 엘리사벳의 태아가 뛰놀았던 것처럼(누가복음 1:39-44), 나의 영혼도 브렌다의 기도와 함께 뛰어오르는 듯했다.

그날 아침 약 8시, 핵심 사역 팀은 학생 커피숍 'HICCUP'에서 커피를 들고 더 넓은 공간과 큰 화이트보드가 있는 회의실로 이동했다. Seedbed 팀의 몇몇 멤버들, J.D. 월트, 마크 벤자민, 브랜든 슈크, 댄 월트, 그리고 예배 인도자 브렌나 불록과 마크 스웨이즈가 지원을 위해 비행기를 타고 와 핵심 사역 팀에 합류했다. 그들이 회

---

2) 실제 이름이 아닌 가명으로 표기함.

의실에 들어오자마자 안도와 지지의 기운이 강렬하게 느껴졌다.

"지원군이 왔구나!"

마크와 J.D. 그리고 나는 수십 년 동안 우정을 나누며 사역을 함께 해왔다. 다른 멤버들은 새롭게 환영받는 동역자들이었고, 우리와 동일한 사역의 마음을 공유하고 있었다.

Seedbed는 "위대한 부흥을 위한 씨앗을 뿌린다3) (Sows for a Great Awakening)"는 비전을 가지고 있으며, 애즈베리 신학대학원의 한 자원으로 신학적, 관계적으로 우리의 전통과 깊이 연결되어 있다. J.D.가 요즘 자주 말하듯, 부흥은 관계의 기반 위에 역사한다. 나는 하나님이 움직이시는 이 운동의 무게를 온전히 감당하는 관계들을 떠올렸다. 그것은 현장에서든, 물류적으로든, 혹은 사역 분별 팀에서든 모두가 함께 지고 있는 하나님의 영광과 선함의 무게였다.

총장 실무위원회는 대학의 메인 잔디와 반원형 드라이브를 내려다보는 헤이거 회의실에서 모였다. 창가에 모여 내려다보니, 대기줄이 형성되어 있고, 보도 위에 설치된 스크린, 휴즈 강당 앞에 도착한 구세군 급식차, 그리고 앞길에 세워진 언론들의 텐트가 보였다. 대학 직원들이 얼마나 희생하고 있는지 인식하면서 우리는 감정적으로 복잡한 마음에 사로잡혔다. 이번 주말 동안 애즈베리 팀은 자신의 시간과 정서적, 신체적 에너지를 믿을 수 없을 정도로 희생했다. 추가로 지급할 보너스나 여유 예산은 없었다. 이미 빡빡한 대학 예산에는 더 이상의 자원이 없었다. 나는 이 모든 상황이 우리 공동체

---

3) 다음을 참조하라: "Sow for a Great Awakening," Seedbed 웹사이트, 2023년 12월 19일 접속. https://seedbed.com/asburyoutpouring/.

에 의미하는 바를 떠올리며 감격과 불안을 동시에 느꼈다. 우리는 이 물결이 언제 끝날지, 무엇을 해야 할지, 무엇을 요청해야 할지를 두고 고민했다. 케빈은 명확히 알고 있었다. 대학 지도자들이, 핵심 사역 팀 이외의 사람들까지, 지금, 이 순간 하나님이 애즈베리에게 요구하시는 일이라고 믿는지 물어야 할 때라는 것을.

그날 오후, 총장실에서 이메일이 발송되었다. 휴즈 강당과 몰려드는 손님들로부터 떨어진 회의실에서 케빈과 만나기 위해 관리자, 학장, 주요 직원들이 초대되었다. 참석한 사람들은 교수 지원, 학생 관리, 시설 및 청소 서비스 감독, 동시 방송 기술 관리, 예산 운영 등 다양한 책임을 지고 있었다. 회의실에 모인 그룹은 신체적으로는 지쳤지만, 영적으로는 깨어 있었다.

대학 리더들 앞에 놓인 질문들은 명백했다. 이 놀라운 사건은 학문 기관의 정상 운영과 직접적으로 충돌하고 있었다. 확장하거나 자원을 마련할 실행 가능한 계획 없이, 어떻게 지속 가능할 수 있을까?

케빈은 진심 어린 감사의 표정을 지으며 주위를 둘러본다. 그는 겸손과 진정성으로 알려진 지도자로, 케빈에 대한 존경심은 캠퍼스 공동체에 깊이 뿌리내려 있다. 그는 명료한 지성을 가진 경제학자이자 신학자이다. 하지만 이번 상황에서는 철학적 논쟁으로 대응할 수 있는 것이 아니라, 하나님께서 일으키신 이 놀라운 움직임을 어떻게 잘 관리할 수 있을지에 대한 솔직한 질문들이 오갈 뿐이다.

"지금 벌어지는 일에 어떻게 반응해야 할지 모르겠습니다. 이런 상황에서 어떤 결정을 내려야 할지도 확신이 없고, 직원들에게 이런 일을 부탁드려야 하는지도 잘 모르겠습니다."

케빈이 각자의 얼굴을 살피며 말한다.

"하지만 저는 이것이 하나님께서 애즈베리에게 원하시는 일이라고 생각합니다."

잠시 침묵이 흐른다. 그러다 한 사람이 질문한다.

"케빈 총장님, 하나님께서 애즈베리에게 이것을 하라고 하신다고 믿으신다면, 얼마나 오래 지속될지, 우리를 어디로 이끌지 알 수 없는 상황에서도 총장님의 리더십을 따라달라고 요청하시는 건가요?"

케빈은 이 상황의 중대함을 담아 반쯤 미소 지으며 대답한다.

"네, 아마도 그것이 제가 요청드리는 것이겠죠. 이것이 하나님께서 우리에게 원하시는 일이라고 생각하지만, 저도 모든 것을 확신하지는 못합니다. 그 모든 것을 염두에 두고, 함께 해 주시겠습니까?"

지난 4년간 대학이 겪은 여러 도전을 통해 키워진 신뢰가 교수진과 직원들, 그리고 총장 사이에 자리 잡고 있다. 아무도 정답을 알지 못하지만, 그들은 케빈을 신뢰하고 있다. 지난 몇 년 동안 애즈베리 팀은 등록생 감소, 직원과 교수진 감축, 예산 재배치 등 모든 면에서 압박을 받아왔다. 하지만 이런 역경 속에서도 신뢰는 성장했다. 이 신뢰는 만약 그들이 "아니요"라고 대답한다면, 케빈이 이를 강행하지 않을 것임을 알게 한다. 총장은 이런 종류의 봉사를 명령할 수 없고, 오직 스스로 헌신해야만 가능한 일이다.

천천히, 관리자들, 직원들, 학장들은 서로를 바라보다가 케빈에게 말한다.

"네, 함께하겠습니다."

그들은 케빈과 함께하기로 했지만, 그보다 더 중요한 것은, 하나님께서 그들 앞에서 놀라운 일을 행하고 계신다는 것을 알고 있다는 점이다.

그날 저녁, 핵심 사역 팀은 학생 식당 옆에 있는 다이닝룸에서 함께 저녁을 먹었다. 우리는 창고 회의 공간에서 사용하던 화이트보드와 파란색 마커를 가져와, 그날 저녁에 있을 설교, 기도, 제단 사역의 흐름을 정리했다.

데이비드가 우리에게 질문을 던졌다.

"지금 여러분이 경험하고 있는 건 뭔가요? 여기서 무슨 일이 일어나고 있죠?"

"부흥이에요."

"고백입니다."

"회개예요."

"간증입니다."

"평화요."

"사랑입니다."

"기쁨이에요."

우리는 차례로 답하며, 하나님께서 지금 무엇을 하고 계시는지 함께 실시간으로 분별하려 애썼다.

"부흥입니다," 누군가가 다시 말했다.

"보통은 어떤 일이 부흥이라고 불리기까지 시간이 걸리죠. 사람들이 뒤돌아보고 하나님께서 하신 일을 깨달을 때 그렇게 부르곤 해요."

데이비드는 우리에게 부흥과 각성의 신학으로 깊이 들어가 보라고 격려했다. 이 며칠 동안, 데이비드는 종종 압도적으로 느껴지던 일들에 의미를 부여하는 말과 비전을 제공했다.

"지금 우리가 하나님으로부터 받는 것은 무엇인가요?"

"하나님의 사랑이 쏟아지고 있어요," 누군가가 답했다.

"우리는 하나님의 사랑의 부어짐 아래에 있어요."

'부어짐.' 하나님께서 우리의 공동체, 캠퍼스, 다른 학생들, 그리고 지금은 더 많은 사람들에게 사랑을 부어주고 계셨다. 하나님의 사랑이 우리를 적시고, 그분의 임재 속에 우리를 잠기게 했다. 우리는 하나님의 사랑이 쏟아지는 홍수 아래 서 있었다. 하나님의 사랑이 우리 위에 부어지고 있었다. 부어짐.

나는 핸드폰을 꺼내 들어, '부흥 핵심 팀(Revival Core Team)'이라고 이름 붙인 텍스트 그룹을 찾았다. 그룹 이름을 '부어짐 핵심 팀(Outpouring Core Team)'으로 바꿨다.

곧바로 누군가가 문자를 보내왔다.

"그래서, 이게 '부어짐'인가요?"

"네, 맞는 것 같아요."

우리는 지금 일어나고 있는 일이 정말로 사람들의 마음을 각성하고 부흥시키는지는 역사가 결정하도록 놔두기로 했다. 하지만 우리가 알고 있는 것은, 우리가 이전에는 한 번도 경험해 보지 못한 하나님의 사랑의 부어짐을 경험하고 있다는 것이다. 하늘의 부어짐이었다.

캠퍼스에 짙은 구름처럼 깃든 하나님의 임재가 16일 동안 이어진 후, 나는 애즈베리의 가장 유명한 동문 중 한 사람인 E. 스탠리 존스의 일기를 읽게 될 것이다. 그는 정치가, 저자, 선교사, 간디의 친구이자 루즈벨트 대통령의 신뢰받는 인물이었다. 1905년 2월, 그는 몇몇 학생들과 함께 한 방에 모여 기도하던 중 성령님께서 그 방에 들어오셔서 그들 위에 머무르셨다고 기록했다. 하나님의 영이 학생들 사이에서 움직이셨고, E. 스탠리 존스는 그의 일기에 하나님의 사랑의 부어짐이 그들 위에 임했다고 썼다. 나는 한 세기를 넘나드는 하나님의 역사를 곰곰이 생각하게 될 것이다. 예수님은 어제도, 오늘도, 그리고 영원히 동일하시다. 예수님께서 전에 행하셨던 일을, 예수님께서 다시 행하실 것이다. 그것이 하나님의 본질이다.

끊임없이 이어지는 예배가 밤낮으로 계속되는 가운데, 나는 저녁에 무대 계단에서 눈물을 글썽이는 매들린을 찾았다. 그녀는 거의 잠을 자지 못한 채, 예배 팀들을 24시간 동안 인도하는 엄청난 책임감에 짓눌려 있었다. 나 역시 감정이 북받쳐 목과 가슴이 뻑뻑해지며 눈물이 고였다. 그것은 희열과 스트레스가 섞인 감정이었다. 매들린이 18개월 전에 팀에 합류했을 때, 나는 즉시 그녀가 하나님의 영에 민감한 센스, 예배에 대한 신학적 이해, 그리고 조직 능력으로 인해 채플을 조율하도록 준비되었다는 것을 알 수 있었다. 우리는 서로의 능력을 보완하며 훌륭히 협력했고, 자연스럽게 소통할 수 있었다. 우리는 계획을 세우고 돌발 상황에 대처할 수 있었지만, 이번 일은 모든 것을 한 단계 더 올려놓았다.

"이건 너무 벅차요,"
매들린은 눈물 사이로 고백했다. 모든 음악의 조율 책임이 주로 그녀와 남편 벤의 어깨 위에 놓여 있었다.

선한 의도를 가진 애즈베리 팀원들이 그녀에게 실질적인 스케줄 조정 방법을 제안했지만, 매들린의 영혼은 하나님께서 그녀를 예배의 거룩함과 경외심을 지키도록 부르셨다는 것을 알고 있었다. 이것은 단순히 순서표에 이름을 입력하는 문제가 아니라, 거룩한 일이었다.

"정말로 벅차죠,"

나도 전적으로 동의했다.

"당신은 정말 대단해요. 하나님께서 당신을 강력하게 사용하고 계세요. 하나님께서 당신을 이곳에 두신 이유가 분명히 있어요. 하지만 이건 우리 중 그 누구도 감당할 수 없는 일이에요. 성령의 능력 없이는 아무도 버틸 수 없어요."

내가 그녀를 격려하면서, 그 말은 그녀뿐만 아니라 나 자신에게도 전하는 설교 같았다. 우리는 강당 앞쪽 벽 옆에 있는 녹색 의자에 나란히 앉았다. 우리 옆에는 은발의 짧은 머리를 가진 마리아 브라운이 앉아 있었다. 그녀의 온화하면서도 강렬한 하나님의 열정이 문지기로서 우리의 사역을 잘 나타냈다. 매들린은 마리아에게 기대어 울었고, 마리아는 기도했다. 예배 음악이 우리를 감싸며 모든 사람을 예수님의 사랑 안으로 들어 올렸다. 매 순간, 모든 걸음마다 우리는 예수님이 필요했다. 우리 중 그 누구도 인간의 힘으로는 이 일을 감당할 수 없었다.

그날 밤, 잭과 지니는 복음의 메시지와 자신들의 삶에서 하나님의 사역에 완전히 항복한 이야기를 전했다. 잭의 진솔함과 잃어버린 영혼에 대한 그의 마음이 울려 퍼졌고, 그의 다가가기 쉬운 태도와 개인적인 진솔함은 하나님께서 계속해서 사용하시는 초대였다.

지니는 죄에 대한 승리, 완전한 헌신, 그리고 하나님께 대한 항복의 능력을 설교하며 사람들에게 그들의 마음을 "아름다운 묘지"로 만들어 예수님께 항복하라고 촉구했다.

"가봅시다!"

지니가 외쳤다. 지니의 "가봅시다!"는 오늘날 휴즈 강당과 앞으로의 날들 속에서 울려 퍼졌다.

"하나님과 함께 더 깊이, 더 멀리 갑시다. 자, 하나님, 다시 해주세요!"

자기 자신에 대한 죽음, 예수님 안에서의 새로운 삶, 죽은 뼈에 생명의 숨결을 불어 넣으시는 하나님의 숨, 그리고 생명이 돌아와 뼈에서 근육으로, 근육에서 살로, 살에서 피부로 연결되며 하나님 안에서 새로운 피조물로 살아나는 장면이 오늘 밤 성령 안에서 사역을 보여주는 그림이었다.(에스겔 37장 참조) 강단은 항상 열려 있었고, 사람들은 물결처럼 몰려와 휴즈 강당 앞에 엎드려 기도하고, 무릎 꿇고, 울며 반응했다. 데이비드가 소리 내어,

"만약 우리가 그것을 볼 수 있는 눈이 있다면"이라고 말했다.

"우리는 이 강단을 덮고 있는 풀려진 사슬들을 볼 수 있을 거야."

나는 강단에 있는 사람들 사이를 걸어가며 무대에서 내 시선을 끌었던 한 소녀에게 다가갔다. 그녀는 약 16세쯤 되어 보였고, 창백한 금발 머리에 흰색 스웨터와 청바지를 입고 있었다. 그녀는 앞줄 중앙 섹션 바닥에 양반다리를 하고 앉아, 눈을 들어 올리고 두 손을 꼭 모은 채 있었다.

"기도해도 될까요?"

나는 그녀 옆에, 카펫에 앉으며 물었다. 그녀의 이야기는 내 주의를 끌었다. 그녀는 인디애나에서 왔으며, 평범한 하루를 보내다가 하나님이 자신에게 켄터키 윌모어에 가서 부흥에 대해 알아보라고 말씀하셨다고 느꼈다고 했다. 그녀는 혼자 차를 타고 윌모어로 운전해 왔다. 그녀는 자신이 그리스도인이 되고 예수님을 따르고 싶다고 말했다. 우리는 대화를 나눈 뒤, 그녀와 함께 예수님을 영접하는 기도를 했고, 무대 가장자리에 있던 기증된 성경 중 하나를 그녀에게 주었다.

"다음 단계는 제자 훈련이에요. 갈 수 있는 교회가 있나요?"

내가 물었다. 그녀는 없다고 했다.

"만나볼 수 있는 그리스도인 친구가 있나요?"

내가 물었다. 그녀는 없다고 했다.

"아는 그리스도인이 있나요?"

그녀는 없다고 했다. 나는 그녀의 눈을 바라보며, 그녀의 아름다운 어린 얼굴과 빛나는 눈물을 보았다. 어떻게 이런 일이 가능할까? 인디애나에서 온 이 소녀가 그리스도인을 단 한 명도 알지 못하다니. 나는 종이 한 조각을 찾아내어 내 휴대전화 번호를 적었다.

"집에 가면 꼭 문자 보내주세요. 당신이 있는 지역에서 교회 가족을 찾을 수 있도록 도와줄 수 있는 사람을 찾을게요."

나는 인디애나에 있는 애즈베리 동문을 떠올리며 그녀를 위해 교회를 찾을 방법을 고민하기 시작했다.

"꼭 문자 보낼 거죠?"

내가 재차 물었다.

그녀는 고개를 끄덕이며 새 성경에 그 종이를 끼웠다. 그녀는 행복해 보였지만, 동시에 뭔가 더 필요해 보였다. 아마도 친구나 부모 같은 존재가 필요할지도 모른다. 잠시 동안 나는 16살의 나를 상상했다. 가족과 친구로부터 멀리 떨어져 다른 주에서 혼자 강렬한 영적 체험을 하는 상황을 말이다. 그녀의 경험을 상상하기가 쉽지 않았다.

"하나님, 제발,"

나는 조용히 기도했다.

"그녀가 얼마나 사랑받고 있는지 알게 해주세요. 그녀를 사랑해 줄 가족을 주시옵소서."

나는 매들린이 다음 예배팀에 합류해 있는 곳으로 사람들 사이를 헤치고 갔다. 예배팀은 노래 도중에도 매끄럽게 교대하며 악기를 들고 음악에 바로 참여했다. 우리는 어깨를 맞대고 함께 예배하며, 하나님의 강물이 휴즈 강당을 가로지르는 것을 경험했다.

"괜찮아?"

그녀가 물었고, 나는 고개를 끄덕이며 미소 지었다.

"넌 괜찮아?"

내가 물었다. 그녀도 고개를 끄덕였다.

"이건 내 힘으로 되는 게 아니야,"

그녀가 잠시 멈추고 말했다.

"이 모든 건 내 힘으로 되는 게 아니야. 이건 하나님께 속한 거야."

매들린은 하나님이 우리를 필요로 하시는 것이 아니라, 하나님께서 우리와 함께 하시기를 원하신다는 것을 알고 있었다.

그것은 사랑의 넘치는 표현이었다. 하나님은 우리를 이 부흥의 관리를 위해 초대하셨다. 이는 우리를 짓누르기 위함이 아니라, 더 많은 예수님과 더 많은 신뢰, 더 많은 기쁨으로 초대하시기 위함이었다. 바로 내가 들어야 할 말이었다. 나는 깊게 숨을 들이쉬며, 그것의 진리를 내 몸으로 느꼈다. 우리는 괜찮았다. 이건 좋았다. 매들린의 모습은 하나님의 임재로 빛났다. 이 모든 것은 우리의 일이 아니었다.

'이건 오직 하나님께 속한 것이다.'

우리 주변에는 수백 명의 사람들이 하나님의 사랑과 능력을 체험하고 있었다. 나는 무대 뒤에 서 있는 청소년들과 대학생들 위로 시선을 올렸다. 금빛 글자가 "주께 성결(Holiness Unto the Lord)"이라고 쓰여 있었다. 이 글귀는 휴즈 강당의 공간을 신학적으로 뿌리내리게 했을 뿐 아니라, 애즈베리 공동체의 일상생활에도 뿌리내리게 했다.

성결은 단순히 행동을 교정하거나 도덕성을 강요하는 규칙이 아니다. 성결은 하나님과의 관계에 관한 것이다. 때로는 성결이 도덕적 우월감이나 도덕적 고지의 위치로 오해되지만, 사실 성결은 마음의 상태에 관한 것이다. 성결은 당신 안에 살아계신 그리스도이다. 성결하다는 것은,

"너희는 유혹의 욕심을 따라 썩어져 가는 구습을 따르는 옛사람을 벗어 버리고 오직 너희의 심령이 새롭게 되어 하나님을 따라 의와 진리의 거룩함으로 지으심을 받은 새 사람을 입으라"는 말씀과 같다(에베소서 4:22-24).

모든 좌석이 강단이며, 모든 마음이 하나님과 더 깊은 관계로

초대받는다. 이곳은 그분의 거룩함의 아름다움과 영광으로 가득 찬다. 성령님, 오소서. 이것이 내 마음속의 끊임없는 속삭임이다.

"이 수천 명의 사람들을 만나 주시겠습니까? 주님은 그들의 이름과 이야기를 알고 계십니다. 그들의 가장 큰 고통과 수치의 자리를 알고 계십니다. 주님, 죽은 뼈에 생명을 불어넣어 주시고, 돌 같은 마음을 살 같은 마음으로 바꿔 주소서." 지니가 말하듯이,

"가봅시다! (Let's go)"

5장

성별(Consecration)

"이제 예수님이 시몬 베드로한테 오신다.
베드로가 예수님께 말씀드린다.
'주님, 주님께서 저의 발을 씻어 주시려는 겁니까?'
예수님이 대답하셨다.
'내가 하는 일을 그대가 아직은 알지 못합니다.
그러나 이다음에는 깨달아 알게 될 겁니다.'
예수님께 베드로가 말씀드린다.
'저의 발을 영원히 절대로 씻어 주지 마십시오!'
예수님이 대답하셨다.
'내가 그대를 씻어 주지 않으면, 그대에게는 나와 함께할 몫이 없어요.'
그러자 시몬 베드로가 말씀드린다.
'주님, 제 발뿐만 아니라 손과 머리도 씻어 주십시오!'"
요한복음 13:6-9

"살아가는 모든 순간에 당신은 신실하셨죠
살아가는 모든 순간에 당신은 참으로 선하셨습니다."
- 베델 뮤직, "주의 선하심(Goodness of God)"

2023년 2월 14일, 화요일

이제 부흥이 시작된 지 일주일째다. 지난 24시간 동안 내가 예상했던 것처럼 부흥이 절정에 이른 것이 아니라, 월요일 밤에 급격한 전환점이 일어났고 사람들의 물결이 기하급수적으로 커졌다. 우리는 이제 전국적인 사건을 맡아 섬기고 있다는 것을 깨닫게 되었다. 우리 핵심 그룹은 언론과의 인터뷰하지 않고, 심지어 소셜 미디어에 많은 시간을 보내지 않기로 했다. 예수님께서 눈앞에서 하시는 일을 분별하는 데 어떤 것도 영향을 미치지 않기를 원했기 때문이다. 성령님은 소셜 미디어의 힘을 사용해 이 자발적인 하나님의 움직임 소식을 퍼뜨리신 듯했다. 지난 며칠 동안 나는 소셜 미디어에 들어갈 시간이 없었고, 부흥에 관한 틱톡이나 인스타그램 게시물을 한 번도 본 적이 없지만, 사람들이 계속해서 이 게시물이 계속 퍼져 나가겠다고 알려준다.

부흥 사역의 핵심 팀이 성장하고 있지만, 성장에는 어려움도 따른다. 여러 단체가 대표되고 많은 리더가 있지만 한 사람이 모든 것을 책임지는 구조는 아니다. 우리는 실시간으로 성령님께서 무엇을 하고 계시는지 분별하고, 시간의 압박 속에서 결정을 내릴 수밖에 없다. 우리는 상처가 되지 않음에 관하여 이야기한다. 짧은 시간 안에 서로 간의 문제를 해결하고, 즉각적으로 대응하며, 서로에 대해 최선을 믿어야 한다. 우리는 서로를 잘 듣고 신뢰를 쌓아가며 일하기 시작해야 한다.

회의 중 나는 마들렌 옆에 가까이 앉아 그녀의 감정이 격렬하게 타오르는 것을 느꼈다. 그녀가 뭔가 중요한 이야기를 하려는 것을 알았다.

"처음부터 부흥은 다민족적 이었어요. 그런데 왜 유색인종 리더들이 없죠?"

불과 며칠 전, 마들렌의 남편이자 공동 예배 책임자인 벤이 우리에게 똑같은 문제를 제기했었다. 이는 옳고 정당한 지적이지만, 나는 방어적인 태도가 불쑥 솟아오르는 것을 느꼈다. 우리는 잠도 거의 못 자면서 하나님의 자발적인 행사를 제대로 관리하기 위해 최선을 다하고 있다. 나는 아이들을 단 몇 분밖에 보지 못했고, 이 모든 사역, 삶, 그리고 실무적인 일들을 잘 붙잡으려고 애쓰고 있다. 순간적인 분노가 치솟았다가 이내 꺼졌다. 성령님께서 곧바로 오셔서 내 마음 깊이 찔러주셨다.

오늘 회의 테이블에 모인 핵심 사역 팀은 백인들로 구성되어 있었다. 부흥의 첫날 성령님께 문을 열어준 예배 팀은 두 명의 흑인 남성과 여러 유색인종 학생이 주도했다. 이후에도 예배 팀의 다민족 구성을 유지하고, 유색인종 리더를 초대해 기도와 발언을 맡겼지만, 이는 핵심 사역 팀의 꾸준한 구성으로 이어지지는 않았다. 벤은 애즈베리의 입학 팀에서 일하고 있었고, 자신의 업무 역할에서 완전히 자유로울 수 없었다.

부흥은 우리를 위기 리더십의 구명보트에 몰아넣어, 흥미롭지만 거의 압도적인 위기의 파도를 계속 헤쳐 나가게 했다. 이 혼란과 긴장 속에서, 우리는 매번 만날 때마다 유색인종 리더들이 반드시 자리에 함께하도록 하고자 했다. 아쉬움과 서로에 대한 격려 속에서 우리는 다민족 리더십 팀을 구성하겠다는 결단을 다졌다.

토요일 밤, 요한복음 17장에서 케빈 총장이 전했던 "하나 됨"의 메시지가 내 마음속에 스며들었다. 우리는 학생들 사이에서 관계의 회복을 경험하고 있었다. 하지만 진정한 하나 됨은 단순히 대인 관계를 넘어 교회의 본질을 정의한다.

"하나 됨은 세상의 열망이지만, 기독교인에게는 당연한 기대입니다"라고 케빈 총장이 전했다.

우리는 하나님의 임재의 무게 아래 있으며, 예배와 리더십에서 민족 간, 성별 간, 세대 간의 하나 됨은 그 안에 분명히 포함되어 있었다. 하나님의 사랑이 부어지는 이 시기는 우리를 하나 되도록 부르며, 인종적 상처, 입장차이, 정치와 같은 문제로 나누어진 우리의 모습을 애통하게 만든다. 그리스도의 몸은 단 하나의 몸이며, 모든 족속과 언어가 하나님 보좌 앞에서 예배 드린다.

Z세대의 마음은 하나님의 능력으로 움직였고, 마들렌 역시 그 세대의 일원이다. 그녀는 용기를 내어 그녀보다 앞선 세대에게 오늘날의 우선순위를 담대히 전했다. 나는 마리아가 십 대의 나이에 예수님을 이 세상에 낳았던 순간을 떠올린다.

"주의 말씀대로 내게 이루어지이다"

마리아는 말했다. 하나님은 시간의 시작부터 젊은 세대를 통해 자신의 메시지를 세상에 전하셨다. 지금도 하나님께서 그러지 않으실 이유가 없다. 나는 자원봉사 주요 사무실로 바뀐 Reasoner 214 강의실에 들어섰다. 방 중앙에는 두 개의 긴 테이블이 각종 음식으로 가득 쌓여 있었다. 벽을 따라는 병에 든 물, 휴지 상자 더미, 오렌지와 사과 봉지, 그리고 구급 용품들이 가득했다. 뒤쪽 줄의 의자들은 강단 사역 점검 스테이션으로 사용되고 있었다. 강단 사역 코디네이터이자 기도 사역자인 제시카 에이베리는 뒤쪽에서 거의 동시에 노트북을 두드리고 문자를 보내며 바삐 움직였다. 강단 사역 배치 장소를 확인하는 클립보드와 목록이 끊임없이 돌아다녔다.

방 앞쪽에서는 캠퍼스 학적 담당자가 본래의 업무인 학사 일정 관리 대신 강의용 강단을 임시 서서 일하는 책상처럼 사용하며, 강의가 아니라 자원봉사 배치를 위한 목록 작업에 몰두하고 있었다. 벽에는 커다란 메모지가 붙어 다양한 공지사항과 정보가 적혀 있었다. 자원봉사자들이 들락날락하며 어디에서 도울 수 있을지 확인하고, 애즈베리 직원들도 자신들의 원래 직무를 넘어서 몰려든 인파를 관리하고 사역을 돕고 있었다. 몇몇 경찰관들이 방구석에서 노트북과 무전기를 들고 있었다. 크리스틴은 팔에 쓰레기봉투를 두르고 학생 자원봉사자들을 이끌며 방을 가로질러 바쁘게 움직였다. 방 전체가 사람과 에너지로 분주했다.

내 마음은 세부 사항과 실무적인 문제로 가득 차 있었다. 나는 하나님께서 이끄시는 이 운동을 뒷받침하는 여러 팀의 중심에 서 있는 자신을 발견했다. 아침 일찍 총장실 회의에 참석한 후 사역팀 모임에 가고, 마지막으로 몇 분이라도 실무팀 회의에 합류하기 위해 뛰어갔다. 복잡한 실무적인 문제를 관리하고 심지어 분별에 대한 질문까지 문자 메시지로 논의했다. 내 관심은 분산되고, 능력은 한계를 초과했다. 모임마다 고유한 우려 사항이 있었다. 총장실 회의에서는 학생들의 경험, 언론의 폭발적인 관심을 관리하는 방법, 캠퍼스 앞 잔디밭에 모인 인파에 대응하는 방법에 대해 논의했다.

사역팀 회의에 들어가면 휴즈 강당에서의 하나님의 임재와 이를 어떻게 관리해야 할지에 대한 깊은 분별력을 마주했다. 실무팀 회의 마지막 몇 분에 참석하면 간이 화장실 문제, 근처 식료품점 주변 주차 문제, 차단된 교차로, 그리고 자원봉사자 추적 데이터베이스를 개선하는 방법에 대한 업데이트가 이어졌다. 임시 사무실 위치를 포장하고 새로 개조된 학생 센터로 이동하는 계획이 머릿속에서 배경처럼 떠올랐다. 뛰어난 팀원인 캐롤린 햄프턴이 여러 핵심 인물, 특히 나 같은 사람 없이도 이를 책임감 있게 관리하고 있다는 점이 떠올랐다. 또 며칠째 깊이 있는 대화 없이 보내고 있는 내 아이들과 남편이 잘 지내고 있는지도 걱정되었다.

지금, 자원봉사자들과 강단 관리팀의 중심에 서 있는 나는 책임과 작업에 압도당하는 기분이다. 우리는 모두 주님의 힘으로 지탱되며 계속 나아갈 수 있는 능력을 얻고 있지만, 우리의 한계를 넘어선 상태다. 나는 무의식적으로 불안을 없애려는 듯 팔짱을 꽉 끼며 서 있었다. 애즈베리 팀원인 폴 스티븐스가 내 주의를 끌었다.

"이게 어디로 향할지에 대해 들은 얘기 있어요?"

나는 그라놀라 바를 하나 집어 들고 폴과 함께 문밖으로 나가며, 머리와 몸이 현실로 다시 돌아오는 느낌을 받았다. 폴과 나는 분실물 테이블 옆을 지나쳤다. 처음에는 물병과 성경 몇 권으로 시작되었던 것이 이제는 잊혀진 스웨트셔츠, 배낭, 어린이 장난감, 스카프, 코트, 안경 등으로 이루어진 거대한 물건더미로 변해가고 있었다. 폴과 나는 뒤쪽 출구로 나와 학생들이 아치라고 부르는 Reasoner Green 산책로의 벽돌 곡선 통로를 빠르게 지나갔다.

"직원들이 정말 지쳐가는 것 같아요. 계획이 필요해 보입니다. 어떤 일정이라도 있어야 할 것 같은데요,"

폴이 말했다. 그는 캠퍼스 내 전략 및 생산성 전문가이기에 그가 이런 점에 주목하는 것은 놀라운 일이 아니다.

"지금 시점에서는 일정이 없어요."

나는 어깨를 으쓱하며 눈을 크게 뜨고 강조했다.

"모두가 지쳐가고 있어요. 이걸 어떻게 지속할 수 있을지 모르겠어요."

처음부터 우리는 모두 이 일이 어떻게 시작되었는지조차 알지 못했고, 지속 가능성에 대한 답도 없었다.

이 질문은 총장실 회의와 거의 모든 직원 대화에서 우리를 압박했다. 우리는 주요 직무 설명을 포기하고 '필요한 기타 업무'라는 마지막 줄에 집중했다. 우리의 학문적 기관으로서의 사명이 변하고 있는 걸까? 이것이 지금 하나님이 우리에게 요구하시는 것일까? 하나님께서 계속 부어주시는 동안 우리가 이 부흥을 잘 관리할 수 있을까?

애즈베리 팀은 하나님께서 특별하고 거룩한 방식으로 우리와 함께 거하신다는 느낌을 공유했다. 이 거룩함은 경외와 존경, 심지어 약간의 두려움을 불러일으켰다. 나는 언약궤가 이스라엘 백성과 함께 여행하며 하나님께서 '속죄소(mercy seat)'에서 그분의 백성을 만나셨던 것을 기억했다. 속죄소는 언약궤의 꼭대기에 있으며, 주님께서는 그곳에 머무시며 이스라엘 백성과 만나겠다고 선언하셨다(출애굽기 25:22). 비록 우리가 감히 휴즈 강당을 언약궤와 비교할 수는 없지만, 하나님의 거룩함이 우리 위에 머물러 있음을 느꼈고, 우리 중 누구도 이를 방해하고 싶지 않았다.

"언약궤를 건드리지 마세요,"

몇몇은 미소를 지으며 농담처럼 말했지만, 그 안에는 약간의 불길한 경고도 담겨 있었다. 우리는 성경에서 언약궤를 건드렸던 사람이 어떻게 되었는지 알고 있다(사무엘하 6:7 참조).

2월 14일 화요일 저녁

한 찬양 인도자가 기타를 치고, 누군가는 카혼에 앉아 드럼을 친다. 피아노 연주자가 벤치에서 찬양을 이끌며 찬양의 소리가 천장으로 올라가고, 지붕을 넘어 마치 하늘과 땅이 하나가 된 것처럼 느껴졌다.

"자, 내 영혼아, 나약해지지 마라!"

사람들이 한목소리로 노래를 불렀다. 저녁 내내 회중은 찬양 속에서 외쳤다. 사람들의 환희로 하늘이 열리는 것 같았다. 찬양의 아름다움은 점점 고조되다가 경외와 놀라움 속에서 가라앉았다.

노래가 잦아들자, 최근 졸업생인 자이미(Djaime)가 단상으로 올라가 포르투갈어로 기도했다.[1] 자이미의 기도는 에스테스 채플실과 반원형 통로의 줄 선 예배자들, 야외 스크린까지 울려 퍼졌다. 며칠 후, 우리는 브라질인들이 휴즈 강당으로 몰려드는 것을 보게 되었고, 자이미가 포르투갈어로 기도하며 사람들에게 그들의 언어로 들리게 했던 이 순간을 돌아보았다. 우리는 휴즈 강당에서 일어나는 일을 거룩하고 진실하며 개인적으로 유지하려고 애썼지만, 소셜 미디어는 이를 우리 손에서 벗어나 전 세계로 퍼뜨리고 있었다.

브라질에서 온 유학생 출신의 졸업생 자이미는 비자 요건으로 인해 취업 기회가 제한된 상황에서 자신이 직장이 없었기에 이 부흥 현장에 있을 수 있었다며 간단히 자신의 이야기를 나누며 하나님께 찬양을 드렸다.

자이미가 이야기를 마치자, 그의 위쪽 발코니에서 누군가

"여기 있어요!"

라고 외치며 현금을 뭉텅이로 무대 위로 던졌다. 자이미는 잠시 얼어붙은 채 어찌할 바를 모르다가 천천히 몸을 숙여 돈을 집어 들며 얼굴을 손으로 가렸다. 감정이 북받치는 모습이었다. 그러자 또 다른 사람이 돈을 들고 와 무대에 놓았다. 그리고 또 다른 사람, 또 다른 사람이 뒤따랐다. 전염성 있는 기부로 인해 많은 사람들이 돈을 앞으로 전달했다. 이는 휴즈 강당뿐만 아니라 바깥에서도, 스크린 앞에 사람들이 돈을 두고 갔고, 에스테스 채플실의 실시간 송출 현장에서도 사람들이 돈을 전달하며 놀라운 친절을 보여줬다. 자이미는 돈을 모으면서도 어찌해야 할지 몰랐고, 우리는 모두 이러한 극적인 기부의 행동에 경외감과 놀라움을 함께 느꼈다.

---

[1] 실제 이름이 아닌 가명으로 표기함.

자이미가 무대에서 경험한 것을 우리는 줄 서 있는 사람들과 함께 경험했다. 밖으로 나가면 사람들이 우리에게 돈을 건네주었다. 어떤 이는 10달러, 또 어떤 이는 100달러를 건넸다. 몇몇은 수표를 꺼내기도 했다. 기부 계획이 전혀 없었기에 우리는 현금을 코트 주머니에 집어넣었고, 안으로 들어오면 리즈 루든 학생 생활 감독이 가져온 임시 기부 상자에 돈을 넣었다. 이 상자는 최근에야 캠퍼스의 1970년대 테마 댄스 행사에서 기부금을 모으는 데 사용된 것이었다. 불과 열흘 전만 해도 우리는 학생 행사를 계획하고 지원 모임을 위해 회의를 했는데, 이제는 우리가 알지 못하는 수천 명의 사람들을 위한 부흥회를 조직하고 있었다. 믿기 어려운 상황이었다!

어떤 조율도 없이 애즈베리 발전팀은 출장에서 돌아왔고, 마케팅팀은 소셜 미디어 게시를 중단했으며, 홍보팀은 보도자료를 발송하지 않았다. 부흥에 기부할 수 있는 온라인 링크조차 만들지 않았다. 건물 내부에도 공개 기부 상자가 없었다. 이 부흥은 하나님의 것이었고, 우리는 절대 이를 통해 애즈베리의 이름을 높이거나 우리의 이익을 위해 사용하고 싶지 않았다. 이 점에 있어 모든 팀원은 대화 없이도 한마음이었다.

휴즈 강당 계단에 몰려드는 인파가 증가함에 따라 우리는 중앙 섹션 앞쪽 절반을, Z세대를 위해 따로 배정하기로 결정했다. 우리 학생들조차 자리를 찾기 힘들어했다.

"애즈베리 학생들은 반드시 자리를 제공받을 것입니다. 학생증을 Reasoner 뒷문으로 가져오세요." 라는 이메일과 문자를 발송했다.

에스테스 채플실과 신학교의 맥케나 채플실은 이제 수용 인원을 초과했다. 지역 교회인 Great Commission Fellowship은 약 300명을 환영했으며, 이들은 즉시 자리를 채웠다. 우리는 또 다른 교회인 마운트 프리덤 침례교회와 개방 준비에 대해 논의 중이었다. 바깥에 위치한 스크린은 예배를 방송하며 독립적인 예배 공간이 되었다. 강단 뒤쪽 공간은 Z세대 예배자들을 위해 제공되었으며, 한 번에 100명의 학생을 수용할 수 있었다.

예배는 강단을 열어 둔 채로 24시간 계속되었고, 오후 2시부터 5시, 그리고 오후 7시 30분부터 10시까지 사역 시간이 계획되었다. 운영팀은 도서관에서 화이트보드를 가져와 휴즈 강당 계단 밖에 설치하여 하루의 일정을 알렸다. 이 자발적인 하나님의 움직임은 소셜 미디어와 같은 기술적인 부분과 화이트보드와 몇 개의 마이크라는 단순한 도구가 혼합된 것이었다.

매일 오후 2시와 저녁 7시 30분에 우리는 사람들이 이 공간을 거룩하게 여겨주길 요청했다. 우리 중 한 명이 이렇게 말했다.

이곳은 100년 된 건물입니다. 튼튼하긴 하지만 오래되었습니다. 예배 중 점프를 하시는 분들은 1층에서만 해주시길 바랍니다. 발코니에서는 점프를 금합니다.

또한, 발코니에는 좌석 수만큼만 사람들이 있어야 합니다. 난간 위에 어떤 것도 놓지 마세요. 아래에 있는 친구들이 뇌진탕을 겪게 만들고 싶지는 않으실 겁니다.

이 공간은 거룩한 공간이며, 하나님의 임재가 특별한 방식으로 함께하고 있습니다. 대화는 밖에서 나눠주시길 바랍니다.

이곳이 거룩한 공간이기 때문에 녹화는 짧게 해주시고, 실시간 중계는 하지 말아주세요.

우리 팀은 여러분이 하나님과 나누는 이 거룩한 순간을 존중하기 위해 실시간 중계를 멈춰달라고 요청할 것입니다.

로비에 생수와 간식이 준비되어 있습니다.

화장실은 강당 아래층과 인접한 건물, 그리고 야외에 있습니다.

기도 사역 팀 배지를 착용한 사람들을 찾아주세요. 기도팀은 훈련을 받았으며 여러분과 기도할 준비가 되어 있습니다.

여러분이 동행하신 분들과 기도하기를 원하신다면, 자리에서 기도하시길 바랍니다. 하지만 강단의 기도 사역은 훈련된 팀에 맡겨주세요."

우리는 강단 기도 사역 팀의 멤버를 명확히 하는 것이 얼마나 중요한지 빠르게 깨달았다. 수천 명의 사람들이 다양한 종교적 관습을 가지고 찾아오면서, 나팔, 기도 깃발, 퇴마 기도, 그리고 대담하지만, 온유한 초창기의 기도 방식과는 다른, 대립적이고 큰 소리의 기도 스타일을 포함한 여러 형태를 보았다. 물론 하나님께서는 이러한 모든 스타일과 표현을 사용하실 수 있지만, 우리 부흥 팀은 처음에 목격했던 것이 우리가 맡아야 할 사명이라는 명확한 확신을 가지고 있다.

안내원으로는 교수진, 부총장, 이사회 멤버, 학생, 졸업생, 지역 교회 멤버들이 참여했다. 안내원들은 조용하지만, 결단력을 가지고 반복적으로 사람들에게 휴대전화를 치워달라고 요청하고, 부흥의 흐름과 맞지 않는 기도와 예배 방식을 가진 사람들을 강당 밖 다른 공간으로 안내했다. 또한 기도 사역 팀 배지와 훈련 시스템을 개발하여 강단에서 다른 이들과 기도하는 사람들이 준비되어 있고 신뢰할 수 있는 사역자임을 보장하려고 노력했다.

우리는 전국적 주목을 받고 있으며, 그로 인해 우리 신앙과 정체성을 공유하지 않는 잘 알려진 지도자들이 애즈베리 부흥에 자신들을 연결하기 위해 찾아오고 있다.

때로는 버스를 대절 해 단체로 오는 경우도 있다. 몇몇은 소셜 미디어에서 거짓 초청을 받아왔다고 주장하기도 했다. 우리는 우리 사역 팀 외에는 누구도 연설하도록 초청하지 않았다.

밝은 빛은 다양한 '벌레'들을 끌어들인다. 우리는 이를 농담처럼 말하기도 하지만 사실, 이 유명 인사들과 단체 버스들이 나타났을 때 어떻게 해야 할지에 대한 긴장감이 맴돌았다.

여기에서 일어나는 일은 어떤 개인, 소셜 미디어 인플루언서, 유명 설교자, 정치적 정당에 의해 장악되어서는 안 된다. 이 하나님의 움직임이 특정 이익 단체나 명분과 연결되거나 동일시되는 것을 허락하지 않을 것이다.

팀은 한 가지에 대해 명확한 입장을 모았다: 누구도 마이크를 마음대로 잡아서는 안 되었다. 핵심 팀은 이 책임을 매우 진지하게 받아들였다. 핵심 팀의 동의 없이는 그 누구도 마이크를 사용할 수 없다. 우리는 무대에 항상 영적 권위를 유지하기 위해 배로 노력했다. 숫자가 증가할수록 이 도전은 날마다 커져만 갔다.

2월 14일 화요일 저녁, 한 여성이 강단 옆에서 나를 기다리고 있었다.

"제가 사람들에게 전해야 할 하나님 말씀이 있습니다."

그녀는 진심으로 말했다. 나는 그녀를 잠시 바라보며 조용히 기도했다.

"하나님, 지혜를 주세요."

"지금은 간증 시간을 하고 있지 않습니다."

"아마도... 다음에요."라고 나는 말끝을 흐리며 대답했다. 그녀는 단호히 여러 번 나를 압박했다.

"하나님이 저에게 당신에게 가라고 말씀하셨어요. 하나님이 저에게 사람들에게 전할 말씀을 주셨다고 하셨어요."

"죄송합니다,"

나는 다시 말했습니다.

"우리는 누구도 마이크를 사용하게 하지 않으리라는 강한 확신이 있습니다. 제가 당신에게 발언 권한을 드릴 영적 권위가 없습니다."

나는 그녀를 떠나려고 했지만, 그녀는 내 길을 막으며 강하게 말했다.

"하나님이 말씀하시길, 내가 누구의 권한도 필요 없다고 하셨어요. 하나님이 저에게 발언할 권위를 주셨어요."

그녀는 불편하고 초조한 모습이었다.

"죄송합니다,"

나는 다시 말했다.

"여기서는 발언 권한이 없습니다. 하나님의 말씀을 저에게 전해

주시면, 제가 사역 팀과 나누겠습니다."

그녀는 고개를 저으며 갑자기 몸을 돌려 군중 속으로 사라졌습니다.

"죄송합니다..."

내 말은 그녀 뒤로 희미하게 흘러갔다.

사람들을 돌려보내는 일은 쉽지 않다. 그러나 성령께서 이 여인의 실망과 좌절 속에서도 역사하고 계심을 신뢰해야 한다. 우리는 각자 다른 방식으로 하나님의 음성을 듣는다. 그녀와의 상호작용, 그리고 이와 비슷한 상황들은 기독교인들 사이의 갈등을 축소해 보여주는 사례다. 사람들은 정말로 각기 다른 방식으로 하나님의 음성을 듣는다. 핵심 사역팀은 최선을 다해 함께 하나님의 뜻을 듣고자 노력하기로 했다.

이런 결정을 시간 단위로 계속 내려야 하는 상황에 압도당하고 있었다. 영적으로 성숙한 사람들이 진심으로 받은 하나님의 말씀을 가지고 나와 전달하거나, 목회자들과 지도자들이 연설이나 기도를 제안한다. 어떤 사람들은 정치적 메시지나 예언적 경고, 혹은 자신들의 고향에서 벌어지는 긴급 상황에 대한 기도의 요청을 제기하기도 한다. 우리는 잘 경청하려 노력하지만, 팀의 합의 없이는 아무도 마이크를 잡지 못한다. 이런 분별의 과정과 하나님께서 첫 48시간 동안 보여주신 방식대로 부흥을 지켜내겠다는 강한 의지는 결과적으로 극소수의 사람들만이 무대에서 말하거나 기도할 수 있도록 초대되는 결정을 낳았다. 단호하면서도 부드럽게. 휴즈 강당의 문지기로서, 우리는 우리가 이해하는 하나님의 임재를 따르며 부흥을 섬기는 데 집

중한다. 어떠한 상황에서도,

전날 밤, 안내자들은 유명한 미디어 플랫폼을 가진 한 남성을 군중 속에서 발견했다. 이 남성은 비도덕적인 행동과 요란한 종말론적 예언, 그리고 혼란스러운 설교로 주목을 받던 사람이었다. 애즈베리 팀의 몇몇 구성원들은 이 남성이 자신이 설교 초대를 받았다고 주장하며 휴즈 강당으로 오는 모습을 소셜 미디어에서 추적했다. 총장이자 핵심 팀 대표 중 한 명인 마크 휘트워스는 그에게 떠날 것을 요청했고, 경찰이 그를 호송했다. 공교롭게도 그는 예의를 지키며 이해하는 태도로 떠났다. 며칠간 그의 소셜 미디어를 지켜보니, 그는 인근 호텔에 머무르며 하나님께서 자신이 윌모어를 떠나는 것을 허락하지 않으셨다고 주장했다는 것을 알게 되었다.

때로 안내자들은 애즈베리의 가치와 일치하지 않는 단체의 이름이 새겨진 버스가 학교 근처를 돌다가 아무도 내리지 않은 채 떠나는 모습을 목격하기도 한다. 한 학생은 몇몇 사람들이 민족주의적 표지판을 들고 나타났다고 보고했고, 학생 몇 명이 그들을 친절하지만 단호하게 맞이하며

"우리는 그런 것을 하지 않아요"라고 말하자 그들은 돌아섰다고 한다. 반복적으로 우리는 우리 캠퍼스 위에 두꺼운 성령의 보호 구름이 있음을 느낀다. 어떻게 수천 명의 사람들이 단순히 예배하기 위해 순수한 마음과 공유된 열정을 가지고 모일 수 있는지 성령의 보호 외에는 설명할 방법이 없다.

'부어짐 핵심팀'이 확장되어 '부어짐 핵심팀 2.0'과 '부어짐 지상팀'도 함께 성장하며 급박하게 움직인다. 밤새 휴즈 강당을 섬기는 것부터, 끊임없이 길게 이어지는 유튜브 실시간 중계를 중단하려는 시도, 점점 길어지는 대기 줄과 동시 중계 사이트를 관리하는 것까지, 모든 작업의 속도가 더 빨라진다. 렉싱턴의 한 네트워크 연결을 통해, 24/7 기도 운동에 소명을 받은 목사 루크 롱(Luke Long)이 휴즈 강당의 야간 기도 사역 호스트로 합류했다. 특히 루크를 만나게 되어 안도감을 느꼈다. 흔들리지 않는 꾸준한 (그리고 문자 그대로 피곤하지 않은) 그의 존재는 마치 내게 천사와 같았다.

밖에서는 대기 줄 관리와 방문객 돌봄의 필요성이 증가 되었다. 푸드트럭이 반원 모양의 도로에 주차되어 대기 중인 사람들에게 핫도그와 칠리도그 같은 무료 음식을 제공했다. Z세대 방문객들이 휴즈 강당에 우선 입장할 수 있도록 하고, 물류 팀은 학생들을 위한 "패스트 패스"(우선 입장) 방식을 마련했다. 가방 검사도 이제 시행되고 있다. 애즈베리 직원들은 부흥 예배를 위해 재배치되어 시시각각 변화하는 상황을 조율해야 했다.

마크 휘트워스와 마크 트로이어는 대기 줄의 효율성과 방문자 관리 문제를 깊이 고민했다. 캠퍼스 안전을 감독하는 데이비드 헤이는 윌모어 경찰서 및 제서민(Jessamine) 카운티 보안관 사무소와 긴밀히 협력하여 보안 계획을 수립했다. 글렌 해밀턴은 목회적 돌봄과 물류 지원을 독특하게 조합하여 팀을 지원했다. 모든 것이 빠르게 확장되고 있었다.

"브라더 로렌스(Brother Lawrence)처럼 예수님의 임재를 실천하세요,"라고 존 몰리(John Morley)는 문자로 우리에게 상기시켰다. 1,600년대 중반 브라더 로렌스가 쓴 『하나님의 임재를 실천하기(The Practice of the Presence of God)』라는 작은 책은 개인적으로 나에게 큰 영향을 준 고전이다. 브라더 로렌스처럼 예수님의 임재를 실천한다는 것은 설거지 같은 평범한 일들 속에서도 관조적인 태도를 유지하며, 일상의 행동들을 예배 행위로 여기는 것이다. 우리는 화장실을 청소하고, 쓰레기를 비우고, 피자 상자를 정리하며, 휴지 상자를 찾는 모든 과정에서 "예수님의 임재를 실천"하고 있었다.

예배 리더 커뮤니티도 성장하고 있었다. 예배 담당자들인 매들린, 벤, 마크 스웨이즈, 브레나 불록은 관계와 입소문을 통해 나타나는 예배 리더 커뮤니티를 육성하고 있다. 다양한 찬양곡 모음이 형성되었는데, 현대 기독교 음악, 복음성가, 찬송가, 그리고 크로스오버 곡들이 혼합되어 있다. 예배 리더들은 주로 젊은 성인들로 애즈베리 출신이 많지만, 시간이 지남에 따라 친구의 친구, 또는 회중 속에서 성령의 "영감"으로 선택된 이들이 합류한다. 여러 번 매들린이나 벤, 또는 다른 예배 리더가 휴즈 강당에 있는 누군가가 음악가나 가수라는 느낌을 받고, "혹시 예배를 인도하시는 분인가요?"라고 묻는다. 그리고 보통 "네, 어떻게 도와드릴까요?"라는 대답이 돌아온다.

휴즈 강당 옆에 위치한 리즈너 홀의 위층은 "성별의 방(Consecration Room)"으로 사용된다. 부흥의 네 번째 날부터 예배 담당자들은 모든 예배팀 멤버들이 단순히 무대에 오르기 전 대기실에서 몇 분간 기도받는 것이 아니라, 충분한 시간을 들여 예수님께 헌신할 수 있는 공간을 마련했다. 휴즈 강당 발코니 가까이에 있는 교육학부 회의실에서 기도팀이 원형으로 둘러앉아 각 팀 멤버를 위해 개별적으로 하나님께 헌신하는 기도를 드린다. 음악 소리는 문과 바닥을 통해 흘러들어오며, 마치 천국 옆에 있는 것 같은 느낌을 준다. 이곳에서 깊은 영적 역사가 이루어지고 성령은 각 음악인을 무대에 오르기 전에 준비시킨다.

예배팀 멤버는 몇 시간 또는 며칠간 휴즈 강당에서 시간을 보내고, 헌신의 방에서 예수님과 교제하며, 부흥 예배의 방식에 맞게 예배 담당자들에게 준비를 받은 후에야 비로소 무대에 오를 수 있다. 몇몇 전국적으로 알려진 예배 리더들이 가끔 와서 예배를 돕겠다고 제안하기도 한다.

"숨겨짐 속에서 오는 아름다움이 있다"고 매들린은 되돌아본다.

"제 느낌으로는, 그분들은 자신의 플랫폼에서 벗어나 예수님을 만나기 위해 여기 오신 것 같아요."

우리는 여전히 우리 커뮤니티가 만들어낸 예배 리더들과 음악가들로 계속 나아가고 있다. 유명한 예배 리더 중 일부는 헌신의 방에서 부흥 예배 리더들을 축복하고 기도한다.

세심하고 매우 의도적인 배려를 통해 예배팀 멤버들은 찬양과 찬양 사이에도 팀과 스타일을 원활하게 조화시키며, 기타 연주자를 교체하거나 중심 보컬을 바꾸면서도 이 시기를 특징짓는 겸손하고 단순한 음악 방식을 유지한다. 이런 예배는 예수님을 향한 헌신과 누가, 어떻게, 언제 하는지에 대한 엄격한 관리가 빛나는 찬양의 순수함을 드러낸다.

기도 사역의 핵심 리더가 우연처럼 보이는 상황에서 등장했다. 제한된 접근 국가의 선교사로 미국을 몇 주 동안 여행하던 메리라는 사람이 켄터키를 운전하던 중 성령의 영감을 받아 윌모어로 향했다.[2] 그녀는 애즈베리에 대해 아는 것이 없었지만 소셜 미디어를 통해 자발적인 하나님의 역사가 일어나고 있다는 소식을 들었다. 윌모어의 외딴 도로를 따라 켄터키 강으로 이어지는 길을 따라오다가 메리는 조용히 줌 회의를 하려고 헌신의 방에 들어섰고, 그곳에서 그녀는 중보기도자로 오해받았다. 순수한 마음으로 드리는 기도에 이끌린 메리는 팀과 함께 기도하기 시작했고, 성령의 명백한 섭리를 통해 메리는 헌신 방의 핵심 존재가 되었다. 그녀는 예배팀 멤버들과 부흥 전체를 위한 하나님의 도구가 되어 예수님께 드린 뜻밖의 "네"로 기도 사역의 중심을 감싸는 길을 열었다.

헌신의 방은 부흥의 동력, 즉 보일러 불길 같은 역할을 한다. 무대에서 음악을 통해 일어나는 일은 먼저 헌신의 방에서 일어난다. 하나님께서 공동체적으로 행하시는 일을 하나님은 개인적으로도 행하신다. 각 사람이 예수님을 위해 구별되고, 성령의 불로 헌신하며, 예수님께 스스로를 내어드리는, 하나님 안의 아름다운 숨겨짐이 일어난다.

---

2) 실제 이름이 아닌 가명으로 표기함.

6장

열방들(The Nations)

"그 여자가 예수님께 말씀드린다.
'메시아가 오신다는 것을 알고 있습니다. 그리스도라 하는 분 말이에요.
그분이 오시면 우리에게 전부 다 알려 주실 겁니다.'"

요한복음 4:25

"예수님이 그 여자에게 말씀하신다.
'바로 내가 그입니다. 그대에게 말을 건네고 있는 내가요.'
그 여자는 물 항아리를 버려두고 떠나 시내로 들어갔다.
그리고 사람들에게 말한다.
'이리로 와서 좀 보세요. 내가 한 일을 모두 다 나에게 말한 사람을요.
어쩌면 이 사람이 그리스도가 아닐까요?'
사람들이 시내에서 나와서 예수님께로 오고 있었다."

요한복음 4:26, 28-30

"주의 나라가 주님께 속하였으며 그 권능이 당신께 속하였나이다"

- 존 와일드, "Yeshua"

2월 16일, 목요일

오후의 따뜻한 햇살에 기온이 섭씨 15도를 넘어서면서, 휴즈 강당에 입장하기 위해 대기 중인 사람들은 아침 일찍 줄 설 때 입었던 겨울 코트를 손에 들고 있다. 반원형 잔디밭에는 이제 두 개의 대형 스크린과 스피커가 설치되었고, 강당 안으로 들어가지 못하는 손님들을 위해 몇백 개의 의자가 배치되어 있다. 구세군이 반원형 진입로에 푸드 트럭을 설치해 빌려온 트럭과 함께 군중에게 음식을 제공하고 있다. 이동식 화장실도 더 늘어나고, 줄을 관리하는 자원봉사자도 증가했으며, 사마리아인 지갑(Samaritan's Purse) 단체 덕분에 안전 요원도 늘어났다. 외부 미디어 텐트와 통제 게이트도 더 많아졌고, 무엇보다 사람도 훨씬 많아졌다. 그럼에도 대부분의 방문객은 줄에서 순서를 기다리며 기도하고, 때로는 대기 중에 예배와 기도의 원을 이루며 차분히 기다리고 있다.

정오 직전, 잭이 핵심 팀에 메시지를 보냈다.

"거리에서 느껴지는 영은 기대와 은혜로 가득해. 입장하는 동안 질서와 평화를 위해 기도하고 있어. 방문자들과 대화를 나누는 게 정말 아름다워."

나는 해거 행정관 건물 앞에서 등록 및 마케팅의 핵심 리더인 제니퍼 맥코드(Jennifer McChord)를 발견했다. 그녀의 밝은 금발 머리와 활짝 웃는 얼굴이 나를 반겼다.

"기자들 상황을 당신에게 보여주고 싶어요!"

제니퍼는 2년 전 애즈베리에 합류한 이후, 동료이자 좋은 친구가 되었다. 그녀는 20년간의 기업 경력을 뒤로하고 기독교 고등교육으로의 전환을 기꺼이 받아들였지만, 이는 동시에 큰 도전이었다. 우리는 기독교 고등교육의 자원 부족이라는 어려움과 예수님을 신뢰하며 이를 극복할 기회를 함께 겪으며 발판을 찾아왔다.

캠퍼스 앞을 빙빙 도는 줄을 지나가며, 해거 계단에 설치된 임시 출입구를 피해 계단을 빠르게 올라갔다. 애즈베리의 보라색 테이블보가 덮인 접이식 테이블과 "미디어 체크인"이라는 인쇄된 간판이 우리를 맞이했다. 전략 커뮤니케이션 책임자인 애비 라웁(Abby Laub)과 한 명의 학생 보조가 테이블 뒤에 앉아 있었다. 그들 앞에는 커다란 커피잔과 여러 개의 노트패드, 클립보드, 프레스 출입증 더미, 그리고 서명 용지가 있었다. 지난 일주일 동안, 애비, 제니퍼, 그리고 애슬레틱 및 커뮤니케이션 팀 대표인 마크 휘트워스(Mark Whitworth)는 갑작스럽게 몰려든 언론과 기자들에게 대응하기 위해 즉석에서 대응했다. 내가 대부분의 시간을 다양한 팀 사이 회의와 휴즈 강당에서의 사역에 투자하는 동안, 애비, 제니퍼, 마크는 당황한 커뮤니케이션 팀과 함께 주요 언론사를 상대했다.

"우리의 매우 전문적인 준비 상태를 보니 알겠지?"
애비가 테이블 뒤에서 농담을 던졌다.
"우리가 미디어를 기대하고 있었던 게 아니었어."
애즈베리 팀은 어떤 미디어나 언론 보도를 초청하지 않았고, 실제로 많은 인터뷰 요청을 거절했다. 일부 특히 유명한 미디어 관계자들에게는 "오지 마세요"라고 요청하기도 했다. 이는 이들의 평판이 이 부흥의 기쁨과 순수성을 위협하거나 다른 방향으로 흐르게 할 위험이 있었기 때문이다.

"놀라운 사실이 있어,"

제니퍼가 잔디밭을 가로지르며 말했다.

"우리는 기자들에게 카메라를 돌리거나 인터뷰하기 전에 반드시 휴즈 강당에서 30분 동안 시간을 보내라고 요청해. 그들이 보고하는 내용을 직접 느껴보길 원하거든."

그녀는 기자들의 놀랍고 따뜻한 반응을 이야기하며 얼굴을 밝혔다.

"그들은 의심과 경계심으로 캠퍼스에 도착하지만, 떠날 때는 부드럽고 열린 마음이 돼. 정말 믿을 수 없을 정도야."

휴즈 강당 가까운 잔디밭과 진입로에는 여러 개의 텐트와 위성 접시가 장착된 밴, 조명팀, 그리고 많은 기자가 흩어져 있었다. 유명한 뉴스 진행자와 토크쇼 진행자들이 돌아다니며 학생들과 애즈베리 팀원들과 대화를 나눴다. 대부분의 기자는 학생이나 총장과 인터뷰를 진행했지만, 커뮤니케이션 팀도 질문을 처리하느라 바빴다. 다수의 뉴스 매체는 워싱턴 포스트, 폭스 뉴스, 크리스채너티 투데이, 뉴욕 타임스, 그리고 지역 방송 네트워크 등에서 온라인이나 지면으로 기사를 내보냈다. 전체적으로 미디어 보도는 부흥을 긍정적으로 다뤘고, 이는 우리가 "부어진 기적(outpouring miracle)" 중 하나로 받아들였다. 신앙을 공유하는 일부 언론인도 있었지만, 기독교 언론과 비기독교 언론 모두 이 현상을 직접 목격하며 경외심과 놀라움을 표현했다. 수많은 사람이 단지 예배하고 하나님과 만나는 것만을 목적으로 이곳에 모였다는 사실을 증언하지 않는다면, 이러한 사건은 허구나 조작처럼 보일 수도 있었을 것이다.

부흥이 있은 지 몇 주 후, BBC 기자가 캠퍼스를 찾아와 나를 인터뷰했다.

"그래서, 실제로 무슨 일이 있었던 겁니까?"

그는 안경을 벗어 내려놓고 눈을 가늘게 뜨며 물었다.

"그 주에 날씨가 특별히 좋았나요? 식당에서 뭔가 특별한 음식을 제공했나요? 아니면 학생들이 이렇게 열광할 만한 뭔가 특별한 일이 있었나요?"

믿는 자가 아니거나 직접 목격하지 않았다면, 자발적인 하나님의 역사가 틱톡에서 입소문을 타고 전 세계로 확산하였다는 이야기는 어리석게 들릴 것이다. 이는 약 2000년 전 고린도전서 1장 18절에 기록된 바와 같다.

"십자가를 전하는 말씀이, 멸망하는 사람들에게는 터무니없는 것이지만, 구원받는 우리에게는 하나님의 능력이니까요."

그러나 많은 기자와 언론인들에게 애즈베리에서 무언가 특별한 일이 일어나고 있다는 사실은 그들을 멈춰 세우고 놀라게 했다. 하루 종일 부흥을 경험하고 우리 팀과 대화한 후, 한 팟캐스터이자 기자로서 자신을 무신론자라고 밝힌 이는 팟캐스트 말미에 이렇게 말했다.

"당신이 무엇을 믿든지 간에, 하나님을 진심으로 믿는 젊은이들이 있다는 것은 부인할 수 없습니다. 그리고 이제 이 젊은이들이 어떤 형태로든 운동을 시작했다고 말할 수 있을 겁니다."

예수님을 따르든 그렇지 않든, 인간의 계획이나 개입을 초월한 어떤 부인할 수 없는 일이 일어나고 있다. 하나님께서는 복음서 전반에 걸쳐 예수님의 탄생, 생애, 죽음, 부활의 이야기를 나누기 위해 목격자의 증언을 사용하셨다. 들판에서 양을 지키던 목자들이 하늘 가득한 천사들의 방문을 받았던 것처럼, 아기 메시아 앞에 무릎을 꿇었던 동방 박사들, 그리스도의 십자가형을 목격했던 군중들, 빈 무덤을 발견한 여성들에 이르기까지, 복음서는 목격자들의 증언에 의존한다. 하나님은 단순히 수천 명의 사람들을 애즈베리에 불러들여 예수님의 임재를 직접 경험하게 하실 뿐 아니라, 언론을 통해 그들 역시 목격자의 역할을 하게 하신다! 애즈베리 팀은 인간적인 지혜로 성령의 움직임을 실시간 방송이나 언론 보도 없이 잘 관리하려 했지만, 이 강력한 이야기는 스스로 전파될 수밖에 없다.

1900년대 초반의 영국 복음 전도자인 집시 스미스(Gipsy Smith)는 설교에서 이렇게 말했다.

"복음서는 다섯 권입니다. 마태, 마가, 누가, 요한, 그리고 그리스도인입니다. 그러나 대부분의 사람은 처음 네 권을 읽지 않을 것입니다."[1]

수천 명의 사람들이 문자와 트윗, 그리고 자신들이 목격한 하나님의 임재라는 복된 소식을 나누면서 다섯 번째 복음서가 되고 있다!

그럼에도 불구하고 미디어의 관심은 압도적이다. 누군가가 내게 인스타그램과 틱톡 조회 수가 100만 건이 넘었다고 말했다. 유튜브 조회 수는 치솟고 있다. "애즈베리 부흥(Asbury Revival)"에 대한 구글 검색 트렌드는 2월 8일부터 미국과 브라질, 에티오피아 같은 여

---

1) Bobby Conway, *The Fifth Gospel* (Eugene, OR: Harvest House, 2014), 9

러 나라에서 꾸준히 상승했다. 소식이 더 널리 퍼질수록 더 많은 사람들이 모여든다.

요한복음 4장에서 예수님은 옛날 사마리아 여인에게 물을 달라고 요청하셨다. 이 여인은 예수님께서 그녀에 대해 모든 것을 알고 계시다는 사실을 깨닫게 되었다.

"그 여자는 물 항아리를 버려두고 떠나 시내로 들어갔다. 그리고 사람들에게 말한다. '이리로 와서 좀 보세요, 내가 한 일을 모두 다 나에게 말한 사람을요. 어쩌면 이 사람이 그리스도가 아닐까요?' 사람들이 시내에서 나와서 예수님께로 오고 있었다."
(요한복음 4:28-30)

인스타그램과 틱톡이 2023년의 "우물가의 여인"이 될 수 있을까? 부흥에 대한 이야기가 퍼져나가는 것은 우물가의 여인과 같은 마음을 가지고 있다.
"와서 보라. 예수님의 역사일 수 있을까?"
초연결의 시대에 소셜 미디어는 우리 시대의 "동네에 들어가 사람들에게 이르되, 와서 보라"가 되었다.
전 세계는 이 질문을 메아리치고 있다.
"이게 정말 예수님의 역사일까?"

제니퍼와 나는 잔디밭을 한 바퀴 돌며 언론을 만나고, 야외 스크린 앞에서 예배하는 사람들, 무료 음식을 기다리는 줄, 구세군에서 제공하는 커피를 들고 있는 사람들을 보았다. 그 광경은 내 마음에 경외감을 불러일으켰다. 어떻게 이런 일이 가능할까? 예수님, 왜 이 장소와 이 역사의 순간을 선택하여 Z세대와 나머지 우리를 위해 이렇게 강렬하게 당신의 사랑을 부으셨나요? 하나님의 이 움직임을 바로 눈앞에서 지켜볼 수 있다는 것은 그저 경이롭기만 하다.

또한, 나는 이것이 나에게 어떤 의미인지 숙고하게 된다. 내가 청지기로서 이 역할을 감당하면서 성령께서 내 마음속에 하시는 일을 놓치고 싶지 않았다. 그러나 시간이 흐를수록 나의 일상은 더욱 바빠졌다.

일주일 전 한 친구가 메시지를 보내왔다.
"비판 가운데 있는 너를 위해 기도하고 있어."

놀랍게도 이 기간에 나는 외부의 비판이나 의문을 단 한 건도 접하지 않았다. 하나님의 은혜가 나를 두텁게 둘러싸고 있었고, 나는 소셜 미디어를 거의 확인하지도 못했고, 휴대전화에서 기사 링크를 읽지도 않았으며, 부흥이라는 몰입의 순간 밖에서 누구와 대화할 시간도 없었다. 주님은 나를 숨겨 주셨다. 정말로 주님은 그의 날개 아래에 우리 핵심 팀을 숨겨 주셨고, 우리는 그 안에서 피난처를 찾았다(시편 91:4 참조). 이후에야 나는 부흥에 대한 신학적 논쟁이 있었다는 것을 알게 되었다. 설교와 성경이 충분했는지, 특정 신학적 관점이 존중되었는지, 또는 왜 예배가 그렇게 끝나게 되었는지에 대한 논쟁들 말이다. 그러나 당시에는 오직 예수님의 임재와 그분의 사랑 부흥이라는 영광스러운 무게를 감당할 수 있는 평생의 영광만을 느꼈다.

세상이 우리의 문 앞에 있다. 언론과 소셜 미디어의 관심 속에서, 이 자발적인 하나님의 역사에 대한 소식이 전 세계로 퍼졌다. 전 세계에서 사람들이 작은 윌모어, 켄터키로 몰려오고 있다.

정오에 케빈 총장이 부흥에 대한 첫 공식 성명을 온라인에 발표했다:

> 첫날부터 우리는 주님께 대한 급진적인 겸손, 자비, 고백, 헌신, 그리고 내려놓음의 수많은 표현과 나타남을 목격해 왔습니다. 우리는 성령의 열매인 사랑, 기쁨, 평화, 인내, 친절, 선함, 신실함, 온유, 절제의 열매를 보고 있습니다.

> 우리는 우리 대학교의 학생, 교수진, 교직원, 그리고 캠퍼스를 방문하는 사람들을 위한 질서를 유지하면서도, 개인들이 그리스도 중심적인 삶의 변화를 경험할 수 있는 공간을 창출하기 위해 계속해서 올바른 균형을 찾고자 노력하고 있습니다.[2]

나는 총장실, 애즈베리 교직원, 총장, 핵심 사역 팀 사이를 오가며 대화를 나누면서 학문적 사명, 학생 돌봄, 그리고 시간마다 밀려드는 압도적인 사람들 사이에서 느껴지는 긴장을 마음속에서 느꼈

---

2) Kevin Brown, Caleb Parke의 "Asbury University Makes Major Announcement on Revival," ToddStarnes.com에서 인용. 2023년 2월 19일.
https://www.toddstarnes.com/
opinion/asbury-university-makes-major-announcement-on-revival/.

다.

오후 5시에 케빈 총장은 애즈베리 커뮤니티에 이메일을 보냈다. 여기에는 앞으로의 일정에 대한 성명이 포함되어 있었다.

많은 기도와 캠퍼스 리더십과의 논의 끝에, 다음 주를 위한 새로운 일정을 발표하게 되었습니다. 이번 일정은 이 아름답고 역사적인 영적 갱신의 순간을 인식하고 청지기로서 잘 관리하면서도, 학생들에게 예측 가능성과 웰빙, 지속성을 도모할 수 있는 보다 지속 가능한 캠퍼스 경험으로 신속히 전환하려는 시도입니다.[3]

새로운 계획은 모든 예배에서 Z세대를 우선시하며, 저녁에는 Z세대와 그들의 직접 관련된 방문자들만 참여하도록 하는 것이다. 총장실, 물류팀, 핵심팀 간의 논의를 거친 결과, 고등학생과 대학생, 청년 세대가 가장 시급한 문제라는 데 공감하며 이들을 먼저 고려한 행동 계획이 발표되었다. 또한, 케빈은 2월 23일 목요일에 예정되어 있던 전국 대학생 기도의 날 예배가 마지막 예배가 될 것이라고 발표했다.

대학 기도일(Collegiate Day of Prayer)은 대학 캠퍼스에서의 영

---

3) Kevin Brown, "Asbury University President to End 'Revival' Service, Says a 'Disruption to the Continuity' of the Students' Academic Experience," Christian News에서 인용. 2023년 2월 18일. https://christiannews.net/2023/02/18/asbury-university-president-to-end-revival-servi ce-says-it-has-been-a-disruption-to-the-continuity-of-the- students-academic-experience/.

적 각성을 위한 세대 간 기도의 날이다. 매년 이날은 전 세계적인 기도 예배로 절정을 이룬다. 애즈베리는 2023년 기도일 주최 요청을 받았고, 그렉이 애즈베리에서 열리는 기도 예배의 진행자로 섬기게 되었다. 2023년의 대학 기도일은 1823년 헨리 피시(Henry C. Fish)가 2월 마지막 목요일에 대학 캠퍼스의 부흥을 위해 기도하기 시작한 200주년을 기념하는 날과 겹친다. 이번 부흥과 이 기도일이 겹치는 것은 이미 수백만 명이 지켜볼 예정인 이 예배가 애즈베리에서의 예배를 마무리 짓는 축도로 작용할 것처럼 보인다. 부흥 예배가 다른 물리적 장소로 옮겨질지, 아니면 성령 안에서 세계로 흩어질지는 계속 논의 중이다.

그날 무대에서 회중을 둘러보며, 낯선 얼굴들을 알아보지 못하고 다른 나라에서 온 많은 얼굴들을 본다. 브라질 사람들이 도착했을 뿐 아니라 그들은 예배 중에 국기를 펼쳐서 들고 있다. 실제로 그들은 국기를 몸에 두르거나, 가능한 한 계속 펼쳐 두었다. 앞에서 누군가와 기도하며 곁눈으로 트럭 크기의 브라질 국기가 발코니 뒤편에서 펼쳐지는 것을 보고, 기도 도중 안내원들에게 신호를 보내 이를 처리하도록 요청했다. 부흥의 초반 날들처럼 단순한 예배에 초점을 맞추기 위해 강단에서 국기 사용은 허용하지 않았지만, 브라질 사람들이 자기 나라를 사랑하는 마음과 애즈베리 강당에서 그들의 국기를 걸어두려는 열정을 존중한다. 브라질 사람들은 자국을 향한 놀라운 열정을 보여준다.

영국, 캐나다, 멕시코, 에콰도르, 칠레, 브라질, 콜롬비아, 폴란드, 프랑스, 일본, 한국, 라트비아, 러시아, 우크라이나 등 여러 나라에서 온 사람들이 애즈베리 강당의 좌석에 앉아 하나님의 사랑을 직접 경험하기 위해 온다. 한국의 한 그룹의 학생들은 비행기를 타고 한국에 도착하자마자 다시 켄터키행 비행기를 예약하고 돌아오는 이야기를 들었다. 도쿄에서 온 젊은이들이 애팔래치아 켄터키 지역에서 온 다른 Z세대들과 함께 무대에서 예배를 드린다.

칠레의 한 목사의 아내가 통역을 통해 간증 시간을 가졌다. 그녀와 남편은 부흥을 경험하기 위해 애즈베리에 오려고 차를 팔아 비행기 표를 샀다고 한다. 그녀의 믿음에 감동한다. 줄을 지나며 누군가가 나에게 비용을 돕기 위해 300달러를 건네준다. 나는 이 돈을 그 부부에게 전달한다. 하나님은 공급하신다.

오후에 예배는 열렬한 찬양과 고요한 침묵, 그리고 다시 찬양으로 오르내린다. 무대에서 가득 찬 예배 공간을 바라보며, 나는 줄줄이 앉은 얼굴들을 하나씩 확인하며 축복을 기도로 전한다.

"이런 일들이 있고 난 뒤에 나는 보았습니다. 보세요, 큰 무리가 있었습니다. 그 무리의 수를 셀 수 있는 사람은 아무도 없었습니다. 그들은 모든 민족과 종족들과 백성들과 언어들에서 나온 이들인데, 임금 자리 앞과 어린양 앞에 서 있었습니다." (요한계시록 7:9).

1,500석이 큰 무리는 아니지만, 그것은 영원의 한순간이다. 요한계시록 7장 9절의 이 말씀이 떠오르며 이해가 된다. 당연히, 예수님께서 잠시 우리와 함께 머무신다면, 열방들이 올 것이다. 어떻게 그들을 막을 수 있을까?

찬양 인도자가 음악을 침묵으로 가라앉히자, 가득 찬 강당은 거룩한 순간의 고요함 속에 있다.

"너희는 멈추어 서라. 내가 하나님인 것을 알아라!" (시편 46:10).

천국에 들어가 하나님의 현존을 물리적으로 경험할 때,

나는 어떤 반응을 보일까?

소리칠까?

울까?

경외감 속에서 무릎을 꿇을까?

이 순간, 거룩함에 대한 유일한 반응은 완전하고도 철저한 경외감과 침묵이다.

침묵이 이어지면서 약간의 불안감이 든다. 무대에서 아무 일이 일어나지 않을 때, 비공식 예배나 기도 인도자들이 나서서 말을 하거나 기도 시간을 시작하려고 할 여지가 생길 수 있다. 아무도 움직이지 않지만, 인간적으로 찬양 인도자를 슬쩍 보며 그가 다시 노래를 시작할지 확인한다. 그는 무대 바닥에 앉아 머리를 숙이고, 깊은 기도의 순간에 있는 것처럼 완전히 고요하다. 조금 더 기다리며 안절부절하기 시작한다. 성경 읽는 시간으로 넘어가야 하나? 그에게 노래를 다시 시작하라고 해야 하나?

내가 무언가를 해야 할 것 같은 느낌이 들기 시작할 때, 머리 위 왼쪽 발코니에서 누군가가 노래를 부르는 소리가 들렸다. 누군가가 조용히 "예슈아(Yeshua)"라고 노래를 시작했다.[4] 그 소리는 발코니를 넘쳐흘러 다른 여성들의 목소리와 함께 퍼졌다.

발코니의 한 무리의 라틴 여성들이 조용하고 부드럽게 "예슈아"를 노래했다. 이 단순한 멜로디가 부드럽게 흘러나왔다.

---

4) "예슈아(Yeshua)"는 히브리어로 "예수"를 의미하는 이름을 음역한 것이다. 이는 또한 아람어에서 예수님의 이름으로 사용된다.

"예슈아"라는 이름이 휴즈 강당에 자리 잡았다. 예슈아가 그 공간을 채우고, 발코니에서 내려와 아래층을 가로질러 무대까지 퍼져 나갔다. 회중들의 목소리가 점점 커졌고, "예슈아"라는 이름, 곧 예수님이 휴즈 강당을 가득 채웠다. 휴즈 강당의 모든 것은 예슈아였고, 예슈아가 모든 것이었다.

찬양을 통해 천국이 우리 위로 내려왔다. 우리는 찬양 인도자가 필요하지 않았다. 회중이 스스로를 이끌었다. 예수님께서 방을 이끄실 때, 우리의 유일한 반응은 예배였다. 그분의 임재 자체가 우리를 반응하게 했다. 그리스도의 몸이 그리스도께 노래하며, 예수님이 중심이 되고 하나님의 백성이 그분의 발치에 있었다. 우리는 그분의 임재의 무게 아래 간신히 설 수 있었다. 그분의 달콤함과 친절함이 무거운 담요처럼 우리 위에 깔렸다. 유명한 찬양 인도자나 칭송받는 설교자는 무대에 없었다. 방 안의 유일한 중심은 예수님뿐이었다.

저녁이 되자 사람들이 강단으로 몰려들었다. 영국 런던에서 온 인도인 목회자 부부가 강단에 엎드렸다. 나는 그들의 손을 잡았고, 서로 이름도 모른 채 그들의 나라를 위해 기도했다. 영어와 힌디어를 번갈아 사용하며 이 부부는 하나님께서 월모어에서 하신 것처럼 영국에서도 역사하시기를 기도했다. 그들의 눈물은 얼굴을 타고 흘러 우리의 손 위로 떨어졌다. 이 순간 그들의 교회를 위해 간구하는 모습을 지켜보는 것은 인생의 큰 영광이었다.

한 친구가 한 우크라이나 여성을 데리고 왔고, 우리는 그녀의 통역사를 통해 이야기를 나눴다. 우리는 함께 예수님 안에 서 있었고, 그 우크라이나 할머니는 눈물 속에서 자신의 가족, 특히 미국에 있는 성인인 아들의 구원을 위해 기도했다. 한 히스패닉 여성은 성인인 아들이 예수님께 돌아오기를 기도하기 위해 강단으로 나왔고, 또 다른 히스패닉 어머니와 나는 바닥에 앉아 그녀의 10살 된 아들이 환각으로 인해 정신 병원에 입원해 있다는 이야기를 들었다. 우리는 울며 기도하고, 기도하며 울었다. 우리는 나라, 교회, 아이들을 위해 기도했다. 어떤 기도도 예수님께는 너무 크거나 작지 않았다. 통역사를 제공할 준비가 되지 않았음에도, 요청 후 몇 분 안에 통역사가 나타났다. 이는 부흥 기적의 또 다른 사례였다.

한 가족은 멕시코에서 30시간 동안 차를 몰고 와서 그들의 아기가 축복을 받게 했다. 라트비아에서 온 한 기독교 기자는 비행기로 시애틀에 도착한 후, 예배를 경험하고 이를 보도하기 위해 전국을 가로질러 운전했다. 적어도 두 가족은 러시아에서 비행기를 타고 멕시코로 와서, 그곳에서 윌모어로 운전해 왔다. 대기 줄과 회중석은 검은 피부, 갈색 피부, 흰 피부의 다양한 인종과 민족으로 가득 찼다. 여러 나라, 모든 민족, 모든 경제적 배경, 노인, 대학생, 아기, 휠체어와 목발을 사용하는 사람들까지, 약 6천 명의 작은 마을에 모인 이 모든 이들의 목적은 단 하나였다. 예수 그리스도를 만나기 위해서였다.

그날 밤 거의 자정이 되어서야 히스패닉 가족이 입구에 도달했다. 추위를 견디기 위해 모자, 코트, 스카프, 장갑으로 무장한 그 가족은 기쁨으로 가득 찬 얼굴로 문을 통해 들어왔다. 할아버지와 엄마, 세 명의 아이들, 남편, 아마도 삼촌 한두 명이 통로로 내려가기 전에 잠시 멈췄다. 이 가족은 나의 관심을 끌었다. 이 늦은 시간에, 어린아이들과 함께 적어도 8시간 동안 밖에서 추위에 서 있었다는 것을 알고 놀라웠다. 할아버지의 안경이 김으로 가득 찼고, 아이들은 흥분해서 빙글빙글 돌기 시작했다. 안내원이 빈자리를 찾아 그들을 강당 맨 앞에 배치했다.

그들이 통로를 걸어가면서, 하나님의 임재를 만나려는 기대와 기쁨이 그들의 얼굴에 빛났다. 엄마는 아이들의 코트를 벗기며 걸었고, 삼촌들과 남편은 스카프와 코트 단추를 푸느라 분주했으며, 할아버지는 안경을 닦으며 코트를 벗었다. 그들이 자리에 도착했을 때, 앉거나 코트를 접어 놓는 대신 가족 전체가 강단으로 달려갔다. 코트와 스카프를 뒤로 던진 채, 가족 모두가 즉시 무릎을 꿇었다. 할아버지, 아빠, 엄마, 아이들, 삼촌들 모두 얼굴을 카펫에 대고, 손을 뻗어 강단의 나무 난간을 만지며 하나님의 임재에 완전히 경외했다.

나는 예수님을 만나려는 그들의 기대와 강단에서의 기쁨, 눈물을 보며 생각했다.

"이것이 하나님을 기대하는 믿음이란 것인가?"

내 마음 깊은 곳에서 이 질문이 울려 퍼졌다.

"기대 속에서 믿음으로 산다는 것은 무엇을 의미할까?"

이 가족처럼 나도 분주함과 산만함이라는 외투와 스카프를 벗어 던지고 강단으로 나아가기를 간절히 원했다. 나무 강단이나 내 마음의 강단에서 하나님을 만날 기대와 기쁨으로 가득 차기를 소망하며, 기다림이 길더라도 그분께 나아가고자 했다.

7장

과감한 겸손
(Radical Humility)

"예수님은 모든 것을 아버지께서 자기 손에 주셨다는 것과 자기가
하나님에게서 왔다가 이제 하나님께로 간다는 것을 아셨다.
그래서 예수님은 식사 자리에서 일어나 겉옷을 벗어 두신다.
그리고 수건을 집어 몸에 둘러 묶으셨다.
그리고 나서 물을 대야에 부으신다.
그리고 제자들의 발을 씻어 주시고,
또 둘러 묶으셨던 수건으로 닦아 주기 시작하셨다"
요한복음 13:3-5

"당신은 삶의 끝에서 무너졌나요? 당신은 생명의 샘에 목마른가요?"
- 크리스 브라운, "오 주께 나오라(O, Come to the Altar)"

2월 17일, 금요일

이른 아침, 주방에서 커다란 머그잔에 커피를 따르고, 아이들을 위해 사과 주스를 준비한다. 새벽의 차가운 공기를 뚫고 집으로 돌아온 터라 눈이 아직 흐릿하다. 아이들은 부엌 섬에 앉아 시리얼과 토스트를 먹고 있다. 나는 딸의 머리를 땋아 주며, 딸이 아침을 먹는 동안 점심 도시락을 싸고, 책가방과 신발을 챙기며 아침 인사를 나눈다. 아이들을 밴에 태워 학교로 배웅한다. 평소에는 남편과 번갈아 가며 학교에 데려다주지만, 요즘은 모든 것이 달라졌다. 남편이 학교에 데려다주는 일과 집안일 전반을 도맡아 하고 있다. 차가 떠나는 것을 보며 걱정거리가 마음 한구석을 찌르려는 것을 털어낸다. 요 며칠 동안 내가 새벽부터 밤늦게까지 집에 없는 것을 아이들은 잘 이해하지 못한다.

"엄마, 집에 있어?"

다운증후군인 여섯 살 막내딸 에밀리가 남편에게 반복해서 묻는다.

"엄마 집에 있어?"

대부분의 날, 방과 후에 에밀리는 유리문 뒤에서 거리의 풍경을 보며 나를 기다린다. 코를 유리문에 대고 서 있다가 내가 보이면 기쁨에 찬 얼굴로 손뼉을 치며 달려온다.

"엄마 집에 있어!"라고 말하며 햇살 같은 미소를 지어 보인다. 지난 며칠간, 이 순간들을 놓쳤고, 마음이 아릿하다. 눈물을 참으려 잠시 눈을 꼭 감고, 매직으로 쓴 "기도팀"이란 명찰을 잡는다.

나는 캠퍼스 가장자리에 살고 있으며, 휴즈 강당까지 걸어서 4분밖에 걸리지 않는다. 우리 가족의 일상은 캠퍼스 생활과 함께 흐른다. 주차장이 비면 여름 방학임을 알고, 가득 차면 새 학기 시작을 의미하며, 절반쯤 차면 주말이다. 우리는 대학 수련회와 구내식당 식사 속에서 아이들을 키웠다. 수백 명의 학생들이 우리 거실에 모여 멕시코 스타일의 옥수수 수프나 타코 수프를 먹었다. 나는 한 번에 40인분의 수프를 만들 수 있는 커다란 스테인리스 냄비를 샀다. 30년 동안 캠퍼스에서 살거나 가까이 살았지만, 여전히 대학생들과 함께하는 것이 즐겁다. 그들의 열린 마음과 의지 있는 태도는 내가 진실하게 살고 신앙에 새로운 의미를 부여하도록 영감을 준다.

그 전날 밤, 새벽 2시가 지나서야 간신히 휴즈 강당을 떠날 수 있었다. 자정이 지나며 예배는 더욱 달콤해졌고, 하나님의 사랑 가득한 임재는 문을 나서는 것을 어렵게 만들었다.

떠나기 힘들었지만, "한 곡만 더 듣고 가자"는 생각으로 자신을 달래며 휴식을 위해 강당을 나섰다. 새벽 2시까지 강당은 여전히 만석이었다. 대부분이 Z세대로, 온 마음을 다해 노래하며 서로를 위해 기도하고, 그리스도의 몸을 경험하며 전염성 있는 기쁨을 나누고 있었다.

지난밤의 기쁨과 달리, 오늘 아침 나는 몸이 지치고 기분도 좋지 않다. 캠퍼스로 들어서면서 피곤하고 완전히 깨어나지 못한 상태로 발길을 멈추고 이미 블록 주변으로 이어진 줄을 본다. 캠퍼스 종탑이 오전 8시를 알리고, 휴즈 강당은 오후 1시에 열릴 예정이다. 줄을 보며 스트레스와 피로가 뒤섞인 감정이 밀려오고, 마음이 더 가라앉는다.

"이 사람들은 집으로 돌아가야 해,"

나도 모르게 말한다. 목과 어깨에 긴장감이 느껴지고, 두통이 뒤통수 쪽으로 기어오른다. 이 사람들은 하루 종일 여기 서 있을 것이다. 이렇게 많은 사람들에 대한 책임을 어떻게 감당할 수 있을까?

누군가가 폭행을 당하거나 차에 치이거나, 어린아이가 길을 잃으면 어떻게 하지? 구세군에서 비상식량을 기부했지만, 분명 부족할 것이다. 하루 종일 서 있어야 하는 아이들과 노인들은 어떡하지? 몇 시간씩 기다리다가 휴즈 강당에 들어가지 못하면 어떻게 하나? 그들이 실망하면 어떻게 하지? 이런저런 질문이 머릿속에서 떠돈다. 어깨는 점점 귀에 닿을 듯 올라간다.

오늘 아침, 나타나서 섬기고, 물류를 관리하고, 다른 사람들을 지원하기 위해 필요한 에너지는 산을 마주하는 것처럼 느껴진다. 걸음을 재촉하며 엄마 친구들 그룹에,

"모두 집으로 가야 해!"라는 문자를 보낸다. 짜증 섞인 기분으로 주차장을 지나 아침 회의로 향한다.

"사라, 네가 가진 것을 줄 수 있겠니?"

영혼 깊은 곳에서 속삭임이 들려온다.

걸음을 멈추고 진동하는 핸드폰에서 시선을 들어 올린다. 얼어붙은 추위가 느껴지는 축축한 공기가 재킷 속을 파고든다. 겨울옷을 두르고 보온컵을 든 군중들이 8시부터 이미 줄을 서며 기대감 가득한 모습으로 작은 원을 이루고 있다.

오병이어의 이야기가 스쳐 지나간다. 군중들은 동네에서 걸어서

예수님을 따라왔다. 예수께서 큰 무리를 보시고 그들을 불쌍히 여기
사, 그들의 병을 고치셨다. 해가 질 무렵, 제자들이 예수께 와서 말
한다.

저녁이 되었을 때 제자들이 예수님께 다가와서 말씀드렸다.

"이곳이 외떨어진 곳인 데다가 저녁 시간도 이미 지났습니다.
무리들을 흩어 보내시지요. 여러 마을로 나가서 저마다 먹을거리를
살 수 있게 하시지요."

그러나 예수님은 제자들에게 말씀하셨다.

"그들이 나갈 필요는 없어요. 그대들이 주세요, 그들에게 먹을
것을! 그대들이요!" (마태복음 14:15-16)

"사라, 네가 그들에게 먹을 것을 주어라."

"저는 이제 더 이상 줄 게 없어요."

마음속에서 중얼거린다. 오늘 아침 너무 지쳐서 온몸이 힘들다.
이렇게 많은 도움과 관대함이 있어도 문지기로서 계속 섬기는 것이
불가능해 보인다. 나에게는 불가능하다. 나는 이미 내 한계에 도달했
다.

"네가 가진 것을 줄래? 내가 그것으로 무엇을 할 수 있는지 보
게 될 거야. 오늘, 네 오병이어는 무엇이니?

네가 가진 것 이상을 요구하지 않는다. 하지만 네가 가진 모든
것을 달라고 할 것이다. 내가 일을 할게."

나에게 남은 것은 무엇일까? 기진맥진한 영혼과 피로한 몸뿐.

"제가 가진 것을 드릴게요, 하나님. 여기 있습니다."

그날 아침을 되돌아보며 하나님이 계속해서 나에게 상기시키셨다는 것을 깨닫는다.

"이것은 너나 너의 노력에 관한 것이 아니다. 내가 네게 없는 것을 요구하지 않는다.

하지만 네가 가진 모든 것을 요구할 것이다. 새로운 일을 하고 있는 나를 보지 못하겠니?"

줄 서 있는 사람들 사이로 걸어가며 기대에 찬 눈빛의 사람들, 유모차에 아기를 태운 부모들, 그리고 배낭을 멘 십 대들 사이를 지난다. 다른 나라에서 온 사람들과 다른 지역에서 온 사람들을 살핀다. 하나님이 이날들 동안 얼마나 많은 사랑을 그분의 백성에게 부어주셨는가! 얼마나 많은 사람들이 선한 아버지의 사랑으로 새로워지고 회복되었는가! 얼마나 그들을 사랑하셨는가!

"예수님, 오늘 드릴 게 별로 없어요. 오병이어 정도밖에요. 하지만 당신께 드립니다."

나지막이 중얼거린다.

"충분하다. 내가 무엇을 하는지 보아라."

회의를 마치고 몇 분 늦게 핵심 팀 회의에 들어간다. 커피잔, 노트북, 노트, 성경이 널린 네 개의 테이블이 둘러싸인 자리로 팀이 모여 있다. 우리의 회의는 항상 양면 화이트보드에 적힌 의제로 시작된다. 데이비드와 나는 함께 회의를 진행한다. 나는 그의 옆자리에 앉는다. 데이비드의 차분한 존재감은 하나님에 대한 깊은 열정으로 가득 차 있다. 정리된 필체로 성경 구절, 논의할 포인트, 기도를 적어 온 그의 노트는 그의 깊은 성찰을 보여준다.

"지금 하나님께서 무슨 일을 하고 계신다고 느끼십니까?"

데이비드는 진지하게 우리에게 질문을 던진다.

내가 방금 총장과 다른 부총장들과 마친 회의의 여운이 아직도 머릿속에 맴돈다. 캠퍼스가 부흥의 두 번째 주말로 접어들면서 지속 가능성, 안전 문제, 학생 및 학부모의 우려가 우리의 주의를 요구한다. 하지만 우리는 전국 여러 대학에서 열린 예배와 기도 모임의 간증, 그리고 우리 학생들 가운데서 이루어진 구원과 예수님께 완전히 헌신한 이야기들에 감사드린다.

셰리 파워스(Sherry Powers) 교무처장은 교수들이 계속 수업을 진행하고, 학생들은 가능한 한 예배에 참석하고 있다고 전한다. 예배를 드리러 몰려드는 사람들에도 불구하고, 학문적 기관으로서 우리의 사명은 여전히 중심에 있다. 재정 및 시설 관리 담당자인 글렌 해밀턴(Glenn Hamilton)은 시설팀이 청소와 유지보수를 지원하고, 예산 문제를 해결하기 위한 계획을 검토한다. 발전팀 리더인 마크 트로이어(Mark Troyer)는 우리가 알지도 못하는 사람들이 요청 없이 재정적 자원을 지원하며 보여준 놀라운 관대함에 대해 상세히 설명한다. 마크는 한 남자가 캠퍼스를 가로질러 가는 길에 그를 붙잡고, 부흥을 지원하기 위해 상당한 금액의 수표를 어디에 전달하면 되는지 열정적으로 물었다는 이야기를 나누며 깊은 감동을 전한다. 마크는 애즈베리를 향한 사랑이 예수님을 향한 사랑보다 크지 않으며, 하나님의 공급하심에 대해 깊은 경외를 느꼈다고 한다.

운영위원회는 줄을 서 있는 사람들, 잔디밭이나 휴즈 강당에서 예배드리는 사람들과의 만남에서 일어난 이야기들에 대해 끝없이 나눈다. 그 속에는 경외와 경탄의 영이 가득하다. 우리가 기관의 운영자 역할을 하지만, 우리의 첫 번째 헌신은 하나님의 나라에 속해 있다. 압박감이 커지고 애즈베리 팀이 지치고 있지만, 우리는 이 하나님의 행위를 통제할 수도 없고, 그렇게 하고 싶지도 않다는 것을 확신한다. 우리는 간절히 분별력, 지혜, 힘을 구하며 기도한다. 하나님의 섭리를 깊이 믿고 있음에도, 이러한 도전들은 우리를 겸허하게 한다.

이 모든 생각이 내 마음에서 떠오르며, 나는 핵심 부흥 사역 팀과 함께 데이비드의 옆자리에 앉는다. 방 안의 분위기가 감정적이고 약간 팽팽하다는 것이 느껴진다. 나는 새로운 얼굴과 익숙한 얼굴들을 살펴보며 그들을 빠르게 사랑하고 신뢰하게 되었음을 느낀다. 그러나 그들의 영혼 속에 느껴지는 부담이 전해진다.

우리는 누구도 통제하려 하지 않고, 단지 예수님의 임재를 한 걸음 한 걸음 따라가려 한다. 그러나 목사, 예배 인도자, 대학 행정가가 모이면 오해의 소지가 생기기 마련이다. 성령님의 움직임을 함께 섬기는 영적, 감정적 무게는 정의된 역할과 구조 없이, 끊임없이 변화하는 환경 속에서 팀이 하나님과 서로에게 의존하게 한다. 이는 내가 이전에 경험하지 못한 방식으로 리더십 생활을 하게 한다. 나는 애즈베리 팀과 비애즈베리 팀, 강한 성격과 조용한 성격, 남성과 여성, 나이 든 사람과 젊은 사람, 조직의 역할과 개인의 재능, 그리고 우리의 인간적인 불안감이 섞인 그룹의 역학 관계 속에서 몸이 긴장되는 것을 느낀다.

한 팀원이 팀에서 자신의 가치를 의심하며 사임 의사를 밝히기도 한다. 내가 느끼는 긴장감을 그들 또한 느끼고 있었던 것이다.

그러나 우리는 팀원 중 누구도 떠나기를 축복할 수 없다. 우리는 모든 사람이 이 자리에 있어야 한다는 것을 확신한다. 실시간으로, 매시간 우리는 걸어가며 다리를 세우고 있다.

'서운하지 않는 마음(unoffendable)'이라는 단어가 복잡한 대인관계를 헤쳐 나가기 위한 우리의 암호다. 이는 빠른 의사 결정과 빠른 소통 속에서도 서로의 의도를 최선으로 믿는다는 뜻이다. 또한, 서로에 대한 서운함을 빨리 털어내는 영적 태도를 뜻하기도 한다. 우리의 노력에도 불구하고, 상처는 발생한다. 몇몇 일들은 반드시 테이블에서 해결되어야 한다.

한 사람이 그룹 내 자신의 역할에 대한 불확실성을 표현한다. 또 다른 사람은 결정이 너무 빠르게 이루어지거나 모든 그룹의 의견을 충분히 반영하지 못한다고 느낀다. 압박 속에서 분별과 대화가 진행되는 속도에서 자연스러운 틈이 생긴다. 우리는 '서운하지 않는 마음(unoffendable)'을 가지려는 자세를 유지하지만, 이 균열을 돌봐야 할 필요가 있다. 본능적으로, 회의실의 의자는 강단이 되고, 무릎이 바닥에 닿는다. 몇몇은 얼굴을 땅에 대고 기도하며 그룹 내 연합을 방해하는 모든 장애물을 고백하고 제거한다. 또 다른 사람은 카펫 위에 몸을 쭉 뻗고 울고 있다. 내 이마는 테이블에 닿아 있고, 나는 손바닥을 펴고 기도한다.

"성령님, 오소서."

고백은 우리 영혼을 정화한다. 몇몇은 그룹 내에서 겪었던 개인적인 상처를 나누고, 팀은 함께 눈물을 흘린다.

"진심으로 미안합니다"라는 겸손한 말이 틈을 메우기 시작한다.

나도 팔에 머리를 묻고, 함께 겪는 일상의 압박감과 나 자신의 피로감, 가족생활에서의 단절, 오해들, 그리고 나 자신이 인정받고 이해받고자 하는 필요를 위해 울며 기도한다. 이기적인 마음이 불쑥 튀어나온다. 나는 대학에서 리더십 역할을 맡고 있으며, 기본적으로 다른 사람들을 책임지는 성격이다. 내 자아가 올라온다.

"누군가 내 이익을 챙겨주는 사람이 있는가? 나는 항상 다른 사람들만 돌보아야 하는가?"라는 생각이 든다. 내 좌절감의 깊이에 스스로 놀란다. 내가 왜 이렇게 피곤한지 알 것 같다. 모든 것이 쌓이고 있다.

다른 사람들의 이야기를 들으며, 나는 내 복잡한 감정을 충분히 분리해 그룹 내에서 말할 방법을 모르겠다는 것을 깨닫는다. 다른 사람에게 양보해야 할 때와 내가 리더로 나서야 할 때를 판단하는 어려움은 나를 긴장시키고, 항상 '옳게' 하려고 애쓰게 한다. 이는 성령의 자유와 기쁨에 의지하지 못하게 만든다. 나는 기도한다.

"하나님, 주님의 인도와 지혜를 주세요. 제 감정을 어떻게 표현해야 할지조차 모르겠습니다."

저자이자 사제인 티시 해리슨 워렌은 그 전년도에 우리의 채플에서 강연했다. 그녀는 강연을 마무리하며 이렇게 말했다.

"기독교 삶으로 들어가는 문은 십자가의 형태를 하고 있습니다."

애즈베리 총장 케빈 브라운은 이 개념을 공동체 대화에 녹여냈다. 우리는 예수님과 서로에게 헌신된 십자가형(cruciform) 공동체로 부름을 받았다. 우리를 하나로 묶는 것은 예수님의 십자가로, 우리의 불안과 두려움을 구세주의 발 앞에 내려놓는 것이다. 중학생 때, 나는 빌립보서를 암송했는데, 빌립보서 2장은 내 리더십 신학과 실천에 큰 영향을 주었다.

"서로 낮은 자세로 다른 사람이 자신보다 더 위에 있다고 여기십시오.... 여러분은 서로 이 생각, 곧 그리스도 예수님 안에도 있던 생각을 품으십시오. 예수님은 하나님의 모습을 지니셨지만 억지를 쓰지 않으셨네, 하나님과 동등하게 되시는 것에. 오히려 자신을 비우셔서, 종의 모습을 취하셨네... 죽기까지 순종하셨네, 십자가에서 죽기까지."(빌립보서 2:3-7).

이 말씀이 내 마음속에서 메아리친다.

이 아웃포어링(영적 부흥)의 날들을 특징짓는 것은 급진적인 겸손이다. 플랫폼에서부터 회의실에 이르기까지 우리의 리더는 예수님이다. 그러나 급격한 변화 속에서 함께 십자가형 삶을 살아가는 것은 나를 여러 면에서 극도로 긴장시키며, 깊은 불안감과 때로는 분노가 내 영혼 속에서 꿈틀거리게 한다.

나는 내 리더십의 은사를 어떻게 발휘해야 할지, 그리고 동시에 다른 이들에게 리더십의 공간을 어떻게 열어주어야 할지 고민한다. 방 안에서 가장 강한 목소리가 아닌, 예수님의 조용한 목소리를 따를 수 있을까? 나는 취약함과 정직함으로 나 자신을 완전히 드러내는 동시에, 다른 이들을 지원해야 하는 책임을 어떻게 감당할 것인가?

서로를 위한 기도의 시간이 끝난 후, 고요함이 찾아온다. 우리는 말뿐만 아니라 예수님과 같은 마음을 품으며, 서로를 자신보다 더 높게 여기는 삶을 살기로 다짐한다. 우리는 지금 십자가형 리더십에 대한 속성 강의를 받고 있다. 이러한 리더십 교훈은 나를 활력을 돋우는 동시에 나의 성장을 강하게 촉구한다. 하나님의 영이 뜨거운 꿀과 기름처럼 내 마음의 균열로 흘러들어와 정련의 불처럼 타오르며 치유한다. 이것이 아마도 성장의 느낌일 것이다.

고백의 시간이 끝나고 평화로운 감각이 우리와 함께 머무를 때, 나는 창밖을 바라보며 회의실 한쪽에 있는 리즈너 그린(Reasoner Green)을 내다본다. 캠퍼스 중앙의 잔디 공간이다. 사람들의 줄은 멀지 않지만, 건물들이 군중의 시야를 가린다. 줄은 캠퍼스의 가장자리를 따라 휘어져 있다. 내가 그린을 바라보는 곳에서는 학생들이 가방과 물병을 들고 수업에 오가며 서로 인사를 나누고 학술 건물로 서둘러 가거나 기숙사로 돌아가는 모습이 보인다. 그냥 평범한 2월의 하루처럼 보일 수도 있다.

회의실의 다른 쪽 창문에서는 조용히 명상에 잠긴 학생들로 가득 찬 큰 다목적 강당이 보인다. 지난 며칠 동안, 기숙사 디렉터들인 에밀리 라이닝거, 재커리 매센게일, 맷 페니, 리즈 라우든, 로라 하우겐이 "머무름(Abide)" 공간을 만들었다. 은은한 조명, 의자들로 이뤄진 원, 퍼즐이 놓인 테이블, 낮잠을 잘 수 있는 푹신한 카펫, 그리고 음식으로 가득 찬 테이블이 있는 이 공간은 대학생들이 반추하고 쉴 수 있는 장소를 제공한다. 몇몇 학생들은 군중이 몰려들면서 자신들이 아웃포어링(영적 부흥)에서 소외된 느낌을 받는다고 말했다. 좌석을 예약하고 Z세대에게 우선권을 주기 위해 노력했지만, 엄청난 수의 사람들이 몰리면서 학생들 사이에서도 부담을 느끼는 모습이 보였다. 머무름의 방은 휴식과 자기 생각을 정리할 수 있는 공간을 제공한다. 교수들과 목회자들이 학생들과 함께 개방된 대화를 나누고 기도하며 이 특별한 영적 경험을 함께 나누고 있다. 아웃포어링은 많은 학생에게 자유를 주었지만, 몇몇 학생들은 하나님의 임재를 인지하면서도 군중들로 인해 느껴지는 여러 층의 부정적인 감정들에 대해 언급했다. 우리는 모두 하나님의 선하심의 강렬함과 수천 명의 환영받는, 그러나 초대받지 않은 손님들 속에서 우리만의 길을 찾아가는 도전 사이에서 떨고 있었다.

머무름의 방 외에도, 제임스 발라드(Word Gospel Student Center), 데이비드 스네이크(One Mission Society Student Center), 그리고 폴과 알마 케인 소령(Salvation Army Student Center)도 그들의 문을 열어 학생들이 혼란스러운 감정과 독특한 영적 경험을 통해 목회적으로 인도하고 있다.

가방을 챙기고 다시 휴즈 강당으로 천천히 걸어가면서, 고백의 시간과 우리 그룹, 그리고 계획과 의사결정의 압박감을 곱씹는다. 하나님은 우리가 무엇을 해야 할지에 대한 지도를 주시거나 자발적인 하나님의 움직임을 관리하는 방법에 대한 지침서를 주시지 않는다. 대신 하나님은 그분의 임재를 주신다. 이스라엘 백성이 이집트를 떠날 때 전략적 계획이나 GPS를 들고 떠난 것이 아니라 낮에는 구름기둥, 밤에는 불기둥으로 하나님의 임재와 함께 했던 것을 기억한다.

"임재에서 멀어지지 않게 해주세요."

라고 숨을 들이쉬며 기도한다.

오후에, 그렉은 Z세대 구성원들에게 강단에서 생명의 말씀을 읽도록 초청한다. 이 젊은 세대의 목소리로 읽히는 성경 말씀은 우리의 예배를 성경 위에 뿌리내리게 하며, 하나님께서 이 일을 젊은 세대들 가운데에서 시작하셨다는 것을 상기시켜 준다.

마리아 브라운이 그렉의 뒤를 이어 강단에 올라가 마이크를 잡는다. 그녀는 손을 펼치며 이 세대를 위해 간절히 중보 기도한다. 마리아는 핸드폰과 미디어의 산만함에 대항해 기도하며 하나님의 능력이 이 세대를 얻어 가도록 간청한다. 그녀의 기도는 강단을 넘어 회중들 사이로 퍼지며 하나님의 임재가 흐르게 한다. 그녀는 무릎을 꿇고 하나님 앞에 엎드려 기도하며, 회중들은 그녀의 본을 따라 조용히 무릎을 꿇는다. 정적이 공간을 감싸고, 말로 표현할 수 없는 거룩한 경외감이 우리를 감싼다.

나는 이 침묵 속에서 무릎을 꿇고 얼굴을 카펫에 대고, 천 명이 넘는 사람들이 조용히 있는 소리를 듣는다. 오늘 나 자신의 끝에 다다랐다. 내 감정은 인간적인 피로와 사역과 리더십의 성장통 속에서 얽혀 있다. 이제 나는 다시 예수님께 마음을 돌리며 온전히 맡기고자 한다.

저녁에, 무대 위에는 사파이어 블루로 빛나는 영광스러운 십자가와 하늘의 구체에서 금빛 힘이 십자가를 따라 내려오는 모습이 색채와 아름다움으로 빛나고 있었다. 내게 그것은 하나님의 영이 임재하심을 반영하며, 우리 눈앞에서 빛과 어둠을 생생하게 나누는 장면처럼 보였다. 이 나무 십자가는 2월 8일부터 무대를 장식하고 있었다. 단순히 두 개의 나무 조각을 대충 못으로 박아 만든 것에 불과

했지만, 며칠 전 은퇴한 미술 교수 한 분이 이 십자가를 아름답게 만들 수 있겠느냐고 물었다. 나는 흔쾌히 허락했고, 이후 그분은 십자가를 아름답게 꾸며 다시 가져왔다. 그것은 오르간에 기대어 있었고, 그리스도의 희생적 순종과 인간성과 거룩함의 만남을 화려한 색채로 표현한 상징이 되었다.

예수님은 자신을 비우시고 종의 형체를 취하셨으며, 죽기까지, 심지어 십자가에 달려 죽기까지 순종하셨다. 예수님을 특징짓는 것은 바로 급진적인 겸손이었다. 예수님의 권위는 그분이 휘두르는 능력에서 나온 것이 아니라, 그분이 내어주신 능력에서 비롯되었다. 우리 각자가 예수님의 넘치는 사랑의 부어짐을 맡아 관리할 때, 유일한 길은 예수님께 순종하고 서로에게 순종하는 것이다. 하나님의 나라를 나타내는 표지판은 물동이, 수건, 그리고 십자가이다.

저녁이 진행되는 동안, 나는 샌디에이고에 있는 한 교회에서 온 그룹을 만났다. 그들은 교회 개척의 성장을 열정적으로 이야기하며, 하나님께서 캘리포니아에서도 이와 같은 방식으로 역사하시기를 바란다고 말했다. 그들의 교회에 대한 사랑과 성장을 보려는 열정은 나에게 깊은 영감을 주었다.

또한 나는 캐나다 온타리오주 해밀턴에서 온 남성 그룹을 만났다. 그들은 내려오는 길에 일어난 기적들에 관해 이야기하며, 윌모어에서 경험에 대한 흥분을 나누었다. 서로 소개를 나누는 동안, 내가 토론토에서 태어났다고 이야기하자, 해밀턴에서 온 사람들은 우리의 공통된 뿌리를 기뻐했다!

이 공통점은 우리의 연결을 강화했고, 우리는 서로를 위해 기도하며 하나님의 역사를 위해 중보했다. 그룹의 리더인 솔로몬 이쿠이우는 나를 격려하며 권면했다. 몇 달 후, 내가 애즈베리 팀을 데리고 그들의 도시와 여러 교회를 위한 기도에 참여하러 갈 것이라는 것은 그때는 몰랐다. 그곳에서 놀라운 믿음의 사람들을 만날 것이다. 이날들 동안 우리는 수백 개의 여행자 그룹을 만났으며, 그들 모두가 하나님께서 그들을 부르시고 하나님의 임재를 경험하게 하신 이야기를 나누었다.

나는 밤늦게까지 머물며 하나님의 사랑을 깊이 체험하고, 전 세계에서 온 많은 예배자와 연결되고, 기도하며, 하나님의 선하심을 기뻐했다. 또한, 내가 내 자신에 도달할 때야 비로소 하나님 안에서 진정으로 시작할 수 있다는 것을 점점 더 명확히 깨달았다. 나는 충분하지 않다. 이 진리가 나를 겸손과 희생을 아시는 예수님께로 인도한다. 예수님의 급진적인 겸손은 하나님의 무한한 사랑을 반영한다.

8강

충만한 부흥(Revival Full)

예수님은 이 사람이 누워 있는 것을 보시고서,
벌써 오랜 시간 동안 그렇게 지내 온 것을 알아차리셨다.
그래서 그에게 예수님이 말씀하신다.
"건강해지고 싶으세요?"

요한복음 5:6

"그 이름 아름답도다. 그 이름 아름답도다. 나의 왕 예수 그리스도"

벤 필딩과 브룩 리거트우드

"그 이름 아름답도다(What a Beautiful Name)"

두 번째 토요일에 인파가 폭증했다. 윌모어에 약 2만 명의 사람들이 몰려든 것으로 추정되었다. 윌모어로 들어오고 나가는 것이 거의 불가능해졌다. 당국은 윌모어를 재난 지역으로 분류하는 방안을 논의했다. 경찰은 차량을 처리하기 위해 윌모어로 들어오고 나가는 교통을 우회시켰다. 차들이 모든 곳에 주차되어 출구와 진입로를 막았다. 윌모어 자유 감리교회는 주차장에서 줄 끝까지 셔틀버스를 운행했다. 들판은 주차장으로 변했고, 상점 주인들은 우리에게 차단기, 의자, 쓰레기통을 빌려주었다. 또 다른 구세군 식량 지원 트럭이 나타났다. 휴즈 강당, 에스테스 채플실, 맥케나, 신학교 체육관, 대위임명 선교 교회, 그리고 마운트 프리덤 침례교회는 예배자들로 가득 찼다.

마크 휘트워스(Mark Whitworth)는 반원형 잔디밭에 대형 스크린 예배 공간을 마련하는 작업을 지휘한다. 이곳은 독특한 예배 장소로 자리 잡는다. 마크는 SEC(남동부 콘퍼런스)에서의 리더십 경험과 미디어 전문 지식을 갖춘, 대규모 그룹 관리에 탁월한 인물이다. 수십 년간 언론과 이벤트 경험을 쌓아 온 마크는 이제 외부에서 몰려드는 사람들의 혼란을 돌보는 역할을 맡았다.

수천 명의 사람들이 잔디밭에서 예수님을 경험하며, 그들 중 많은 사람들은 실제로 휴즈 강당에 들어가지도 못했다. 야외 좌석은 강단이 되고, 잔디밭은 헌신과 순종의 장소가 된다. 6,000명 남짓한 작은 도시인 윌모어는 몇 배나 되는 인파로 북적인다. 시장은 케빈에게 전화를 걸어 지원 의사를 밝히는 한편, 도시의 인프라가 이 인파를 감당하지 못할 것을 우려했다. 만약 이 부흥이 지속된다면, 도시 하수 시스템이 이 인원을 감당하지 못할 수도 있다. 경찰은 윌모어로 들어오는 도로가 합쳐지는 지점에 깜박이는 전광판을 설치했다.

"부흥 만석, 수용인원 초과한 부흥."

(REVIVAL FULL. REVIVAL AT CAPACITY)

9시간 동안 이어지는 줄은 휴즈 강당에서 언덕 위 루스(Luce) 체육관까지 약 1.5마일(약 2.4km)에 달한다. 하루 동안 수천 명의 사람들이 야외 장소 잔디밭에서 예배를 드렸다.

나는 제리 콜먼(Jerry Coleman)과 함께 강단의 계단에 앉는다. 제리는 휴즈 강당에서의 안정적이고 따뜻한 존재로, 우리가 맡은 역할인 강단을 지키는 임무를 수행하며, 예고 없이 마이크를 사용하는 일을 막는다. 제리는 윌모어의 프랜시스 애즈베리(Fancis Asbury) 소사이어티에서 활동하며, 이 사역 팀의 여러 명, 특히 켈리와 조쉬 할라한(Kelly and Josh Hallahan)이 이번 부흥 기간 동안 헌신적으로 섬긴다. 음악이 잦아들자, 제리와 나는 잭(Zach)이 강단으로 올라갈 수 있도록 자리를 비킨다.

역대하 7장 14절의 말씀을 따라, 잭은 사람들에게 하나님 앞에서 겸손히 자신을 낮출 것을 권면한다.

"그래서 나의 이름으로 불리는 나의 백성이 스스로 낮추어 기도하고 내 얼굴을 찾는다고 하자. 자신의 못된 길에서 돌아온다고 하자. 그러면 내가 친히 하늘에서 들어 줄 것이다. 그들의 죄를 용서해 주고 그 땅을 고쳐 줄 것이다."

사람들은 접이식 의자에서 일어나 의자를 강단으로 삼는다. 사람들은 복도와 줄지어 강단 앞에 무릎을 꿇는다. 잔디밭에서도 사람들이 무릎을 꿇고 얼굴을 잔디에 묻는다. 우리가 모두 어깨를 맞대고 무릎 꿇을 때, 하늘로부터 거룩한 침묵이 내려온다.

다시 한번 나는 우리가 예수님을, 얼굴을 마주 대할 때를 생각하게 된다. 우리는 소리치고 축하할 수도 있겠지만, 아마도 더 가능성 있는 모습은 영원한 시간(카이로스)과 시계 시간(크로노스)이 거대한 두 강의 합류처럼 합쳐지며, 거룩한 침묵 속에서 경외감을 느끼는 것일 것이다.

2월 18일, 반원형 잔디밭에 무릎을 꿇고 있는 사람들의 사진이 찍혔다. 그 사진은 내가 계속해서 되돌아보게 되는 사진 중 하나다. 많은 면에서 하나님 앞에서 엎드린 바다 같은 사람들의 모습과 그들이 하나님의 이름을 부르는 장면은 이번 부흥을 정의하는 순간이다.

이후, 나는 젊은 여성이 하나님의 강물이 성전에서 세상으로 흘러 나가는 환상을 나누는 동안 마이크를 들고 있었다. 강물이 닿는 모든 것이 번영하기 시작한다는 그녀의 이야기는 에스겔 47장의 환상을 떠올리게 했다. 거기서 물이 성전에서 솟아나 너무 넓고 깊어서 건널 수 없는 강으로 모인다.

"강가에는 강기슭 이쪽에도 저쪽에도 온갖 과일나무가 자라날 것입니다. 그 잎이 시들지 않고 그 열매가 그치지 않을 것입니다. 달마다 열매를 맺을 것입니다. 그 물이 거룩한 곳(성소)에서 흘러나오기 때문입니다. 그 열매는 양식이 되고 그 잎은 치료제가 될 것입니다." (에스겔 47:12).

내 마음은 타올랐다. 말씀처럼 되기를, 하나님의 강물의 열매가 모든 나라를 위한 양식과 치유를 가져오기를 소망한다. 지금 애즈베리에서 일어나고 있는 모든 것은 세상을 위한 것이다.

몇 년 전, 나는 전날 밤 내린 비로 인해 소용돌이치던 개울 옆을 지나갔다. 개울은 경계를 넘어서 도로까지 범람하고 있었다. 물의 힘, 소용돌이치고 휘몰아치며 지나가는 모든 것을 위협하는 그 모습은 나를 매료시켰다. 하나님은 내 삶이 방향 없이 여기저기로 흩어지는 늪지대와 같다고 말씀하셨다. 그리고 나를 강물로 부르셨다. 에너지를 집중시키고, 산만한 늪지가 아니라, 한 방향으로 흐르라는 것이다. 이제 하나님의 강물은 그분의 사랑을 부어주는 부흥을 통해 모든 민족의 열매를 가져다준다. 예수님의 임재는 그분 성령의 성소에서부터 윌모어를 넘어 세상으로 흐르고 있다. 나는 그분의 임재로 인한 열매가 번영하는 모습을 상상한다. 수년 전 하나님으로부터 받은 나의 부르심과 방향이 지금, 이 경험 안에서 하나로 녹아드는 것을 느낀다.

몇몇 청년들은 중독과 우울증 같은 어려움을 통해 자신들의 삶에서 예수님에 대한 헌신과 하나님의 신실하심을 표현했다. 한 학생은 교회 내 위기에서 관계를 잃은 이야기를 나누고, 한 십 대는 자살 충동과 우울증에서 승리를 경험한 간증을 전했다. 자해, 자살 충동, 불안, 우울증에서 벗어난 이야기들이 간증 시간에 자주 등장한다. 자유. 하나님은 자유를 주신다. 죄로부터의 자유, 자해로부터의 자유, 깨어진 관계로부터의 자유, 그리고 심지어 음란물과 약물 중독으로부터의 자유까지.

매일 우리는 회중에게 삶의 변화에 대한 증언에 응답할 기회를 제공했다. 오늘 나는 하나님이 일하시는 것을 느끼며 말한다.

"이 순간을 놓치지 않기를 바랍니다. 하지만 강요하는 것이 아닙니다. 오늘이 예수님을 따를 수 있는 마지막 기회가 아닙니다. 만약 오늘이 그날이라면, 그리고 성령님의 부르심을 느낀다면, 바로 지금이 여러분의 순간입니다. 여러분은 몰랐겠지만, 오늘 천국이 여러분을 위해 잔치를 벌이고 있습니다! 예수님을 처음으로 따르기로 결심했다면, 일어서 주세요!"

몇몇 사람들이 자리에서 일어나고, 점점 더 많은 사람들이 뒤따라 일어섰다. 사람들이 환호하고 박수치며 서로를 끌어안았다. 하나님의 선하심이 우리를 계속해서 휘감는다. 나는 모든 새 신자와 함께 고백의 기도를 인도했다. 그들이 모두 자리에서 일어선 채로 말이다. 사방에서 군중들의 기쁨과 박수가 터져 나왔다. 우리는 새 신자들을 강단에서 만나 기도하며 그들의 새로운 결정을 성령님 안에서 굳게 했다. 열여섯 날 동안, 우리는 400명 이상의 사람이 예수님을 처음으로 영접한 것을 추정한다.

나는 미소를 멈출 수 없다. 내 마음은 찬양으로 뛰놀았다. 믿음과 소명 안에서 이렇게 생생함을 느낀 적이 없다. 성령님의 기쁨이 생생하게 느껴졌다. 군중이 축하하는 동안, 나는 기쁨의 눈물을 훔치며 한 새 신자 옆에 무릎을 꿇고 하나님께서 성령으로 이 결정을 확고히 해주시기를 간구하며 그녀를 위해 기도한다.

교회여, 예수님께서 우리에게 말씀하십니다: 내 양을 먹이라.
네, 주님.

주님, 주님은 모든 것을 아십니다.

우리가 주님을 사랑하는 것을 아십니다.

예수님께서 우리에게 말씀하십니다:

내 양을 먹이라.

우리는 세상에 주어진, 그리고 우리에게 주어진 그리스도의 몸으로 양을 먹입니다. 그날들 동안 믿음의 물결이 높아졌다. 나는 때때로 생명의 떡을 배고픈 사람들에게 나눠주는 것을 소홀히 하고자 했던 나의 안일함과 불편함을 깨달았다. 어떻게 이토록 최고의 선물을 나눌 순간을 놓칠 수 있을까? 나는 영적으로 굶주린 사람들의 무리와 우리 눈앞에서 복음이 살아나는 광경을 보며 놀라움을 느꼈다. 예수님께서는 목자 없는 양 같은 무리를 보시며 연민을 느끼셨다. 그분은 그들을 가르치시고 치유하셨다. 예수님은 갈릴리에서 무리를 만나셨던 그 시절과 마찬가지로 지금도 똑같이 계신다. 그분은 언제나 하시는 일을 계속하신다. 마음과 영혼을 먹이시고, 믿음을 치유하시며, 죄를 구속하신다.

사람들은 예수님을 갈망한다. 갈릴리에서 예수님을 찾았던 무리처럼, 지금도 사람들은 예수님을 찾는다.

예수님은 믿음을 가볍게 여기지 않으신다. 예수님을 따르는 것은 취미나 라이프스타일 선택이 아니다. 사람들은 단순한 도덕적 기준을 위해 무릎을 꿇는 것이 아니다. 사람들은 그들의 깊은 필요로 인해 무릎을 꿇는다. 예수님에 대한 갈망은 우리를 압도한다. 그것은 자유, 치유, 풍성함, 기쁨, 그리고 헌신이다. 예수님의 삶은 하나님의 충만함으로 가득 찬 거룩한 길이며, 죄의 사슬이 풀리고 뒤로 남겨진다. 죄에 대한 욕망은 의를 향한 갈망으로 변화된다.

예수님은 우리를 초대하여 우리의 본능과 사랑, 우선 순위, 가장 내적인 동기를 새롭게 정의하는 삶으로 이끄신다. 예수님의 부르심은 자신의 삶을 내어주는 것이다. 그것은 더 많은 아메리칸 드림이 아니라, 더 적은 것이다. 세상의 오락과 번영에 대한 채울 수 없는 욕구는 이제 우리 입에서 톱밥처럼 불편하게 느껴진다.

대신 언약, 헌신, 그리고 공동체의 향기는 우리가 하나님의 나라 잔치를 갈망하게 만든다. 에베소서 5장 1절은 우리에게 "그러므로 여러분은 사랑받는 자녀들답게 하나님을 그대로 따라 하는 사람이 되십시오"라고 권면한다. 그리스도께서 우리를 위해 자신을 하나님께 향기로운 제물로 내어주셨듯이 말이다. 예수님의 희생이 우리를 강권하고, 예수님의 사랑이 우리를 붙잡는다.

우리가 모든 것을 온전히 항복할 때, 예수님은 우리를 십자가 모양의 문을 통과시키며 우리의 삶을 새롭게 만드신다. 예수님의 부르심은 "와서 생명을 얻고 풍성히 얻으라."는 것이며, 동시에 "와서 죽으라"는 것이다. 자아를 죽이고, 삶을 스스로 꾸려나가는 옛 방식을 베리고, 우리의 가치를 스스로 증명하려는 노력을 내려놓고, 예수님의 희생과 사랑을 우리의 정의로 삼는 것이다.

과잉과 기근의 세상 속에서 예수님은 자신의 양들에게 유일하게 만족을 줄 수 있는 그리스도의 몸을 먹이신다. 이 기간에 우리는 그리스도를 통해 잔치를 벌였고, 그분 안에 머물렀으며, 가장 먼저 테이블에 자리를 잡은 Z세대를 따라갔다.

늦지 않았다. 초청은 여러분을 위한 것이다. 테이블은 준비되었고, 잔치는 여러분과 저를 위한 것이다. 하나님의 나라는 여기 있다.

그날 저녁, 애즈베리 가스펠 찬양대와 켄터키 주립 가스펠 찬양가 무대에서 벤의 인도로 함께 예배를 인도했다. 밤 11시 이후 휴즈 강당은 점점 더 많은 Z세대로 가득 찼고, 예배는 폭발적인 찬양으로 이어졌다. 앞자리에 앉은 젊은이들은 찬양 속에서 뛰었고, 무대는 그들의 열정적인 춤과 노래로 진동했다. 그들의 열정은 마치 지붕을 들어 올릴 것처럼 강렬했다. 휴즈 강당은 찬양으로 폭발했다.

"지옥은 또 하나를 잃었다!"

군중들이 외쳤다.

"나는 자유다!"1)

---

1) Dante Bowe et al., "I Thank God," track 7 on *Move Your Heart*, Maverick City Music, 2020, EP.

WhatsApp 메신저 대화

[2023년 2월 18일, 오전 7:08:46] Maria Brown: 저는 CLC에서 교대 근무 중인데, 누군가 문을 열어 저를 들어가게 해줘야 해요.

[2023년 2월 18일, 오전 7:11:57] Christine Endicott: 분실물 보관소에 반지가 하나 있어요. Pam Anderson에게 연락해서 반지에 대해 묘사하면 일치 여부를 확인할 수 있을 겁니다.

[2023년 2월 18일, 오전 9:18:24] Sarah: 10:30에 Reasoner 214에서 물류 회의가 있습니다.

[2023년 2월 18일, 오전 9:19:18] Andy Miller: 제 팀에서 참석하는 사람이 없을 것 같아요. 필요한 정보가 있으면 알려주세요!

[2023년 2월 18일, 오전 9:30:23] Maria Brown: 지금 필요한 게 있나요? 저는 시간이 됩니다.

[2023년 2월 18일, 오전 9:36:25] Michelle Kratzer: 오전 10시에 휴즈 강당에서 청소가 있을 것 같아요.

[2023년 2월 18일, 오전 9:37:02] Christine Endicott: 휴즈 강당 청소입니다.

[2023년 2월 18일, 오전 9:37:06] Michelle Kratzer: Andy, 제가 당신을 위해 메모를 남길게요.

[2023년 2월 18일, 오전 10:13:30] Jennifer McChord: Hager에서 Abby와 저를 잠시 도와줄 한두 명을 보낼 수 있나요?

[2023년 2월 18일, 오전 10:21:08] Michelle Kratzer: 3명을 보냈습니다. 그

중에는 David Swartz도 포함되어 있습니다.

[2023년 2월 18일, 오전 10:48:03] Michelle Kratzer: 예전 중보기도실을 분실물 보관소로 사용할 수 있을까요? 단, 우리가 인력을 배치한다면요.

[2023년 2월 18일, 오전 10:53:19] Michelle Kratzer: 그렇게 하기로 했습니다.

[2023년 2월 18일, 오전 11:06:35] Christine Endicott: 지역 교회에서 아는 분들에게 연락해서 새로운 자원봉사자는 더 이상 받지 않는다고 알려주세요. 지금 인력이 넘칩니다.

[2023년 2월 18일, 오전 11:19:25] Christine Endicott: 계단에 건강이 좋지 않은 말기 환자가 있습니다. 기도팀이나 다른 사람이 조언을 줄 수 있나요?

[2023년 2월 18일, 오전 11:28:48] Maria Brown: 그분을 위해 기도하고 집으로 가실 수 있도록 도울 수 있을까요?

[2023년 2월 18일, 오전 11:29:48] Michelle Kratzer: 제가 기도팀 멤버를 찾으러 가겠습니다.

[2023년 2월 18일, 오전 11:29:55] Michelle Kratzer: 다른 누군가 도착하면 알려주세요.

[2023년 2월 18일, 오전 11:31:58] Matthew Maresco: 다른 드론 촬영 있나요?

[2023년 2월 18일, 오전 11:32:42] Michelle Kratzer: Lyndsey를 당신 쪽으로 보냈습니다.

[2023년 2월 18일, 오전 11:33:46] Christine Endicott: 수염 난 남자, 베이

지색 코트 입은 사람을 보세요.

[2023년 2월 18일, 오전 11:34:37] Maria Brown: 보안 자원봉사자가 더 필요하나요?

[2023년 2월 18일, 오전 11:35:23] Michelle Kratzer: 새로운 자원봉사자라면 필요 없어요. 이미 다 찼습니다. 그들에게 "감사합니다!"라고 전해주세요.

[2023년 2월 18일, 오전 11:39:14] Jennifer McChord: 처리 중입니다.

[2023년 2월 18일, 오전 11:41:39] Maria Brown: 줄에 있는 누군가가 우리와 관련 없이 전단지를 나눠주고 있어요. 질문을 해야 하나요? 아니면 무언가를 해야 하나요?

[2023년 2월 18일, 오전 11:46:16] Mark Troyer: 안 됩니다. 광고는 전혀 허용되지 않습니다.

[2023년 2월 18일, 오전 11:49:37] Michelle Kratzer: 줄에서 설교가 진행 중입니다. 그게 우리인가요?

[2023년 2월 18일, 오전 11:49:58] Sarah: 아닙니다. 설교를 중단하세요. 안전 담당자가 도와줄 수 있을까요?

[2023년 2월 18일, 오전 11:50:20] Michelle Kratzer: 제가 처리하기 어렵습니다. 자원봉사자 방에 있습니다.

[2023년 2월 18일, 오전 11:51:49] Christine Endicott: 제가 가겠습니다.

[2023년 2월 18일, 오전 11:52:34] Sarah: 줄에서 설교하는 것은 우리 부지에서는 허용되지 않습니다.

[2023년 2월 18일, 오전 11:55:07] Christine Endicott: 아직 그들을 찾지 못했습니다.

[2023년 2월 18일, 오후 12:10:37] Christine Endicott: 줄이 WGM까지 이어져 있지만 설교자는 찾을 수 없습니다.

[2023년 2월 18일, 오후 12:11:55] Jessica LaGrone: 아까 에스테스 채플실 밖에서 설교가 있었습니다. 줄이 움직이기 시작하면 진정될 수도 있습니다.

[2023년 2월 18일, 오후 12:28:25] Michelle Kratzer: 누군가 줄에서 성찬식을 할 수 있나요?

[2023년 2월 18일, 오후 12:35:44] Christine Endicott: 가방 검사를 시작해도 될까요?

밤이 깊어 집으로 걸어가며 "나는 자유다! 나는 자유다!"를 노래했다. 조용한 캠퍼스를 가로질러 추운 새벽 시간에 집에 도착했을 때, 너무 흥분해서 잠들 수 없었다. 하루의 장면들이 머릿속에서 떠오르며, 페이스북을 열고 쏟아지는 생각들을 타이핑하기 시작했다.

10일째

윌모어 공동체여, 여러분의 섬김에 감동 받았습니다. 여러분은 몰려드는 인파, 미친 듯한 주차 상황, 그리고 그야말로 많은 사람들의 압박감에도 참을성 있게 견디고 계십니다.

감사합니다. 빗속에서 휠체어를 안내하는 안내자가 박사 학위를 가졌다는 사실, 기도 사역자가 은퇴한 신학교 교수라는 사실을 대부분의 사람이 모르고 있습니다. 대부분의 사람은 여러분 중 많은 분이 자신의 일, 가족과의 시간, 그리고 잠을 희생하며 나타나 사람들을 안내하고, 가방을 확인하며, 때로는 자신이 선호하는 음악 스타일을 내려놓고 늦은 밤까지 기도에 헌신하고 있다는 사실을 알지 못합니다.

여러분 중 많은 분들은 이미 전 세계와 애즈베리 캠퍼스에서 설교하고 가르쳤지만, 겸손히 쓰레기를 치우고, 추운 밖에서 사람들을 들여보내기 위해서 계십니다. 여러분은 할 수 있는 일을 기꺼이 제공하셨고, 그것은 마치 오병이어와 같았습니다.

우리는 결코 예전으로 돌아갈 수 없을 것입니다.

모두가 어젯밤 사람들로 인해 무너졌습니다. 여기 현장에서는 우리가 일어나는 모든 일에 대해 마음과 생각을 정리하거나 신학적으로 해석할 시간이 거의 없었습니다.

하지만 내가 아는 것은 이렇습니다. 사람들은 하나님을 경험하기를 간절히 갈망하고 있습니다. 그들은 그토록 간절히 원해서 어린 자녀들을 밴에 태우고 나라를 가로질러 운전해 오고, 추운 날씨 속에서 몇 시간씩 줄을 서 기다립니다.

그들은 브라질, 멕시코, 폴란드, 한국, 캐나다, 케냐, 아일랜드, 영국 등 여러 나라에서 오고, 계획을 바꾸고, 하루 이상을 여행해 도착합니다. 종종 영어를 거의 못하거나 아예 못 하면서도 이곳에서 하나님을 경험하고 싶어 합니다. 그들은 그토록 간절히 원해서 얼어붙을 듯한 추위 속에서도 몇 시간씩 기다리며 강단에 가고 싶어 합니다.

휴즈 강당의 군중을 바라보며 나는 무너져 내린 사람들, 어린아이들, 휠체어를 탄 사람들, 중독의 이야기를 지닌 젊은이들, 재활 중인 자녀를 두고 울고 있는 엄마들, 예수님을 간절히 보고 싶어 하며 하나님의 사랑의 부어짐을 깊이 경험하고 있는 듯한 빛나는 얼굴들을 봅니다. 모든 세대, 모든 사회경제적 계층, 모든 인종이 있습니다. 내가 본 것은 바로 그것입니다.

어젯밤, 나는 기다리는 줄을 따라 걸으며 (따뜻한 중계 장소로 가라고 설득하려고 노력하며), 그들의 하나님에 대한 갈망에 완전히 마음이 무너졌습니다. 나 자신이 하나님을 갈망하는 것에도 말입니다.

나는 이 글을 눈물을 흘리며 씁니다. 내 눈앞에서 하나님께서 이 일을 행하신다는 사실에 압도당합니다.

글을 게시하자마자 눈물이 내 뺨을 따라 흘렀다. 피로와 감정으로 인해 내 손이 떨렸다.

두려워 말고 믿기만 하라
(Do Not Be Afraid: Just Believe)

예수님이 아직 말씀하고 계실 때,
그 회당 지도자의 집으로부터 사람들이 와서 알려 준다.
"따님이 숨을 거두었습니다.
저 선생님을 계속 성가시게 할 까닭이 무엇입니까?"
그러나 그런 말이 오가는 것을 예수님이 곁에서 들으시고
그 회당 지도자에게 말씀하신다.
"두려워하지 마세요! 믿기만 하세요!"
그러자 사람들은 예수님을 비웃었다.
예수님은 몸소 사람들을 다 내쫓으시고
아이의 아버지와 어머니 그리고 함께 간 제자들을 데리고
아이가 있는 곳으로 들어가신다.
예수님이 아이의 손을 붙잡고 "탈리다쿰!" 하고 말씀하신다.
이 말을 번역하여 옮기면 '소녀야, 너에게 말한다. 일어나라!' 하는 뜻이다.
곧바로 그 소녀가 일어나서 걸어 다녔다.
아이는 열두 살이었다. 곧바로 사람들은 넋이 나갈 정도로 크게 놀랐다.
마가복음 5:35-36, 40-42

"성령이여 이곳에 임하소서 내 맘을 만지소서
주님 함께 하심을 내가 알기에 주님 채우실 것을 믿네"
- 브랜든 레이크, "우리 위에 임하소서(Rest on Us)"

2월 19일, 주일

"애즈베리 부흥"은 구글 검색 오늘의 트렌드에서 정점에 이르렀고, 틱톡에서 수백만 조회 수를 기록했으며, 페이스북과 인스타그램에서도 수백만 조회 수와 수십만 명의 새로운 팔로워를 얻었다. 당시에는 이런 사실을 알지 못했지만, 내가 아는 것은 사람들이 예배하러 오는 것을 멈추지 않았다는 것이다.

문이 오후 1시에 열리고 예배와 기도가 시작되었다. 강단은 열려 있고, 특별한 초청이 필요하지 않았다. 예수님의 임재가 사람들을 부르며, 무릎 꿇고 항복하도록 이끌었다. 휴즈 강당은 빠르게 가득 채워졌다. 바깥 잔디밭과 주변의 다른 강당 및 교회들도 마찬가지였다. 오후 2시부터 계획된 사역 시간이 시작되었다. 우리는 이용할 수 있는 모든 것에 예배 순서를 적었다. 누군가 점심을 싸갈 수 있도록 갈색 종이봉투를 가져다주고, 우리는 그 봉투에 단순한 계획을 펜으로 적었다.

그렉(Greg)은 회중을 예배로 초대하고, 에스더 자다브(Esther Jadhav)는 애즈베리의 다문화 사역 책임자로서 민족의 연합을 위해 강력하고 예언적인 기도를 드렸다. 나는 휴즈 강당의 한쪽에서 강단 근처에 서 있고, J.D. 월트(J.D. Walt)는 반대쪽에 있었다. 그렉과 마크 벤자민(Mark Benjamin)은 젊은이들이 자신의 간증을 공유하도록 돕고, 그 이야기들 중 회중에게 적합한 것을 분별했다.

약 7명의 청소년 및 젊은 성인들로 이루어진 무리가 나와 J.D.의 양쪽을 따라 걸었다. 예배 음악이 잠시 멈추고 하나님께서 역사하시는 간증 시간이 시작됐다. J.D.는 한 젊은 여성에게 마이크를 건냈다. 그녀가 자살 충동에서 해방된 이야기를 나눈 후, J.D.는 멈춰서 말했다.

"오늘 자살, 우울증, 그리고 자해 메시지로부터 자유를 얻고 싶은 사람이 있습니까?"

그는 회중을 살펴보며 물었다. 용기 있게 몇몇이 일어났다.

"이 세대의 생명을 앗아가려는 죽음의 영이 있습니다. 만약 여러분이 죽음의 영으로부터 자유를 얻어야 할 사람을 알고 있다면, 일어나 주시겠습니까?"

더 많은 사람들이 일어났다.

J.D.는

"하나님, 오늘 우리는 이 세대에 영향을 미치려는 죽음의 영의 어떤 권세도 끊습니다."

기도했다. 그는 하나님의 성령의 권능으로 자해, 우울증, 자살 충동을 대적하여 기도했다. 나는 죽음의 영이 Z세대를 어떻게 사로잡으려 하는지 잘 알고 있다. 우울증과 자살 충동은 우리 학생들에게도 큰 타격을 주고 있다. 지난 10년간 우리 학교뿐 아니라 전국적으로도 상담 센터에 불안으로 도움을 구하는 학생들의 수가 꾸준히 증가하고 있다. 회중은 J.D.와 함께 기도하며 머리를 숙이고, 자신들의 기도 모임에서 열렬히 주님께 간구했다. 많은 사람들이 Z세대 구성원들의 어깨와 머리에 손을 얹고 둘러싸며 기도했다. 우리는 이 세대에 대한 영적 전투 속에서 희망과 지옥 사이의 경계선에 서 있었다.

예배 중 하나님의 능력은 부드럽고 강렬하게 줄을 따라 앞뒤로 물결쳤다. 불안은 이 세대를 주장하지 못할 것이다! 죽음의 영은 그들을 소유하지 못할 것이다! Z세대여, 일어나라! 너희는 죽은 것이 아니라 단지 잠들어 있을 뿐이다! 적은 너희를 불안과 우울로 잠재우지만, 예수님의 영은 너희의 이름을 부르고 있다!

"깨어 일어나라, 잠자는 사람아, 죽은 사람들 가운데서 일어나라. 그대에게 나타나 비추어 주실 것이다, 그리스도께서!" (에베소서 5:14).

기도 시간이 끝나자 강력한 평화가 우리에게 자리 잡는다. 방의 분위기가 더 밝아지고, 사람들의 얼굴은 하나님과 서로를 향했다. 사람들은 서로를 껴안고, 울고, 손을 맞잡고, 기대며 사랑과 치유를 나눴다. 예수님은 당신의 백성을 잊지 않으셨다.

잠자는 자여, 깨어나라! 성경에서 예수님은 죽은 자들을 일으키셨다. 심지어 죽음도 예수님의 치유 능력에 대항할 수 없었다. 성경 속 부모들이 자녀들의 치유를 간구하며 예수님께 나아왔듯이, 우리는 지금 그것을 보고 있다.

어린 아이들이 내게 오는 것을 막지 말라. 이 말씀은 부모들이 자녀를 데리고 휴즈 강당이나 생중계 장소로 인도하는 모습에서 살아 움직였다. 아이들이 곳곳에 있었다.

플로리다에서 온 한 아버지와 두 아들이 휴즈 강당 옆문에 줄을 서 있었다. 그 중 약 10살쯤 되어 보이는 한 소년은 목발을 짚고 균형을 잡았다. 그의 바지 한 쪽은 위로 접혀 있어 다리가 없음을 뚜렷이 보였다. 그 소년은 목발로 고군분투하며, 한 발로 서는 것이 새롭게 익숙해지는 모습이었다.

"여기서 기다릴 필요 없어요."

애즈베리 팀 중 한 명이 소년이 목발로 균형을 잡느라 힘들어 하는 모습을 보고 휴즈 강당의 옆문을 열어 소년과 그의 아버지가 들어가도록 했다.

"아, 정말 감사합니다!"

아버지는 아들에게 돌아서며 말했다.

"잘하고 있어, 아들아."

아버지는 소년이 힘들게 목발을 사용하며 걷는 동안 계속해서 격려했다.

"계속해. 그래, 잘하고 있어! 넌 할 수 있어!"

가족은 계단을 천천히 올라 강당 안으로 들어가 자리를 찾았다. 안내원들이 메인 플로어의 자리를 찾아주는 동안, 부모들이 아이들과 함께 예수님께 나아가려는 모습은 나와 안내원들의 마음을 깊이 사로잡았다.

나는 무대 옆 계단에 기대어 앉아 부모들의 모습을 바라보았다. 그들의 손에는 아이들 가방과 코트가 가득했고, 한 손에는 아이들을 붙들고 있었다. 어떤 부모들은 아기를 안은 채였다. 아이들은 잠든 채로 평화롭게 안겨 있었다. 부모들은 아이들이 예수님의 손길을 받고 치유되기를 원했다. 어떤 부모들은 뒤로 기대는 유모차형 휠체어를 밀거나, 산소통과 영양 공급 튜브를 가진 아이를 품에 안고 있었다. 무대에서 바라본 부모들의 얼굴에는 절망과 희망이 섞인 진지한 표정이 역력했다.

포르투갈 출신의 한 가족이 앞줄에 앉아 있었다. 세 살배기 딸이 예수님의 스테인드글라스 창문 아래에 놓인 유모차에 누워 있었다. 아주 작은 소녀였지만, 그녀는 천장을 바라보며 가끔씩 눈만 깜박일 뿐, 아무런 표정도 짓지 않았다.

"이 아이 이름이 뭐예요?"

나는 물었다. 그들은 영어를 거의 못했고, 나 역시 포르투갈어를 하지 못했다. 나는 그 아이의 이름이 알레나(Alena)이고, 그 가족은 애틀랜타에 살고 있으며, 의사들은 그 아이를 도울 방법을 모른다는 사실을 겨우 알아냈다. 나는 알레나가 언어로 소통할 수 없을지라도 예수님의 사랑이 그녀의 영혼에 말을 걸고 그녀를 사랑과 평화로 감싸주신다는 것을 부모님이 확신할 수 있도록 전심으로 기도했다.

벽을 따라 휠체어와 유모차가 몇 대 더 있었다. 각 부모는 이 시간을 위해 몇 시간을 운전해 이곳 휴즈 강당에 도착했다. 우리 팀은 아이들과 부모들 각각을 위해 기도했다. 내 눈물은 아이들의 배 위에 놓인 작은 손과 때로는 멍한 눈 위로 떨어졌다. 이 아이들은 정말로 절망에 빠진 부모들과 함께 병을 앓고 있었다. 각각의 엄마와 아빠는 예수님의 옷자락이라도 닿기를 간절히 원하고 있었다.

내 눈은 계속해서 무대 앞 한쪽에 있는 아이들에게로 향했다. 나 역시 절망을 느꼈던 그 감정이 떠올랐다. 내 딸 에밀리가 다섯 달 되었을 때, 그녀는 치명적인 형태의 간질인 영아 경련을 앓기 시작했다. 우리는 다양한 약물로 하루에 70회씩 이어지는 발작과 싸워야 했고, 나는 딸이 옹알이, 뒤집기, 미소 짓기, 나를 알아보는 능력까지 잃어가는 모습을 지켜봐야 했다. 그녀는 성격조차 잃어버렸다. 몇 달 동안 나는 그녀의 뇌 발달이 돌아올 수 있을지조차 알 수 없었다.

그 시절, 나는 거의 생각조차 할 수 없었고, "제발, 하나님, 제발"이라는 기도만 반복할 뿐이었다. 마침내 뛰어난 의료진의 치료와 삶을 바꾼 약물 덕분에 에밀리의 발작은 멈췄고, 그녀의 뇌 발달은 다시 시작되었으며, 원래의 속도를 따라잡고 계속해서 발달했다. 예수님은 의료 치료를 통해 에밀리를 치유하셨다.

눈에 보이는 부모들과 조부모들의 눈물, 고통과 희망이 섞인 그들의 얼굴은 내 마음을 깊이 울렸다. 에밀리를 위해 기도했던 사람들은 나에게도 위로를 전했다. 병원에서 기도했던 목사님들과 집으로 찾아와 기도했던 친한 친구들을 기억한다. 그들이 에밀리에게 손을 얹고 그녀를 위해 눈물 흘리며 하나님의 역사를 간구할 때, 나는 마치 그리스도의 몸이 나를 붙들어주는 것 같았다. 지금도 내 마음과 손은 엄마, 아빠들의 어깨와 사랑스러운 아이들의 발을 향해 뻗어 예수님께 치유를 간구한다.

혼란의 시기 속에서 사람들은 하나님의 임재 안에 있으며, 하나님이 그들을 기억하신다는 것을 간절히 알기를 원했다. 그래서 이 날들 동안 하나님의 사랑이 넘쳐흐르는 가운데, 우리는 절박한 사람들과 다시금 기도했다. 강단 사역팀은 기도팀이라고 적힌 목걸이를 차고 강단을 따라 줄을 섰다. 이들은 Seedbed와 애즈베리에서 활동하는 중보자이자 기도의 전사인 버드 사이먼(Bud Simon)에게 훈련받아, 긴급하고도 구원의 기도를 원하는 사람들을 만나 섬기는 그리스도의 몸으로서의 역할을 수행했다.

사람들은 자신을 위해 강단으로 나아오지만, 동시에 사랑하는 사람들을 위해서도 나아왔다. 기도할 때, 특히 엄마들과 할머니들은 마음속에 품고 있는 사랑하는 사람들의 이름을 망설임 없이 말했다. 그들은 손자들, 남편들, 자녀들을 위해 하나님께 간청했다. 바닥에 엎드려 손을 강단 쪽으로 뻗고, 얼굴을 카펫에 묻은 채 어깨를 들썩이며 흐느껴 울었다. 사랑하는 이들을 위해 하나님의 능력을 간구하는 많은 엄마들의 간절한 기도를 목격했다. 나도 그들과 함께 바닥에 엎드려 그들의 등을 손으로 감싸며, 눈물로 하나님께 기적을 간구하는 그들의 기도에 동참했다. 나의 기도는 그들의 기도와 함께 울려 퍼지며, 두려움에서의 자유, 믿음의 성장, 그리고 하나님의 자녀로서의 정체성을 확고히 해달라고 간청했다.

　　사람들은 기도 요청을 애즈베리 본부 전화로 전달하거나, 문자를 보내거나, 화이트보드에 적거나(수백 건의 요청이 있었다!), 종이 쪽지에 써서 전달했다. 이메일로도 수천 건의 기도 요청이 오고, 대부분은 치유를 위한 것이었다. 애즈베리 동문과 후원자들, 특히 프랜시스 애즈베리 소사이어티의 디도 모임 여성들은 미국 곳곳에서 중보 기도를 드렸다.

　　한 학생을 위해 기도할 때, 내 등에 손이 얹히며 따뜻한 하나님의 능력이 나를 감쌌다. 돌아보니, 교수이자 중보자인 샘 킴이 나를 위해 기도하고 있었다. 샘의 존재는 예수님을 닮고 있었고, 서로를 위한 기도가 얼마나 중요한지 깨닫게 되었다. 우리가 서로를 위해 기도할 때, 우리는 그리스도의 몸으로서 담대하게 치유와 두려움에서의 자유를 위해 기도했다.

예배와 기도 속에서 함께하는 경험은 중요했다. 사람들은 함께 모여 같은 공기를 마시고, 같은 노래를 부르며 그리스도의 몸을 경험하기 원했다.

기적들이 일어나기도 했다. 몇몇 학생들은 목에 종양이 있는 한 남성을 위해 기도했다. 두 시간 넘게 기도한 끝에 그 종양은 한 학생의 손 아래에서 작아지더니 사라졌다.

동문이자 친구인 수 곤잘레스는 외상성 뇌 손상을 앓고 있었는데, 소음은 그녀의 뇌에 극심한 통증을 유발했다.

"변기 물소리, 종이 부스럭거리는 소리, 드라이기 소리조차도 제 뇌를 아프게 해요,"라고 그녀는 말했다.

소음은 그녀에게 목 통증을 유발하고, 몸 전체에 공황을 느끼게 했다. 수는 항상 특별한 귀마개를 착용하며 소음을 줄이고 뇌의 소리 처리를 도움 받았다. 그녀는 발코니에서 귀마개를 낀 채 최대한 무대와 멀리 떨어져 예배하던 중, 갑자기 소리가 꺼지는 것을 경험했다. 그녀는 음악이 멈췄다고 생각하며 귀마개를 뺐다. 그러나 음악은 계속되고 있었고, 그녀의 뇌는 소리를 정상적으로 처리하기 시작했다. 그녀는 평화를 느꼈고, 하나님의 임재가 머리에서부터 몸 전체를 감싸며 내려왔다. 그녀는 기쁨의 눈물을 흘리며 처음으로 몇 년 만에 귀마개 없이 예배할 수 있었다. 그녀는 음악과 강단 기도, 천여 명의 소음 속에서도 기도했다.

한 은퇴 교수는 콜로라도에서 비행기를 타고 온 시각 장애 동문과 함께 들어왔다. 그 애즈베리 졸업생은 도착 당시 10피트 앞의 흐릿한 형상만 볼 수 있었다. 치유의 기도를 받은 후, 그녀는 시야가 20피트, 30피트, 40피트, 그리고 60피트까지 확장되었다고 간증했다.

다른 치유의 이야기들도 이어졌다. 휠체어에서 일어나 몇 걸음 걷기, 요통에서 회복, 다른 통증의 완화 등이 있었다. 사람들은 소셜 미디어와 주변 사람들에게 이런 치유 이야기를 공유하며 하나님께 영광을 돌렸다.

저녁이 진행되는 동안, 이전의 강단 설교자이자 이사회 멤버인 델빈 파이크스가 설교를 마친 뒤, 잭과 나는 강단 앞에 서 있었다. 잭의 아내 크리스틴과 다섯 살 된 딸 에덴이 함께 예배를 드렸다. 에덴과 내 딸 에밀리는 친밀한 우정을 나누고 있었다. 에덴은 에밀리를 재빨리 사랑으로 감싸 안아 주었고, 에밀리는 에덴에게 언제든지 함께 춤추며 놀 준비가 된 놀이터 친구가 되어 축복을 주었다.

무대 뒤쪽은 학생들로 가득 차 있었다. 그들은 기쁨으로 점프하며 예배를 드렸다. 크리스틴과 에덴도 무대에 올라 학생들과 손을 잡고 원을 그리며 돌고, 웃으며 행복의 눈물을 흘릴 때까지 춤을 추었다.

잭을 바라보는데, 그의 눈이 눈물로 빛나고 있었고, 그는 손등으로 눈물을 닦아냈다.

"저걸 봐"

그가 말한다.

"내 아내가 돌아왔어."

나는 그의 말이 무엇을 의미하는지 즉시 이해한다. 몇 년 전, 딸 에스더를 잃은 뒤, 상실의 고통이 크리스틴을 슬픔 속에 감싸고 있었다. 하지만 오늘 밤, 잭은 아내에게 기쁨이 넘치는 기적을 느끼게 되었다.

분명히 에스더도 오늘 밤 예수님과 함께 노래하며, 동생처럼 빙글빙글 돌고 있을 것이다. 나의 마음은 확장되고 나아가, 하나님의 선하심과 세상의 슬픔을 모두 받아들였다. 예수님께서는 잭과 크리스틴의 딸을 기적으로 치유하지 않으셨다. 오늘 밤 강단 주위에서 기도하는 많은 아이들도 이 땅에서 치유받지 못할 것이다.

삼 십 년 전, 나는 인도 콜카타에서 마더 테레사의 장애아와 죽어가는 아이들을 위한 집 중 한 곳에서 봉사했다. 아직도 내 마음속에 그 방이 선명히 떠오른다. 하얀 사리에 파란 리본을 달고 머리 덮개에 실을 꿰매 넣은 자선의 수녀들이 먹지도 못하는 아이들에게 먹을 것을 주고, 야윈 팔다리를 씻기고, 유아 크기의 청소년들을 돌보던 모습이 떠오른다. 그 방에서도 예수님의 임재를 느꼈다. 그분은 우리와 함께, 아이들과 함께, 수녀들과 함께 마음 아파하셨다. 나는 그곳에서 하나님을 느꼈고, 지금 이곳 애즈베리에서도 하나님을 느낀다. 이 사랑의 넘침 속에서 예수님의 아픈 마음이 우리와 함께 깨어져 있다. 그리고 천국의 소망 속에서 이 작은 존재들이 보좌 주위에서 회복되는 축제가 있다. 예수님은 말씀하셨다.

"어린이들을 그냥 두세요! 나한테 오는 것을 막지 마세요! 하늘나라는 이런 사람들의 것이니까요." (마태복음 19:14).

"주 예수여, 오소서,"
나는 기도했다.

"고통 속에 오소서; 슬픔 속에 오소서; 상실 속에 오소서. 당신이 모든 것을 당신의 손 안에 붙잡고 있음을 압니다."

성경은 병든 자에게 손을 얹고 기도하라고 말씀하신다. 우리의 일은 기도하는 것이며, 결과는 주님께 맡긴다. 우리는 하나님의 타이밍을 이해하지 못할 수도 있지만, 영원 속에서는 마음과 몸이 온전하고 자유롭다는 것을 안다.

예수님의 음성이 내 깊은 곳에서, 그리고 휴즈 강당 속에서 울려 퍼졌다. 하나님의 사랑이 우리 모두 위로 쏟아지며 흘러내린다.

"두려워 말고 믿기만 하라. 어느 날, 모든 아이들이 내 이름의 능력으로 일어날 것이다. 달리다굼."

10장

밤이나 낮이나
(Day and Night)

"지치고 짐에 눌린 여러분! 다 나한테 오세요.
바로 내가 여러분을 쉬게 해 드릴게요.
나의 멍에를 메고 나한테 배우세요. 나는 온유하고 마음이 낮으니까요.
그러면 여러분이 쉴 곳을 찾아낼 겁니다.
나의 멍에는 지기 쉽고 나의 짐은 가벼우니까요.""
마태복음 11:28-30

"끔찍하게 죽임당하신 어린양은
능력과 부와 지혜와 힘과
존경과 영광과 찬양을 받으심이 마땅하십니다"
요한계시록 5:12

"밤이나 낮이나, 낮이나 밤이나 기도의 향이 올라가네"
- 데이비드 브라이머, "주는 존귀하신 분(Worthy of It All)"

2월 20일, 월요일

추운 겨울 아침이 밝아오고, 오전 9시가 되어도 기온은 여전히 얼음처럼 차가웠다. 우리는 줄 서 있는 사람들에 대해 걱정했다. 천천히 기온이 오르기 시작하지만, 몇 시간을 추위 속에서 기다리는 것은 사람들의 몸을 뼛속까지 얼게 만든다. 누군가가 반원형 진입로를 따라 야외용 난로를 준비하고, 팀원들은 월마트의 담요를 모두 구매해 줄 서 있는 사람들에게 나눠주었다. 가족들은 따뜻함을 위해 서로 몸을 밀착하고, 난로 아래에서 번갈아 자리를 바꾸었다.

이른 아침, 조안나 코페지와 그녀의 네 딸이 휴즈 강당을 진공청소기로 청소하며 하루의 예배를 준비하고 있었다. 졸업생이자 선교사인 조는 개를 산책시키거나 설거지를 돕고, 자원봉사자들을 위해 음식을 만드는 등 팀을 위해 다양한 일을 하고 있었다. 그녀는 한 경찰관이 옆문으로 들어오는 사람들을 안내하는 모습을 보고 고개를 들었다. 아직 군중을 위해 휴즈 강당의 문을 열지 않았으나, 한 예배팀 멤버가 피아노를 연주하며 다른 멤버는 청소기 소음 사이에서 조용히 노래하고 있었다. 예배팀의 마음에서 우러난 끊이지 않는 예배는 하나님께 올려지는 예배의 선율이었다.

조는 진공청소기를 *끄고* 경찰관에게 다가갔다.
"무슨 일이죠?"
경찰관은 속삭이며 말했다.
"이 사람들을 그냥 들어오게 해야 했어요. 뉴올리언스에서 온

이 사람들은 15인승 밴에 18명이 타고 9시간 동안 운전해 왔습니다. 이들은 곧 돌아가야 해서 줄을 기다릴 수 없어요. 보세요, 이 여성들은 들어와서 기도하고 싶어 간절히 요청했어요."

그가 말하는 동안, 그 그룹은 코트를 바닥에 벗어 놓고 강단 앞에 무릎을 꿇었다. 그들은 어떤 작업팀으로 보였고, 남녀가 섞여 있었지만, 영어를 거의 하지 못했다. 그러나 모두 성령의 언어로 말하고 있었다. 이들은 즉시 강단에 몸을 숙이며, 조용히 흐느끼며 기도를 쏟아냈다.

조는 이 작업팀의 간절한 예수님을 향한 열망과 몇 분이라도 강단에서 기도하고자 이 먼 길을 달려온 모습에 마음이 찢어질 것 같았다. 조와 그녀의 딸들은 강당을 청소하면서도 열심히 기도했다.

"예수님, 이들의 마음속 가장 깊은 필요를 채워주세요."

뉴올리언스 작업팀은 약 30분간 강렬히 기도한 후 다시 밴에 올라타 9시간을 운전해 집으로 돌아갔다.

나중에 예배팀은 짧은 시간 동안 기도하고 쉬기 위해 자리를 비웠고, 피아노 소리는 잠시 멈췄다. 다시 한번 경찰관이 옆문을 열었고, 엄마와 아빠, 그리고 두 아이가 들어왔다. 조가 말하기도 전에 가족은 재빨리 무대 위로 올라가 아빠는 피아노 앞에 앉고 아이들은 노래를 부르기 시작했다.

조는 급히 무대 위로 올라갔다.

"여러분, 여기는 허락 없이 오를 수 없는 곳이에요. 아마 이해하기 어려우실 수도 있지만, 예배팀 멤버는 모두 이곳에서 기도 받고 거룩하게 구별된 후에만 무대에 오를 수 있어요. 죄송하지만..."

아빠는 연주를 멈추고 조를 향해 돌아섰다.

"제발 들어주세요. 우리 가족은 부흥이 시작된 이후 금식하며 이 휴즈 강당의 피아노를 연주하며 예배드릴 수 있기를 간절히 바랐습니다."

엄마와 아빠, 그리고 아이들은 조를 바라보며 침묵 속에서 희망의 눈빛을 보냈다.

그 순간 매들린이 들어와 이 요청을 들어주기로 판단했다. 가족은 다섯 명의 청소부, 한 경찰관, 예배팀 리더, 그리고 예수님을 성도로 삼아 하나님을 찬양했다.

가족의 달콤한 목소리와 피아노 소리는 조용히 울려 퍼지며 "주님을 높이네... 주님을 높이네..."라는 찬양을 드렸다.

그날 예수님은 우리가 세운 인간적인 경계와 규칙을 넘어 일하셨다. 경찰관은 줄을 서 있는 사람들에게 자비를 베풀었고, 우리가 중단시키려 애쓴 비공식 페이스북과 유튜브 실시간 중계는 멈추지 않았으며, 초청하지 않은 언론 보도도 계속되었다. 하나 분명한 것은, 이 모든 것이 인간의 통제 아래에 있지 않다는 것이다.

월요일 오전 늦게 열린 위원회 회의에서는 주말 동안 도시 인프라에 부담이 된 군중, 추운 날씨 속의 대기 줄, 학생 생활관 주변의 안전 조치 강화와 같은 도전 과제들을 논의했다. 동시에 많은 졸업생의 격려, 이사회의 지지, 큰 안전 문제의 부재, 애즈베리를 둘러싼 영적 보호, 자원봉사자들, 애즈베리 팀, 그리고 우리와 함께 머무는 예수님의 달콤한 존재감과 같은 축복들도 언급되었다.

우리는 실시간 중계를 시작하기로 했다. 마지막 날을 목요일로

정한 발표와 Z세대에게 초점을 맞춘 이 계획은 사람들이 집에서 예배드리도록 독려하기를 바랐다. 우리의 실시간 중계 중단 시도는 거의 성공하지 못한 것으로 보였다. 문제를 알지 못했던 내 엄마도 거실에서 유튜브로 본 내용을 보고 있다고 내게 전했다.

여전히 하나의 큰 질문이 남아있었다. 2월 23일이 애즈베리 사역의 끝이 될 것인가, 아니면 이 사역이 윌모어의 다른 장소로 옮겨질 것인가? 우리가 알고 있는 것은, 이 사역을 캠퍼스 밖으로 옮겨야 한다는 것이었다. 우리의 학문적 사명은 여전히 중요하며, 캠퍼스 안에 1,100명 학생의 돌봄, 안전, 그리고 지원이 최우선 과제로 남아 있었다. 사역을 다른 장소로 옮긴다는 아이디어는 실현 가능성이 작아 보였다. 설령 적절한 장소를 찾는다 해도, 애즈베리 팀과 이를 조율할 막대한 수의 자원봉사자들이 함께 움직일 수 있을까?

이 긴장이 내 마음 깊은 곳에서 느껴졌다. 하나님의 사랑이 부어진 이 은혜로운 사역에 동참하는 것은 일생일대의 영광이다. 하나님의 역사하심을 맡아 섬기는 일은 내 삶에서 가장 중요한 영적 경험일지도 모른다. 몰려드는 사람들, 예수님을 만나고자 하는 간절함, 예배의 기쁨 - 이 모든 것은 하나님으로 부터 온 거부할 수 없는 선물이었다. 역사적으로, 하나님의 역사는 북미에서 영적 각성을 불러일으켰고, 이는 문화를 깊이 형성해 왔다. 이 부흥이 국가적, 더 나아가 국제적인 차원의 영적 각성의 일부일까? 어떻게 하면 이 기적적인 하나님의 역사를 멈추지 않을 수 있을까? 또 어떻게 계속 이어갈 수 있을까?

이 대화와 분별은 우리 모두의 마음을 불태우고 있었다.

부흥 핵심 팀은 점심 식판을 들고 식당 옆의 작은 방으로 들어갔다. 나는 로스트 치킨과 샐러드 한 접시, 그리고 따뜻한 레몬차와 꿀이 담긴 컵을 테이블 위에 놓았다. 목이 조금 까슬까슬하게 느껴졌고, 나는 차가 식기 전에 홀짝였다. 우리는 화이트보드를 테이블 옆으로 끌어와 의제 항목들을 적었다. 오후 사역 시간, 저녁 사역 시간, 교육 주제, 그리고 부흥의 미래에 대한 분별.

나는 함께 모인 친구들의 얼굴을 훑어보았다. 이런 식으로 함께 모이게 될 것이라고는 상상도 하지 못했다. 때때로 이 팀의 일부로서 내가 느끼는 감정은 압도적이었다. 나는 목회자로서의 소명에 있어, 이렇게 살아있음을 느껴본 적이 없었지만, 내 안에서 서로 충돌하는 책임들이 나를 지치게 했다. 애즈베리 학생들, 대학 지도자의 역할, 목회적 소명, 줄을 서 있는 사람들, Z세대 대학생들, 애즈베리 동료들, 이 테이블에 있는 친구들, 그리고 집에 있는 내 아이들, 이 모든 것들이 나의 마음을 각기 다른 방향으로 잡아당기는 것 같았다.

우리 팀은 여전히 테이블에 앉은 구성원 중 지속적으로 다양한 인종적 배경을 포함하는 데 어려움을 겪고 있었다. 매들린은 다양성을 위해 여전히 강한 목소리를 내고 있었다. 벤과 조르쥬 또한 눈물로 우리를 권면했다. 다민족 예배팀에 대한 헌신은 확고했으며, 우리는 핵심 그룹에서도 같은 목표를 열망했다. 하나님의 역사를 맡아 섬기기 위해서는 여성, 남성, 다양한 민족성, 다양한 연령과 관점을 포함한 공동 리더십이 필요하다. 나 역시 공동 주재자로서, 그리고 총장실에서 일하는 구성원으로서 이러한 다양성을 이끌 책임감을 느꼈다. 다양성은 우리 모두에게 중요한 문제이며, 우리는 테이블 위

모든 목소리가 필요했다. 공동 리더십은 단순히 '최선의 실행 방법'이 아니라 예수님의 방식에 관한 것이다. 우리는 서로를 격려하며 이 헌신에 충실하기 위해 나아갔고, 며칠 후 핵심 팀은 다민족적 표현을 형성했고, 이는 지속되었다.

때때로, 육체적, 정서적, 영적 압박감이 우리를 휩쓸었다. 오늘은 팀원 중 한 명이 테이블에 몸을 기대어 한동안 울었다. 어깨를 들썩이며 흐르는 눈물을 막지 못했다. 육체적 피로와 영적, 정서적 무게의 교차점이 때때로 우리를 압도적으로 휩쓸었다. 어떤 사람은 진지하고 침착한 태도를 유지했고, 다른 사람들은 눈물을 닦거나 격렬히 울며 바닥에 무릎을 꿇거나 누워 머리를 감싸 쥐었다. 나 자신도 복잡한 감정을 처리할 방법을 몰라 점점 조용해지며 때때로 그룹에서 물러났다. 그럼에도 불구하고, 우리가 함께 수고하며 일할 때 예수님의 영이 우리의 정서적 반응 가운데서도 부드럽게 우리를 인도하셨다.

나는 식당을 나와 캠퍼스를 가로질러 학생들이 수업에 가거나 친구들과 이야기하는 인도를 지나갔다. 줄이 길게 늘어선 캠퍼스 앞과는 떨어진 곳이었다. 이런 시기에 애즈베리 학생들을 섬길 수 있다는 것은 정말 큰 영광이다. 흐린 하늘에 약간의 희미한 햇빛이 비치자 나는 배낭을 한쪽 어깨에서 다른 쪽으로 옮겼다. 성경 구절 하나가 기억 속을 스쳤다.

"나의 멍에를 메고 나한테 배우세요. 나는 온유하고 마음이 낮으니까요. 그러면 여러분이 쉴 곳을 찾아낼 겁니다. 나의 멍에는 지기 쉽고 나의 짐은 가벼우니까요."(마태복음 11:29-30).

이 구절에 대해 생각했다. 이 부흥은 분명 가벼운 짐처럼 느껴지지 않았다. 하지만 문득, 나는 직감적으로 알게 되었다. 하지만 이건 네 짐이 아니야. 이건 내가 짊어질 짐이야.

다시 휴즈로 돌아가는 길, 내 머릿속이 복잡한 생각들로 가득한 상태로 캠퍼스를 가로질렀다. 앞마당에는 사람들이 잔디 위와 줄에 서 찬양하고 예배하며 모여 있었다. 캠퍼스 인근 도로에 있는 인도에서는 한 거리 설교자가 싸움조의 목소리로 군중들에게 화난 경고를 외치고 있었지만, 아무도 신경 쓰지 않는 듯 보였다.

거리 설교자들이 가끔 등장해 휴즈 안에서 선포되는 평화의 복음과는 전혀 맞지 않는 대립적인 메시지를 전했다. 이는 부흥의 움직임과는 명백히 동떨어져 있었다. 대부분의 군중은 그저 무시하는 듯했다.

"나는 온유하고 마음이 낮다"라고 예수님은 말씀하셨다 (마태복음 11:29). 나는 숨을 내쉬며 기도했다.

"예수님, 당신께 배우고 싶습니다. 신뢰의 길을, 통제가 아닌 길을 가르쳐주세요."

앞마당에 큰 무리가 모여 소리치며 마귀를 공격적으로 쫓아내고 있었다. 나는 부흥 핵심 팀에게 문자를 보냈다.

"앞마당에서 도움이 필요해요."

잔디 위로 깃발이 펴지고 줄에서 무작위로 나팔이 불렸다. 부흥 지상팀은 각 상황에 친절하게 대응했다. 팀은 현재 일어나고 있는 상황의 영적 진정성과 신뢰성을 평가하려고 하지 않았다. 대신, 우리가 알고 있는 것을 절대적으로 고수했다. 처음 48시간 동안 하나님께서 휴즈에서 평화로운 찬양과 노래, 고백, 회개, 간증으로 나타나셨다. 이 기준에 따라 지상팀은 처음에 하나님께서 일하신 방식에 순종하기 위해 캠퍼스에서 다른 영적 표현들을 일관되게 멈추고자 했다. 이는 어떤 판단 때문이 아니라 오로지 순종 때문이었다. 거의 예외 없이, 안내자들이 쇼파르를 치우거나 깃발을 접거나 처음 시간들에 나타난 하나님의 방식에 따라 다른 방식으로 기도하라고 요청했을 때, 사람들은 겸손, 은혜, 친절을 표현했다. 그럼에도 불구하고, 각 환대 팀 구성원이 손님들을 안내하면서 지혜와 분별이 요구되었다.

나는 휴즈의 따뜻함 속으로 들어갔지만, 계단 밖에서는 졸업생 팀의 리사 하퍼와 테일러 콜링스워스가 차가운 날씨 속에서 줄을 관리하고 있었다. 지난 며칠 동안 두 개의 줄이 형성되었는데, 하나는 Z세대를 위한 줄이고 다른 하나는 모든 사람들을 위한 줄이었다. Z세대가 우선적으로 자리를 배정받았다. 진행 중인 실황 중계와 이제 실시간 방송에도 불구하고, 사람들은 여전히 휴즈에 들어가고 싶어 했다. 오후는 25세 이상의 가족과 개인이 들어갈 유일한 기회였기 때문에, 휴즈에 들어가려는 압박감이 기하급수적으로 증가했다.

애즈베리에서 환대와 진정한 친절함은 대표적인 특징이다. 우리에게 애즈베리의 주된 학교 색인 보라색은,

"다른 사람을 나 자신보다 높게 여기는 것"을 의미한다.

"보라색답게 행동하다"는

"애즈베리 방식의 진정한 친절을 보여라"는 뜻이다.

리사와 테일러, 그리고 애즈베리 팀은 이 보라색을 몸소 실천했다. 휴즈에서 사람들을 돌려보내는 일은 우리의 본성에 어긋나 고통스러웠지만, 계단 위에서 줄을 막아 Z세대를 우선시하였다.

"그냥 문만 만져볼 수 있을까요?"

한 남자가 간청했다.

"단 5분 만이라도 강단에서 무릎 꿇고 기도할 수 있을까요?"

몇몇 여자가 울부짖었다.

"제발요. 정말 많은 시간을 운전해서 왔어요."

한국에서 비행기로 온 한 여자가 손으로 얼굴을 가리며 흐느끼며 울기 시작했다. 오후 4시, 성인들이 휴즈에 들어갈 수 있는 최종 마감 시간이 같은 날 오후 5시로 설정되었다. 시간이 흐르면서 약 50명이 입장을 기다리고 있었다. 팀은 핵심 팀 대표인 마크 벤자민에게 부탁해 휴즈 예배자들에게 아직 안에 들어가 보지 못한 사람들을 위한 자리를 마련해달라고 요청했다. 마크는 공지했으며, 많은 사람들이 자리를 양보하고 윌모어의 다른 장소로 갔다. 팀이 남은 줄에 선 사람들에게 좋은 소식을 전했을 때, 사람들은 환호하며 계단에서 춤을 추었다. 줄을 유지하던 팀원들은 안도와 감사로 눈물을 흘렸다. 그날 줄을 서서 기다렸던 모든 사람이 휴즈 안에 들어갈 수 있다는 것은 정말 큰 의미가 있었다.

불행히도, 실시간 중계를 통해 윌모어의 다른 장소에 공지가 나갔다.

"자리가 열리고 있습니다!"

그러자 사람들은 문자 그대로 휴즈로 달려갔다. 달렸다. 리사가 그들이 오는 것을 보자마자 다른 안내원들에게 도움을 요청하는 문자를 보냈다. 극도로 혼란스러운 순간, 감정이 격해지며 한 안내원이 방문자의 주먹을 맞을 뻔한 상황까지 벌어졌다. 그날은 모든 사람에게 감정적으로 힘든 날이었고, 문을 지키던 애즈베리 팀에게는 좌절감을 줄 뻔한 날이었다.

WhatsApp 메신저 대화 내용

[2023년 2월 20일, 오후 1:37:45] Glenn Hamilton: ATS에 몇 자리 남았는지 알려주세요. 길 건너로 사람들을 보내고 있습니다. 제가 줄을 관리하고 있습니다.

[2023년 2월 20일, 오후 1:40:01] Christine Endicott: 30분 만에 1500명 자리를 채웠습니다!!

[2023년 2월 20일, 오후 1:40:47] Michelle Kratzer: 정말 대단하십니다!!!

[2023년 2월 20일, 오후 1:41:00] Michelle Kratzer: 신학교 쪽에 몇 자리 남았는지 업데이트가 필요합니다. 누가 도와줄 수 있나요?

[2023년 2월 20일, 오후 1:41:04] 에스테스에 쓸 휴지는 어디서 구하나요?

[2023년 2월 20일, 오후 1:41:12] Michelle Kratzer: 제가 보내드리겠습니다.

[2023년 2월 20일, 오후 1:41:14] 에스테스 만석, 맥케나 만석

[2023년 2월 20일, 오후 1:41:33] Maria Brown: 미셸, 기도 팀원이 한 명 갈 예정이며, 그들이 약간 가져갈 것입니다.

[2023년 2월 20일, 오후 1:42:33] Michelle Kratzer: 이 대화에 신학교 학생 센터에 있는 사람이 있나요? 아니면 제가 직접 가서 자리를 세어와야 할까요?

[2023년 2월 20일, 오후 1:43:17] Jessica LaGrone: 잠시만 기다려 주세요.

[2023년 2월 20일, 오후 1:43:57] Christine Endicott: 에스테스에 보낼 휴지를 준비할 수 있습니다.

[2023년 2월 20일, 오후 1:46:16] Michelle Kratzer: 마리아가 처리했습니다.

[2023년 2월 20일, 오후 1:47:23] Jessica LaGrone: 신학교 체육관은 2시에 열릴 수 있습니다. 사람들을 보내주세요!

[2023년 2월 20일, 오후 1:49:17] Michelle Kratzer: 보냅니다.

[2023년 2월 20일, 오후 1:49:34] Michelle Kratzer: 거기서 사람들을 맞이하고, 실시간 중계가 2시에 시작된다는 것을 알려줄 사람이 있나요?

[2023년 2월 20일, 오후 1:49:47] Michelle Kratzer: 그리고, 학생식당은 만석인가요?

[2023년 2월 20일, 오후 1:50:18] Jessica LaGrone: 신학교 학생식당은 현재 열지 않습니다. 체육관만 열려 있습니다. 추가 공지가 있을 때까지 그렇게 진행됩니다.

[2023년 2월 20일, 오후 1:52:48] Jessica LaGrone: 에스테스 밖 줄을 유지하고 있습니다. 체육관이 2시에 열리면, 줄에 있는 사람들에게 체육관에 있는 빈 자리로 이동할지 물어볼 예정입니다.

[2023년 2월 20일, 오후 1:54:56] John Morley: HU107에 세 사람이 있습니다. 사회복지 수업에 들어가려고 기다리고 있는 학생들입니다.

[2023년 2월 20일, 오후 1:59:52] John Morley: 신경 쓰지 마세요. 다 해결 됐습니다.

[2023년 2월 20일, 오후 2:04:49] Matt Barnes: 혹시 여분의 휴지가 있나요? 아마 반다스 이상 필요할 것 같습니다.

[2023년 2월 20일, 오후 2:05:02] Michelle Kratzer: 어디에 필요한가요?

[2023년 2월 20일, 오후 2:05:24] Michelle Kratzer: 가져다드리겠습니다.

[2023년 2월 20일, 오후 2:07:00] Lisa Harper: 애즈베리 텐트에 경찰관 한 명을 추가로 배치할 수 있을까요? 한 명이 있는데, 아마 두 명이 필요할 것 같습니다. 감사합니다.

[2023년 2월 20일, 오후 2:08:52] Matt Barnes: 체육관에 휴지가 필요합니다.

[2023년 2월 20일, 오후 2:09:51] Christine Endicott: 휴지를 가지고 갑니다.

[2023년 2월 20일 오후 2:22:25] Christine Endicott: 체육관이 아마도 30분 내에 만석이 될 것 같습니다. 사람들이 계속 몰려들고 있어요.

[2023년 2월 20일 오후 2:22:52] Lisa Harper: 와우!!!

[2023년 2월 20일 오후 2:27:58] Matt Barnes: 체육관에 최소 4명의 기도 팀원이 더 필요할 것 같습니다.

[2023년 2월 20일 오후 2:29:36] Matt Barnes:
아닙니다. 이제 충분합니다.

[2023년 2월 20일 오후 3:03:04] Michelle Kratzer:
휴즈 대기줄에서 자발적인 노래가 시작되었습니다. 정말 아름답습니다.

　　이 모든 상황 속에서 미셸은 환영 안내원으로 손님을 돕기 위해 휴즈 로비를 지나갔다. 그녀는 발코니에서 지하로 이어지는 시멘트 계단에서 한 남자가 크게 흐느끼고 있는 것을 들었다. 그 자신도 모르게 그의 울음소리가 계단을 통해 휴즈 안으로 울려 퍼지고 있었다. 성령과 깊이 만나고 있는 그는 눈물을 멈추지 못한 채 흐느끼고 있었다. 미셸은 그의 팔에 손을 얹고 그의 믿음에 감사를 표하며 휴즈 옆의 돌로 된 기도 정원으로 나가 기도하자고 초대했다.

　　그 순간 또 다른 남자가 계단으로 뛰어들어와 미셸을 꾸짖기 시작했다.

　　"뭐 하시는 겁니까? 왜 저 남자가 기도하는 걸 멈추게 하려고 하죠? 당신이 뭔데 그럴 수 있습니까? 성령을 소멸시켜서는 안 됩니다!"

　　공격적이고 격앙된 목소리가 커져가자 미셸은 어떻게 반응해야 할지 몰라 잠시 얼어붙었다. 흐느끼는 남자는 예수님과 깊이 만나고 있고, 두 번째 남자의 소란스러운 고함에 미셸은 잠시 움직이지 못했다. 잠시 멈추고 속삭이듯 기도한 후, 미셸은 돌아서서 소리를 지르던 남자를 향해 단호하게 말했다.

　　"저에게 소리 지르지 말아 주십시오. 대신 저를 위해 기도해 주실 수 있나요?"

그 남자는 입을 다물었다. 갑자기 침묵한 그는 그녀의 눈을 응시하며 자세를 바꾸는 듯 보였다. 그는 어깨를 낮추고 조용히 계단에 멈춰 서서 그녀를 위해 기도하는 것처럼 보였다.

몇 분이 흐르면서 성령께서 이 세 사람(미셸, 흐느끼는 남자, 꾸짖던 남자)을 하나로 엮어주시는 듯한 느낌이 들었다. 그들의 하나님을 향한 공통된 갈망과 하나님의 초자연적인 사랑의 감각이 천사들의 거룩한 임재로 감싸졌다.

또 다른 안내원이 계단으로 들어와 흐느끼던 남자를 부드럽게 이끌어 휴즈 옆의 돌로 된 기도 정원으로 데려가고, 그곳에서 기도 사역자를 찾아 함께 기도했다. 미셸도 오후 늦게 밖으로 따라 나가면서 이 순간을 마음속에서 되새겼다. 요즘 자주 그러하듯, 낯선 사람들과 예수님과의 겸손하고 아름다운 만남을 묵상하게 되었다. 그녀는 뒷줄로 돌아가 안내를 계속하며, 예배 속에서 높아졌다가 낮아지는 목소리를 들었다. 성령의 평화와 은혜가 건물의 모든 공간과 우리 존재의 모든 공간에 불어왔다. 사람들이 찬양한다.

"모든 찬양을 받으시기 합당합니다."

나는 무대 계단에 머물렀다. 미셸과 나는 예배당의 수천 명 사이에 떨어져 있지만, 영적으로는 같은 자리에 있는 듯했다. 강단 앞에서 군중의 마음이 하나님께 열려 있었고, 나도 바닥에 엎드려 무릎을 꿇고, 매끄러운 나무를 손으로 만지며 이마를 대고 기도했다. 30년 전, 학생이었을 때, 이 강단에서 하나님께 내 마음을 드렸던 기억이 떠올랐다. 수만 명의 사람들이 기도하며 흘린 눈물, 쏟아낸 분노, 드러낸 아픔이 담긴 이 단순한 나무 기둥은 이제 하나님의 자비의 자리로 변화되었다. 하나님은 이곳에서 사람들을 만나셨다.

저녁 시간에 교수이자 전도자인 롭 림(Rob Lim)이 고린도후서 12장 9절을 중심으로 설교했다. 그는 하나님의 온전한 능력이 우리의 가장 약한 순간에 나타난다는 메시지를 전했다.

"교회라는 이름이 붙은 모든 장소가 그리스도께 순복한다고 상상해보세요. 우리의 영적 어머니와 아버지가 완전히 순복하면 어떤 모습일까요? 이 세대가 그리스도께 순복하면 무슨 일이 일어날까요? 무엇이 일어날까요?"라고 롭이 기도하는 마음으로 회중에게 전했다.

지니가 그 초청을 이어받았다.

"성령 충만한 삶으로 가는 길은 순복의 삶입니다. 풍성한 삶으로 가는 길은 십자가에 못 박힌 삶입니다.

우리가 그리스도 안에 거하기 위해 우리의 모든 것을 내려놓는 것입니다. 이곳에 있는 우리 중 몇몇에게는 이것이 완전한 순복의 순간입니다. 우리의 과거, 현재, 미래 모든 것을 내려놓는 것입니다. 우리의 희망, 욕망, 욕구, 선호, 성 정체성까지…

우리가 가진 모든 것을 내려놓아 성령께서 우리 안에 거하시도록 하는 것입니다. 우리 중 일부는 예수님을 구세주로 알았지만, 지금이 예수님이 우리의 주님이 되시는 순간입니다."

지니가 전적으로 순복하라고 격려하자 젊은 세대가 예배로 응답했다.

나는 아들 카이의 학교 프로젝트를 도와주기 위해 일찍 집으로 향했다. 캠퍼스를 가로질러 걸으며 머릿속에서 가족을 위하여 생각을 정돈했다. 집에 들어서자 에밀리가 나를 꼭 붙잡았다.

"엄마 집에 왔어!"라는 기쁜 환영이 예쁘기도 하고 약간 마음 아프기도 했다. 식탁에서 나는 아들의 프로젝트를 위해 색종이를 오리고, 삼단 보드의 상단에 스티커를 똑바로 붙이도록 도왔다. 에밀리는 내 곁에서 떨어지려 하지 않았고, 온몸을 내게 기대어 움직이려 하지 않았다. 나는 그녀를 더 편한 자세로 내 무릎에 앉히고, 내 뺨을 아이의 뺨에 맞대었다.

"또 나가실 거예요?"

그날 밤 내가 아이의 윗층 침대를 정리해줄 때 카이가 물었다. 나는 T자형 이층 침대의 아래 매트리스를 조심스레 딛으며 아들의 침대 위로 몸을 기울였다. 내 손을 아이의 가슴 위에 얹었다.

"잘 모르겠어,"

나는 솔직히 말했다. 내 에너지가 바닥난 것 같고, 약간 아픈 느낌이었다.

"카이, 나도 정말 너가 많이 보고 싶어. 예수님이 정말 큰일을 하고 계셔서 내가 휴즈 강당에 오래 있어야 할 것 같아."

"알아요. 학교에서 친구들이 그것에 대해 물어봐요. 선생님들도 부흥에 대해 알고 싶어 하세요."

"멋진 일이잖아, 그치?"

내가 그의 이마에 입 맞추며 말했다.

에밀리는 반대편 방에서 자고 있었다. 방은 봉제 인형과 그녀가 좋아하는 담요로 가득 쌓여 있었다. 나는 때때로 부모들이 그러듯 그녀가 자는 모습을 지켜보았다.

며칠만 더라고 나는 스스로를 다독였다. 소파 가장자리에 앉아 다시 휴즈로 돌아가기 위해 신발을 신으려 했다가, 잠시 쿠션에 기대어 휴식을 취하기로 하고, 내 휴대폰을 꺼냈다.

WhatsApp과 문자 메시지를 잠깐 확인했다. 그때 알림 소리와 함께 지니가 보낸 사진이 대화방에 보였다.

이번 주 초에 예수님을 영접한 세쓰(Seth)를 방금 만났어요. 그는 예수님이 하신 일을 기념하고 싶어 했답니다! 지니

사진에는 세쓰의 손에 새겨진 2/16/23 날짜 문신이 보였다. 내 마음 속에 지니의 목소리가 들리는 듯했다: "가 봅시다!"

와, 자신의 결심을 이렇게 새기다니! 멋져요! - 그렉
이 사진 저장할게요! - 케빈

나도 사진에 하트를 누르며 미소 지었다. 그리고 휴대전화를 손에 든 채로 그대로 깊이 잠들어버렸다.

11장

사랑받는 자(Beloved)

성령님이 비둘기처럼 몸의 형태로 예수님 위로 내려오셨다.
또 하늘에서 소리가 났다.
"너야말로 사랑하는 내 아들이야. 난 네가 좋아."
누가복음 3:22

"주님의 모든 약속은 '네'와 '아멘'이라네"
- 크리스 톰린, "Faithful(신실하심)"

2월 21일, 화요일

"우리 결혼 생활에서 당신이 이렇게 피곤한 모습은 본 적이 없어."

클린트는 나와 함께 캠퍼스를 천천히 걸으며, 아이들 소식을 전해주고 내 가방을 들어주었다. 이렇게 피곤하다니! 정말 대단한 말이었다. 클린트와 나는 여러 해 동안 국제 여행을 꽤 많이 다녔다. 대학생들과 우리 어린아이들을 데리고 선교 여행을 다니며 시차 적응에 고생한 적도 있었다. 그는 세 아이의 출산, 산후 회복, 그리고 막내와 함께한 일주일간의 병원 생활에서 오는 피로도 잘 알고 있었다.

"정말 그래?"

나는 목소리가 쉰 채로 말하며 스스로 웃었다. 감기로 인해 목이 쉬어 목소리가 거칠었다. 평소보다 따뜻한 날씨에 봄 같은 햇살이 비치고, 잔디밭은 예배하는 사람들로 북적이고 있었다. 사람들은 외투를 벗어 던졌다.

클린트와 나는 줄에 서 있는 몇몇 사람들과 이야기를 나누고, 나는 부어짐 현장팀의 물류 회의에 도착했다.

현장팀 구성원들은 모리슨 건물의 교실에 흩어진 책상에 자리를 잡았다. 글렌 해밀턴은 위원회 구성원이자 목자로서, 유지 관리팀을 포함한 군중과 자신의 팀을 깊이 배려하며 지속적인 관리로 청소 지원, 재정 문제, 긴급 수리를 관리했다. 폴 스티븐스가 대화를 이끌었다. 주말 동안 한 자원봉사자가 피닉스에서 렉싱턴으로 날아와 전체 행사 관리를 돕기 시작했다. 한 후원자가 이 대규모 회의 관리의 전문가이자 전문적인 이벤트 매니저의 비용을 지원했는데, 그녀는 현장팀에 자연스럽게 합류하여 곧 없어서는 안 될 존재가 되었다. 이것 또한 부어짐의 또 다른 기적이었다.

나는 작업 중인 노트북, 집중된 표정, 그리고 구성원들의 말과 행동에서 드러나는 예수님과 애즈베리에 대한 헌신을 눈여겨보았다. 현장팀의 모든 구성원은 놀라운 물류적 기술뿐 아니라 자신이 속한 애즈베리 부서와 줄에 서 있는 사람들에 대한 진정한 관심과 사역에 대한 마음을 보여주었다.

지난 며칠 동안 대부분 자원봉사자들이 기적적으로 나타났지만, 오늘 우리는 더 많은 자원봉사자와 기도 사역자가 필요했다. 나는 제시카 에이베리에게 강단 사역 지원을 요청하며, 핵심 팀에 지역 교회에서 아는 지원자를 요청해달라고 연락했다.

현장팀은 여러 문제를 해결하고, 다양한 물류적 도전 과제를 어떻게 처리할지 논의하며 작업을 진행했다. 팀은 2월 23일 이후의 계획에 대해 물었다. 부어짐은 어디로 갈 것인가? 이것이 화두로 하루 종일 지속되었다.

오후에 나는 지혜를 구하며 애즈베리 신학교로 길을 건넌다. 군중들을 피해 다니고, 무료 음식과 커피 줄, 이동식 화장실 줄을 지나갔다. 우리는 부어짐의 미래를 논의하기 위해 예정된 회의를 가지고 있었다.

에스테스 채플 앞에는 사람들이 몰려 있었다. 오후 초반, 가벼운 비가 보도 위를 적시고, 몇몇 사람들은 우산 아래에 모이거나 우비를 입고 있었다. 나도 밝은 녹색 우비를 입고 있어서 다행히 비가 나를 흠뻑 적시지는 않았다.

놀랍게도 자유 감리교 교단의 주교 세 분 모두 에스테스 채플 앞에 함께 서 계셨다. 자유 감리교 교단에서 안수를 받은 나로서는 교회의 원로들을 뵙는 것만으로도 큰 격려를 받는 기분이 들었다. 주교들은 내게 손을 얹고 진지하게 지혜와 힘, 인내를 위해 기도해 주셨다. 내 마음이 한결 가벼워졌다.

"오늘 밤 제가 설교합니다."

내가 미소 지으며 말하자, 주교들은 하나님의 은혜와 선하심이 내 머리 위에 임하기를 간구하였다.

나는 신학교 행정 건물 안으로 들어가, 이미 진행 중인 회의에 늦게 합류했다. 회의는 애즈베리 신학교의 티모시 테넌트(Timothy Tennent) 총장이 주재하며, 부어짐 부흥의 미래에 대해 논의하고 있었다. 데이비드 토머스, 제이디 월트, 그리고 케빈 브라운도 테이블에 함께 자리했다. 창문 블라인드는 열려 있고, 거리 건너편에서 사람들이 모여 기다리는 모습이 보였다. 나는 자리에 앉아 회의 내용을 따라잡았다.

우리가 부어짐 부흥을 통해 하나님께서 행하고 계신 일과 그것을 어떻게 관리해야 하는지를 논의하면서, 나는 이 경험의 순간에 주목했다. 대화를 나누며 나는 되뇌었다. 이 순간을, 하나님의 임재가 가져다주는 거룩함과 우리가 각자 하나님께서 주시는 말씀을 들으려 애쓰는 인간적인 압박 속에서의 이 순간을 항상 기억하고 싶다. 나는 부어짐을 어떻게 잘 섬기고 동시에 분별하는 것이 이루 말할 수 없는 명예라는 것을 알고 있었다.

우리는 테이블에 둘러 앉아 서로 다른 관점을 진지하고 열정적으로 토론하지만, 한 가지 공통된 고백이 떠올랐다. 하나님께서 애즈베리에서 행하시는 일은 애즈베리만을 위한 것이 아니라, 전 세계를 위한 것이라는 점이다. 하나님께서 Z세대를 통해 불을 붙이셨지만, 그 외 우리도 그 불길에 자신의 촛불을 대며 불이 계속 타올랐다.

우리는 우리가 시작하지 않은 것을 끝내고 싶지 않았다. 이 모든 것은 하나님께 속한 것이었다. 하나님의 사랑의 부어짐 아래에서 있을 수 있었다는 것만으로도, 그것이 6시간이든 16일이든, 우리는 경이로움과 겸손함을 느꼈다.

우리가 함께 분별하면서 2월 23일 이후에는 애즈베리나 윌모어에서 더 이상의 예배가 지속되지 않을 것임을 분명히 했다. 그러나 하나님께서 그분의 백성들에게 사랑을 계속 부어주실 것임을 믿었다.

"믿음의 물줄기가 온 나라에서 높아지고 있다."

"주님의 말씀대로 이루어지소서."

케빈은 우리에게 상기시켰다.

"불은 가장 밝게 타오를 때 빛나지만, 가장 뜨겁게 타오를 때는 잔불로 남습니다."

요즘 전 세계적으로 영적인 모닥불이 환하게 불타오르고 있지만, 그 불은 점점 더 강렬하게 타오를 준비를 하고 있다. 성령이 움직이는 곳에서 언제든지 불꽃과 불씨로 다시 일어날 것이다.

저녁이 되자, 휴즈에는 학생들이 좌석 줄마다 가득 찼다. 지니는 모두를 환영하고, 그렉은 예배로 초청했다. 두 명의 학생이 간증을 나눈 후, 회중은 찬양했다. 나는 설교 순서를 기다리며 무대 옆에 서서 그들의 얼굴과 에너지, 그리고 하나님을 향한 열정을 바라보았다. 그러면서 성령이 내 머리 위에 임하셨음을 느끼고,

"너는 내 사랑받는 딸이다"라는 깊은 감동을 받았다.

나는 예수님이 요단강에서 올라오실 때 성령이 임하시며 "너야말로 사랑하는 내 아들이야. 난 네가 좋아"라고 하신 말씀을 떠올랐다. 요한복음 15장 9절에서 예수님은 우리를 이 사랑의 관계로 초청한다.

"아버지께서 나를 사랑하신 것처럼, 나도 역시 그대들을 사랑했어요. 나의 사랑 안에 머무르세요."

이 사랑 안에 거하라는 초청은 나에게 복음의 핵심으로 다가온다. 예수님을 위한 우리의 모든 것 - 이것은 평생 계속되는 사랑의 교제이다. 모든 자유, 모든 은혜, 모든 선함이 우리에게 부어진다. 애쓰고, 가치를 얻으려 하는 삶의 목적, 그리고 사랑 안에 거하고 사랑을 주장하는 삶의 시작이다.

말씀을 전하며, 감기와 과도한 피로로 내 목소리는 쉰 상태라 갈라지고 음이탈이 났다.

"여러분의 가장 큰 수치와 부끄러움의 자리, 바로 그곳이 예수님이 여러분을 소유하시는 자리입니다. 예수님은 여러분의 가장 찬란한 순간이 아닌, 가장 낮은 순간에 여러분을 위해 죽으셨습니다.

우리가 모두 지쳐버렸을 때, 모든 것이 끝났다고 느낄 때, 그 순간에 예수님은 찾아오십니다. 예수님의 사랑과 자유를 경험할 때, 우리는 모든 것을 제단 위에 내려놓고 싶다는 것을 깨닫습니다.

예수님은 여러분을 위해 자신의 모든 삶을 내어놓으시고, 십자가에서 죽으셨습니다. 하나님의 나라는 이런 것입니다. 예수님의 모든 것을 여러분의 모든 것과 바꾸는 것입니다. 성령께서 오늘 저녁 여러분의 영혼 안에서 일하고 계시는 곳은 어디입니까?”

“여러분 중 일부는 모든 것을 붙잡고 버티는 데 지쳤을 수도 있다는 것을 압니다. 여러분은 그 짐을 지고 있을 필요가 없습니다. 그것이 여러분의 삶의 이야기가 될 필요는 없습니다. 또한 제 삶의 이야기가 될 필요도 없습니다. 여러분은 죄와 수치의 속박 아래서 평생을 보낼 필요가 없습니다.

그리스도의 능력이 여러분과 저의 죄와 수치를 위해 열려 있습니다. 여러분은 수치를 어깨에 짊어진 채로 살아갈 필요가 없습니다. 예수님은 여러분의 수치를 가져가시기 위해 오셨습니다!”

“만약 여러분이 이전에 예수님을 경험하지 못했다면, 지금 예수님을 소개해드리고 싶습니다.”

내 목소리는 감정과 피로로 인해 갈라졌고, 나는 이렇게 설교를 마무리했다.

강단은 이 기간 동안 매 시간마다 가득 채워졌다. 강단 사역 팀은 강단 한쪽에 의자에 앉아, 휴지 상자와 성경을 나눠줄 준비를 했다. 추수는 풍성하기 그지없었다. 우리는 성례를 위한 기름이 바닥났지만, 다행히도 입구 안내 팀이 저녁으로 먹은 이탈리안 음식에는 빵을 찍어 먹는 데 쓰이는 올리브 오일이 있었다. 급박한 상황에서 우리는 올리브 오일에 기도한 후, 레스토랑에서 가져온 작은 올리브 오일 컵들을 무대 맨 앞에 놓았고, 즉석에서 사용 가능한 신성한 성집례를 성유가 되었다. 또 하나의 아름다운 부어짐의 순간이었다.

나를 위해 기도했던 주교님들은 학생들이 줄지어 앉은 후에 위층 발코니의 남은 몇 자리에서 자리를 잡으셨다. 나는 설교단에서 그들의 눈을 마주치며, 그들의 손이 예배와 기도 속에 열려 있는 것을 보며 기쁨을 느낄 수 있었다.

얼마나 소중한 밤인가?

오후 11시 32분, 잭이 문자를 보냈다.

"여러분께 감사드립니다! 그분이 이루신 것, 이루고 계신 것, 그리고 이루실 것을 믿기 힘들 정도로 감격적입니다."

우리 모두 같은 마음이었다.

2월 22일

핵심 팀은 오후 4시 30분에 모여 수요일 저녁 사역 시간을 계획하고, 기도하며 준비하고, 함께 시간을 보냈다. 그날 저녁 예배를 어떻게 진행할지 함께 분별하면서, 저는 마지막으로 우리 팀을 둘러보았다. 지난 2주 동안 이 얼굴들은 내게 매우 소중한 존재가 되었다. 우리는 부흥에 대한 농담을 하며 웃고, 마지막으로 회의를 위해 화이트보드를 꺼내면서 더욱 끈끈해졌다.

부어짐의 부흥이 계속되는 동안, 우리 팀은 점점 더 강해지고, 특히 지난 며칠간 인종적 다양성이 더욱 풍부해졌다. 우리는 남성과 여성의 파트너십을 존중하고, 모든 차원에서 다민족적 경험에 대한 헌신을 지켜나갔다. 사역의 날들을 돌아보면서, 우리가 공유한 청지기 정신에서 몇 가지 중요한 주제가 떠올랐다.

우리 팀은 공유 리더십, 상호 분별, 급진적 겸손, 한 걸음씩의 순종, 그리고 하나님께 자신을 드리는 헌신의 토양에서 성장했다. 부어짐의 핵심은 예수님께 순종하며 헌신된 마음이었다. 우리는 C.S. 루이스가 말한 것처럼,

"더 높이, 더 깊이(Further up and further in)"[1]

나아가라는 하나님의 진지한 초대를 경험했다. 우리는 캠퍼스와 다른 장소에서 거룩하고 변혁적인 예배를 경험했고, 그 열매는 인간 영혼의 근본적인 헌신이었다. 이 기간 동안의 가속화된 영적 성장과

---

1) C.S. Lewis, *The Last Battle* (New York: McMillan, 1956), 180.

변화는 핵심 팀의 모든 사람에게 말로 표현할 수 없는 영향을 미쳤다.

다음 날, 2월 23일 예배는 휴즈에서의 부어짐 예배를 마무리하며, '대학기도의 날(Collegiate Day of Prayer)' 팀과 핵심 팀을 통합하는 시간이 될 것이었다. 그렉과 데이비드는 CDOP 팀과 신중하게 협력하여, 이번 부어짐 부흥의 본질을 반영하는 비전을 제시했다. 즉,

"유명한 기독교인은 없다."

"Z세대 중심"

그리고 "느린 생산 방식"으로 예배가 이루어질 것이었다. 수요일 밤은 우리가 팀으로서 관리하는 마지막 예배가 될 것이었다.

댄 월트는 우리 그룹에 텍스트 메시지를 보내, 이번 날들 동안의 초대에서 축복으로 이어진 움직임에 대해 자신의 말을 공유했다.

"와서 보라"는

"가서 되라"로 바뀌고 있습니다.

세상을 향한 하나님의 사랑!

2월 22일 수요일 밤은 파송의 밤이었다. 가서 되라 (Go and Be)!

휴즈에서 일어나는 일은 여기만을 위한 것이 아니었다. 이는 세상을 위한 것이었다! 미국 전역의 대학교에서 철야기도 모임, 세례식, 계획되지 않은 예배의 밤이 이어지고 있다는 소식이 계속 전해

졌다. 불길은 이미 휴즈 강당을 넘어섰다. 오늘 밤 우리는 Z세대를 파송하며 그들이 이 불길을 세상에 전하도록 축복했다.

그렉은 사순절 첫날(재의 수요일, Ash Wednesday)을 기억하며, 예배를 시편 51편으로 열고 회개의 자세로 무릎 꿇을 것을 회중에게 초청했다. 예배팀은 무대에서 무릎을 꿇고 이마를 바닥에 대었고, 구약의 진리의 말씀이 사람들 사이에서 울려 퍼졌다.

"깨끗한 마음을 나에게 창조해 주십시오, 오, 하나님! 굳센 영을 내 속에 새롭게 해 주십시오! 나를 주님 앞에서 내치지 마십시오! 주님의 거룩한 영을 내게서 거두어 가지 마십시오! 주님의 도움을 생각하며 내가 다시 기뻐하게 해 주시고, 기꺼이 따르는 마음가짐을 주셔서 나를 붙잡아 주십시오." (시편 51:10-12)

학생들이 간증을 나누고, 마크와 J.D.는 학생들이 자신들의 삶의 성구를 읽을 수 있도록 도우며, 잭이 설교했다. 지니는 예수님께 헌신하라는 초청을 전하며 그 메시지를 이어갔다. 팀 전체는 Z세대와 함께 사역을 맡아 마지막으로 이끌었던 이 저녁의 중요성과 그 모든 축복, 그리고 성령 안에서의 교제를 깊이 느꼈다.

찬양 "How Great Is Our God(위대하신 주)"이 휴즈 강당을 가득 메웠다.[2] 아름다운 목소리의 찬양이 하늘로 올려졌다.

저녁 어느 순간, 나는 집으로 돌아왔다. 몸은 지쳐 있었고, 참아

---

2) Chris Tomlin, Jesse Reeves, Ed Cash, "How Great Is Our God," Chris Tomlin의 앨범 *Arriving*의 3번 트랙, Sparrow/sixstep, 2004년 발매, 스튜디오 앨범.

왔던 감기가 마침내 나를 덮쳤다. 몇 시간 동안 깊이 잠들었지만, 다음 날 여전히 몸이 아파 소파에 머물렀다. 아이들이 학교에서 돌아와 소파에 함께 앉아 네 옆에 몸을 기대었다. 기침과 재채기에도 신경 쓰지 않고 함께 있는 것만으로도 좋았다. 한 친구는 치킨 누들 수프를 가져다주었고, 다른 친구들은 브라우니, 머핀, 멕시칸 음식을 선물로 가져왔다.

우리는 함께 음식을 먹고, 담요를 덮고 소파에 웅크려 앉아 시간을 보내며, 단순히 함께 있음의 기쁨을 누리며 기도했다.

아이들을 재운 후, 침대에 누워 이불을 덮고 전국 대학생 기도의 날 예배를 시청했다. 약 300만 명이 전국 캠퍼스에서 각성과 부흥을 위해 예배하며 기도했다고 추산되었다. 다양한 얼굴들이 무대에 등장하고, 50대 이상의 사람들과 함께 젊은 세대들이 예수님을 전하며 성령이 그들의 마음을 통해 실시간 중계로 흘러갔다. 무대와 강당에서 찬양하는 학생들은 지상에서의 천국을 다시 한 번 맛보게 했다. Z세대 학생들, 즉 애즈베리 학생들과 다른 캠퍼스 및 고등학교 학생들로 가득 찬 좌석들이 그 증거였다.

케빈은 강당과 전 세계에서 예배하는 이들을 환영하며 말했다.

"이것은 계획된 것이 아니었습니다. 혁신적이거나 최첨단의 시설로 이루어진 것도 아니었고, 화려한 마케팅 전략의 결과도 아니었습니다. 프로그램 계획 위원회도 없었습니다. 유명인이나 전문 음악가 때문도 아니었습니다. 이번 부흥은 이름도, 직함도 없는 움직임이었고, 오늘 밤도 다르지 않을 것입니다."

회중은 기쁨의 박수를 보냈다. 휴즈 강당 안에서부터 반원형 잔디밭 밖, 거리 건너편의 에스테스 채플과 지난 16일 동안의 다른 예배 장소까지, 예수 그리스도는 중심이었다. 케빈은 그날 저녁 이 부흥의 움직임이 야고보서 3장 17절에서 알려진 하나님의 성품을 보여주었다고 나누었다. 이 부흥은 순결하고, 평화롭고, 온유하며, 양보하는 마음이 가득했고, 긍휼과 열매로 충만했다. 수천 명이 경험한 이 날들은 급진적인 겸손, 자비, 헌신으로 특징지어졌으며, 애즈베리, Seedbed, 애즈베리 신학교, 그리고 윌모어 및 그 이상의 사람들로 구성된 팀의 풍성한 환대가 돋보였다.

케빈은 이렇게 결론지었다.

"우리는 이 영적인 불길이 여러 공간에서 타오르기 시작하는 것을 보고 있습니다. … 부흥의 방향은 항상 더 깊어지고, 항상 외향적으로 확장됩니다. 이는 우리의 이웃, 과부, 고아, 그리고 낯선 이를 향한 사랑으로 세상을 덮으려는 선교적 본능이며, '예수님이 주님이시다'라는 선언과 함께 세상과 다른 왕국을 증언하려는 강력한 열망입니다."

저녁 예배는 학생들의 간증, 예수님을 알도록 초대하는 말씀, 그리고 대학생들과 세계 각지의 사람들을 위한 각성을 기도하라는 요청으로 진행되었다. 지난 2주 동안 간증과 예배의 말씀이 울려 퍼졌지만, 음악과 학생들의 예배는 여전히 신선하고 성령의 바람 속에 살아 움직이는 듯했다.

여러 층의 감정이 마치 담요처럼 나를 감쌌다. Z세대 학생들이 실시간 중계를 통해 예배하는 모습을 보며 진정한 기쁨의 담요가 나를 감쌌다. 하나님의 따뜻한 사랑도 나를 덮었다. 그러나 실망감이라는 또 다른 담요도 나를 덮는 듯했다. 이 마지막 예배 시간에 휴즈 강당 안에 있지 못한 것이 안타까웠다. 줄을 관리하고, 쓰레기를 정리하고, 실시간 방송이나 중계 방송의 기술을 담당하며, 출입구에서 안내를 도왔던 애즈베리 팀이 생각났다. 휴즈 강당 안이든 밖이든, 예수님의 임재는 우리 모두를 호흡하게 했다. 감사와 감정이 겹치면서 몇 방울의 눈물이 더 내 눈에 고였다. 우리가 맡았던 이 선물이 얼마나 큰 축복이었는지, 그 거룩함과 경외감은 여전히 우리 안에 계속되고 있다. 몸은 아프고 콧물도 나지만, 내 영혼 깊은 곳에서는 기쁨의 기름과 슬픔의 식초가 함께 섞인듯한 맛을 느꼈다. 노트북을 천천히 닫으며 화장지를 집어 들었다. 열여섯 번째 날이 이렇게 막을 내렸다.

오후 10시 37분, 실시간 중계가 종료된 후 케빈은 WhatsApp에 이렇게 썼다.

"모두 정말 잘해주었습니다! 정말 잘했습니다."

우리의 휴대폰에 감사와 축하의 메가지가 넘쳐났다. 찬양팀은 악기를 정리하고, IT 팀은 마이크를 끄고 실시간 중계를 종료했다. 약 380시간 동안 이어진 자발적인 하나님의 역사가 이제 세상으로 뻗어나갔다.

WhatsApp 메신저 대화

[2023년 2월 24일 오전 10:24:10] Kevin Brown: 여러분은 정말 최고입니

다.

[2023년 2월 24일 오전 10:26:03] Maria Brown: 여러분이 받은 감사의 말은 여러분이 받을 자격이 있는 것에 비하면 적습니다. 여러분의 모든 노력, 봉사, 그리고 기쁨이 넘치는 마음에 정말 감동받았습니다.

[2023년 2월 24일 오전 10:28:08] Mark Troyer: 모두에게 축복을 전합니다. 여러분의 마음, 인내, 끈기, 그리고 행동 속에서 거룩함을 보여주셔서 감사합니다!

[2023년 2월 24일 오전 10:28:39] Barb Boyle: 아멘, 아멘! 수천 명을 섬기기 위해 본업을 내려놓고 헌신해 주신 모든 분들께 감사드립니다!!! 빠른 시일 내에 휴식을 취하시길 기원합니다!!

[2023년 2월 24일 오전 10:41:56] Michelle Kratzer: 하나님의 움직임을 함께 목격하며 여러분과 함께 봉사할 수 있었던 것은 정말 놀라운 특권이었습니다. 와우. 정말 놀랍습니다. 그리고 감사합니다!

오전 12:24
"여러분과 함께 봉사할 수 있었던 것은 상상할 수 없는 축복이었습니다. 모두에게 사랑과 휴식, 평화를 전합니다." - 제시카 에이버리

"주인이 그에게 말했습니다. '잘했다, 착하고 믿을 만한 종아! 적은 것에서 믿을 만했으니 너를 세워 많은 것을 맡게 하겠다. 들어와서 네 주인의 기쁨에 함께하여라.'"
(마태복음 25:21)

2월 25일

토요일 아침, 커피를 준비하고 노트북을 열었다. 아이들이 아직 자고 있는 사이, 소파에 웅크리고 앉았다. 일지를 쓰기 시작하며 지난 며칠간의 순간들을 간략히 정리해 보았다. 잊고 싶지 않은 것은 무엇인가? 손가락이 생각보다 빠르게 움직이며 단어들이 쏟아져 나왔다. 이 내용을 페이스북에 올리는 것이 좋겠다고 생각했다. 이번이 부흥 기간 동안 내가 올리는 두 번째이자 마지막 게시물이 될 것이다.

18일째 우리는 일상으로 돌아가고 있습니다. 지난 17일 동안의 삶이 하나님으로 가득했던 것처럼, 일상 또한 하나님으로 가득합니다. 다만, 이번에는 조금 더 조용할 뿐입니다. 앞으로 평생 동안 이 시간을 회고하며 일기를 쓰고, 기도하고, 깊은 대화를 나눌 일이 있을 것 같습니다. 지난 시간 동안 복도와 바깥에서 서로 스쳐 지나갈 때마다 우리는 이렇게 말하곤 했습니다.

"이게 정말 믿을 수 있는 일인가요?"

"이게 진짜로 일어나고 있는 건가요?"

신학자들과 사람들 모두 이 부흥이 무엇이었는지, 무엇이 아니었는지 이름을 붙이고 논쟁하겠지만, 제가 확실히 아는 것은 사람들이 하나님을 갈망하고 있다는 사실입니다.

♦ 나는 잊고 싶지 않습니다. 라틴계 가족, 할아버지, 아버지, 삼촌, 아이들, 그리고 엄마가 몇 시간 동안 기다린 후 마침내 휴즈에 들어왔을 때, 좌석으로 가지 않고 곧바로 제단으로 가서 그 앞에 엎드렸던 모습을 우리는 이런 모습을 수없

이 봤습니다.

- 나는 기억하고 싶습니다. 멕시코에서 30시간을 운전해 와서 아기를 위해 치유의 기도를 받은 가족을.

- 내 마음이 아팠습니다. 15인승 밴에 18명이 몸을 싣고 9시간을 달려와 제단 앞에서 30분 만이라도 기도하려 했던 사람들 때문에, 그리고 영국에서 온 인도 출신 목사와 그의 아내 다이애나와 함께, 그들의 나라와 캠퍼스를 위해 간절히 중보 기도했던 시간을.

- 브라질 사람들을 잊을 수 없습니다! 그들은 정말 열정적으로 나타났습니다. 그들의 나라를 위한 간절한 기도와 브라질 국기들(비록 너무 많은 인파로 인해 우리 요청에 따라 국기를 거두었지만요).

- 한 경찰관의 이야기가 기억납니다. 금식 중이던 두 아이가 있는 한 가족을 보고 깊은 감동을 받아, 줄을 서고 기다리던 그들을 자신의 순수한 연민으로 직접 데리고 들어간 한 경찰관.

- 특별한 돌봄이 필요한 딸의 엄마로서, 의료 문제를 위해 자녀를 데리고 온 가족들의 모습이 제 마음을 아프게 했습니다. 그들의 믿음과 절박함을 느끼며 저도 함께 아파했습니다. 저는 계속해서 알레나를 위해 기도할 것입니다.

◆ 포르투갈어를 사용하는 한 부부와 앱으로 소통하려고 애썼던 기억이 납니다. 마음속으로 메모했습니다.

"다음 번에는 통역 준비를 해야겠어!" (농담입니다, 다음 번이란 없으니까요!)

◆ 칠레에서 온 목사 부부가 이곳에 오기 위해 차를 팔았다는 이야기가 기억납니다. 그리고 낯선 사람들이 돈을 건네며 말했습니다.

"차를 판 그 부인에게 전해주세요."

"예, 물론입니다!"

◆ 사람들이 자신이 가진 것을 기부했던 것을 잊지 못할 것입니다. 기부 상자가 마련되어 있지 않았는데도, 사람들은 돈을 우리에게 건네며 "감사합니다, 감사합니다"라고 말했습니다. 어떤 이는 동전을, 또 어떤 이는 백 달러를 내놓으며 "이것이 내가 드릴 수 있는 전부입니다"라고 했습니다.

◆ 수많은 고등학생이 성인물의 속박에서 벗어나게 해달라고 기도했습니다. 부모님들, 적극적으로 개입하세요!
휴대전화를 없애거나, 아이들 방에 두지 않게 하세요. 당신의 아이들이 정말로 절박해 하고 있습니다.

◆ 샌디에이고에서 온 한 교회 팀이 너무도 기쁨으로 가득 찬

모습을 보았습니다.

"여기 온 것이 얼마나 기쁜지 몰라요!"라며 우리의 격려자가 되어 주셨습니다. 정말 감사했습니다!

- 캐나다 팀과 함께 기도하며, 캐나다에서 하나님이 역사하시는 이야기와 그들이 이곳으로 오는 여정에서 어떻게 하나님의 손길을 경험했는지 들었던 것을 기억합니다.

- WhatsApp 채팅방에서 알림이 한 번에 101개씩 쏟아졌던 것을 기억합니다:

  "에스테스에 물이 필요합니다!"

  "줄에서 기도 봉사할 사람이 있나요?"

  "포터블 화장실이 넘쳤습니다!"

  "10명이 예수님을 영접했습니다!"

  "거대한 JESUS 깃발을 내려야 합니다!"

  "그 앰뷸런스는 뭐죠?"

  "여기 온도가 영하예요. 히터가 곧 도착합니다"

  "구세군이 왔어요. 감사합니다, 예수님!"

무엇보다도, 저는 현장 팀, 자원봉사 팀, 그리고 사역 팀 사이의 관계를 가장 기억할 것입니다.

부흥은 관계라는 궤도를 따라 움직입니다.

우리의 은퇴 교수님 중 한 분이 이렇게 말씀하셨습니다.

"우리는 놀랐지만, 준비되지 않은 것은 아니었습니다."

우리는 예수님을 깊이 사랑하는 작은 공동체입니다. 우리는 준비되지 않았지만, 그렇다고 전혀 준비가 안 된 것은 아니었습니다. 하나님은 그런 분이십니다.

우리는 놀랐지만, 준비되지 않은 것은 아니었습니다. 하나님은 그런 분이십니다.

12장

축복기도(Benediction)

"그 빛이 어둠 속에서 빛나고 있다.
그 어둠은 빛을 눌러 이기지 못했다."
요한복음 1:5

"그가 부모들의 마음이 자식들에게 돌아오게 하고
자식들의 마음이 부모들에게 돌아오게 할 것이다."
말라기 4:6

"주의 은혜 네게 임해 천 대까지 이르리라"
- 코디 카네스 & 캐리 조브, "축복(The Blessing)"

2023년 늦은 봄

휴즈 강당은 고요하고 조용히 빛나며, 스테인드글라스를 통해 들어오는 햇빛과 견고하고 닳아 있는 제단이 예수님께 순복하라는 부르심을 끊임없이 상기시켜 주었다.

"주께 성결(Holiness Unto the Lord)"이라는 커다란 금색 글자가 이 공간을 지배하며 우리를 하나님께로 이끌었다.

무대 옆문을 통해 들어설 때 한 순간 기억이 스쳐 지나갔다. 자원봉사 센터와 계속되는 회의 사이를 오가며 자주 이 문 앞에서 잠시 멈추곤 했었다. 이 문을 열고 휴즈 강당 안으로 들어서면 마치 수영장에 뛰어드는 것처럼, 예수님의 사랑과 임재 속에 온몸이 잠기는 것 같은 느낌이 들었다. 휴즈로 들어가는 영적인 감각은 마치 문을 통과하며 숨을 멈추고 하나님의 임재가 내 머리 위로 닫히는 것처럼 느껴지게 했다.

지금, 고요한 가운데 머물며, 의자의 줄과 높은 창문, 그리고 위층 발코니들이 마치 보이지 않는 구름처럼 거룩함과 일상의 시간을 부드럽게 호흡하는 것 같았다.

지난 세기에 걸쳐 수천 명의 무릎이 이 제단에서 예수님께 항복하며 이곳을 표시해 왔다. 이스라엘 백성이 회개하고 주님께 돌아왔을 때, 사무엘은 길에 돌을 세우며 이를 에벤에셀이라 불렀고, "여기까지 여호와께서 우리를 도우셨다"고 말했다(사무엘상 7:12).

내 마음의 눈이 영적인 세상을 볼 수 있다면, 휴즈 강당에서 수천 수만 개의 에벤에셀 돌을 보게 될까요? 거룩한 상상력을 발휘하면, 돌들이 제단과 바닥을 덮고, 마침내 그 돌들이 "주께 성결"이라는 글자를 닿게 하며 지붕에 이르도록 쌓이는 모습을 떠올릴 수 있었다. 이곳에서는 많은 영적인 일이 일어났다. 하나님은 어디에나 계시며, 그분이 없는 곳은 없지만, 하나님의 백성이 함께 모여 그분의 이름을 부를 때, 하나님의 능력이 우리를 다르게 만났다. 이전 수십 년간의 에벤에셀 돌들이 오늘날 하나님의 사역을 위한 발판이 되었다.

그 16일간의 부흥 동안, 하나님은 그분의 사랑을 그분의 백성 위에 부어주셨다. 첫날부터 이 사랑이 세상으로 퍼져 나가는 순간까지, 모든 것은 오직 예수님에 관한 것이었다. 사람들은 예수님을 경험하기 위해 왔고, 저 또한 예수님을 경험하기 위해 왔다. 그날들이 내게 필요했다.

내 마음은 새로운 믿음의 에너지로 뛰고 있다. 사람들의 갈망과 기대를 직접 보며, 나는 하나님에 대한 새롭하시는 믿음으로 깨어났다. 우리 학생들 안에서 예수님의 변혁적인 사랑을 경험하며, 나 역시 새롭게 되고 나 자신의 지속적인 변혁의 여정을 다시 활기차게 시작했다.

이제는 행정 회의, 학생 문제, 내년 활동 계획, 그리고 학생 리더 선출로 가득한 날들이 계속된다. 이제는 5만 명의 손님을 위한 사역을 분별하는 대신, 학생생활 행정부 리더십 팀과 예산에 대해 논의하고, 학기 말 축하 행사를 준비하고 있다. 교수와 학생들 모두 학기를 마치기 위해 온 힘을 다하고 있다. 부흥의 16일을 지나며,

우리 캠퍼스의 에너지는 고갈된 상태이다. 동시에, 많은 학생들이 성령 안에서의 기쁨을 드러내며, 예수님 안에서 죽음에서 생명으로 옮겨진 자신의 간증을 나누고 있다. 학생생활 팀원들과 교수들은 학생들의 간증을 듣고, 그날들 동안 예수님께서 그들의 마음속에서 하신 일을 증언하는 소리를 듣는다.

미국 전역과 전 세계에서 학생들에게 간증을 요청하는 초청이 쏟아지고 있다. 하나님께서는 계속해서 전 세계적으로 Z세대의 마음을 움직이고 계신다. 거의 매일, 철야기도 모임, 24시간 교회 예배, 여러 대학생의 세례식 등, 이 부흥과 어느 정도 연결된 곳에서 소식이 오고 있다. 윌모어에서 하나님의 자발적인 역사가 놀라웠던 만큼, 이제 애즈베리에서의 부흥이 세계에서 하나님의 사역의 시작이 되었음을 보는 것도 또 다른 놀라움이다. 이 사역은 대부분 십대와 젊은 이들로부터 시작해 교회를 일깨우고 있다.

부흥 집회가 끝났다는 사실을 모른 채, 소셜 미디어를 보고 손님들이 계속 찾아온다. 네덜란드, 한국, 멕시코, 그리고 미국 전역에서 손님들이 와서 여전히 진행 중인 부흥 집회에 참여하기를 기대하지만, 대신 정기적으로 예정된 채플 예배에 참석하거나 대부분 텅 빈 휴즈 강당에서 기도한다.

지금 나는 한때 많은 시간을 보냈던 무대 옆에 조용히 서 있다. 몇몇 손님들이 휴즈 강당에 들어와 제단으로 나아가거나 의자 사이를 거닌다. 애즈베리 환영 팀 중 한 사람이 그들을 안내하며 하나님께서 놀라운 방법으로 나타나셨던 이야기를 나눈다. 나는 잠시 동안 손님들을 지켜보며, 무대 위에 서서 전 세계에서 온 기대에 찬 마음들을 보고 경외심을 느꼈던 순간들을 떠올린다.

주머니 속 휴대전화가 진동하지만, 무시한 채로 있다. 내 영혼의 기도는 성령의 리듬에 따라 숨을 들이쉬고 내쉬며 내 영혼을 새롭게 한다.

하나님, 당신이 오셨습니다!

당신은 부서지고 지친 자들을 위해, 마음이 죽어 있는 자들을 위해, 마약, 성인물, 완벽주의에 중독된 자들을 위해 오셨습니다. 교회를 한 번도 가지 않았던 자들과 교회 지도자들에게 상처받은 자들을 위해 나타나셨습니다. 학대의 이야기를 짊어지고 있는 자들, 의심하는 자들, 당신이 진짜인지 궁금해하는 자들, 우울증과 불안 속에 자신을 정의하던 자들을 위해 움직이셨습니다.

당신은 우리 세상과 우리 나라를 위해, 노인들과 가난한 자들을 위해, 세상의 눈에 부유한 자들과 모든 것을 잃고 아무것도 남지 않은 자들을 위해 오셨습니다.

주님, 당신은 단지 지금 이 세대만을 위해 나타나신 것이 아니라, 그들의 자녀들과 손주들을 위해서도 나타나셨습니다. 그들의 가족 이야기 속에 당신이 어떻게 움직이셨고, 어떻게 움직이실지를 위한 거룩한 상상이 자리 잡게 하셨습니다.

세상의 영향력 있는 사람들이 문명의 이기를 통해 우리의 영혼에 영향을 미치는 이 시대에, 하나님은 오늘날의 수단을 사용해 예배하는 당신의 백성을 목격하게 하시며 모든 주의를 끌어모으셨습니다.

어두움과 폭력이 가득한 이 세상에서, 하나님, 왜 이렇게 나타나 움직이셨습니까? 분명히 다른 지역이나 나라들이 당신을 훨씬 더 절실히 필요로 했을 텐데요.

내 마음 깊은 곳에서 주님의 음성을 듣는다.

"세상이 어두워질수록, 나의 빛은 더욱 밝게 빛난다."

그리고 기도한다.

예수님, 당신의 사랑의 부흥의 날들을 사용하셔서 이 어두워져 가는 시대에 열방의 빛이 되게 하소서.

당신은 세상을 이기실 것입니다. 우리에게 주신 약속은 임마누엘, 즉 하나님이 우리와 함께하신다는 것입니다. 가장 깊은 어둠 속에서, 가장 인간적인 고통 속에서, 죽음의 그늘진 골짜기 속에서, 우리의 두려움과 부서짐 속에서도, 당신은 우리와 함께하십니다. 당신은 우리와 함께 고통받으시는 하나님이시며, 어두운 날들 속에서 빛나시는 하나님이십니다.

내 마음은 하나님의 기쁜 소식으로 불타오른다. 나에게 영적인 부르심은 그 16일 동안 그 어느 때보다도 살아있음을 느꼈다. 하나님, 이제 저를 위해 무엇을 준비하셨습니까? 제가 애즈베리를 떠나 목회자로 섬겨야 합니까? 아니면 이 자리에서, 지금의 제 사무실과 역할 안에서, 애즈베리에서 Z세대를 위한 영적인 어머니의 역할을 더 깊이 감당해야 합니까?

내 휴대전화가 계속해서 울린다. 나는 휴즈 강당을 나와 밝은 4월의 햇빛 속으로 걷는다. 피곤함 속에서도 캠퍼스는 여전히 생명력으로 가득하다. 학생들은 학생 회관에서 공부하거나 잔디밭에서 공놀이를 하고, 지나가면서 에너지가 넘치는 대화에 몰두한다. 또 어떤 학생들은 다가오는 시험에 압도된 모습으로 보인다. 휴대전화가 다시 진동한다. 나는 아치를 서둘러 지나며 다음 회의로 향했다.

"더 천천히 걸어라."

"더 천천히 걷다니요?"

나는 속도를 조금 늦춘다. 하나님, 이게 무슨 뜻인가요? 내가 요즘 너에게 바라는 것은 더 천천히 걷는 것이다.

나는 속도를 더 늦추었다. 학생들이 내 옆을 지나며 거의 나와 부딪힐 정도였다. 나는 그들의 눈을 바라보았다. 휴대전화에 주머니에 넣고, 그들을 지나치며 기도했다. 하나님은 참으로 실제적이시다. 나는 하나님의 길이 단순하다는 것을 배워가고 있다.

하나님이 어떻게 움직이시는지 주의 깊게 보아야 한다. 그분의 속도를 유념해야 한다. 당신의 길에 하나님이 보내신 사람들을 살펴야 한다. 하나님께서 행하신 일을 다시 행하실 것을 기대 한다.

더 천천히 걸어라. 당신의 말씀대로 이루어지게 하소서. 이 순간을 놓치고 싶지 않다.

내 친구이자 동료이며 핵심 사역 팀의 파트너인 지니는 2월 8일 코로나 전염병으로 아프던 중 소파에서 온라인으로 채플을 시청하고 있었던 이야기를 들려주었다. 그 당시 리즈 라우든(Liz Louden)이 설교가 시작되기도 전에 오전 10시 24분에 문자를 보냈다.

"학생들이 아는지 모르겠지만, 성령님이 여기에 계십니다. 우리가 방금 정말 성령 충만한 예배를 드렸습니다."

우리는 성령께서 휴즈 강당에서 그렇게 강력하게 역사하시기 시작했을 때, 그것이 수십 년간 드려진 수천 번의 기도의 응답이라고 믿는다. 하나님이 다시 오셔서 역사하시기를 간구했던 기도들 말이다. 어떤 신성한 이유로 인해 카이로스 시간과 크로노스 시간이 2월 8일에 교차했고, 바로 적시에(고린도후서 6:2 참조) 하나님께서 움직이셨다. 애즈베리 학생들은 부흥을 위해, 하나님께서 움직이시기를 위해 기도하고 있었다.

나는 왜 하나님께서 바로 그 특정한 날과 시간에 사랑을 부어주셨는지에 대한 "원인"을 찾으려는 것이 아니다. 그러나 하나님께서 어떻게 그 길을 예비하셨는지에 대해 경외심으로 궁금해한다. 케빈 브라운은 종종 한 교수님의 말을 인용한다.

"애즈베리는 마른 강바닥과 같습니다. 비가 내리면 물이 어디로 가야 할지 압니다."

분명히, 수십 년 동안, 그리고 심지어 2022-2023 학년도 동안, 하나님께서 우리에게 물을 넘치게 하시기 위해 강바닥을 준비하셨다.

확실한 한 가지는 이것이다. 하나님께서는 상황이 완벽하기 때문에 부흥을 보내시는 것이 아니라, 그것을 바로잡으시기 위해 부흥을 보내신다.

2023년 2월 8일, 하나님께서는 애즈베리 가스펠 찬양대를 통해 성령의 강력한 도구로 사랑을 부으셨다. 그러나 그들의 이야기는 그날 시작된 것이 아니었다.

2023년 2월 7일, 그 전날

몇몇 관리자와 교수들이 킨로우 도서관 상층 회의실에 모여 공동체를 이끄는 정체성 성명을 만들기 위해 논의했다. 나는 노트북을 열고 지난 몇 달 동안 작업해 온 문서를 검토했다. 학생들에게

"소속감을 느끼고, 변화하며, 성별된 존재가 되도록 돕는 환경을 조성하겠다"는

우리의 사명선언을 바탕으로 한 이 문서는 이전의 성명에서 아이디어를 가져왔으며, 우리가 공동체로서 어떻게 함께 살아가는지를 명확히 연결하는 것이 목적이었다. 우리는 아홉 가지 원칙 작업을 진행하며, 우리의 정체성에 부합하는 방식과 우리가 지향하는 바를 기록했다.

원칙의 일부를 소개하고 싶다.

"우리는 예수 그리스도를 주님이자 구세주로 믿고 따르는 생동감 있고 열정적인 헌신을 공언하고 실천합니다. 또한, 성경을 삶의 궁극적인 권위로 삼습니다. 우리는 모든 사람이 하나님의 형상대로 창조되었으며, 따라서 측정할 수 없는 인간의 가치를 가지고 동등한 인간의 존엄성을 지닌다고 믿습니다."

"이것이 우리가 신입생 오리엔테이션 동안 학생들을 훈련시키는 방식에 어떻게 영향을 미칠까요?"

누군가가 물었다. 우리는 마음, 정신, 그리고 행함을 형성하는 것을 목표로 한다. 기독교 교육은 단순히 지적 성장을 위한 것이 아니라 신체를 포함하며, 따라서 우리의 판단, 감각, 그리고 잘 살아가기 위한 실천을 형성한다고 믿는다. 이러한 삶의 실천이 어떻게 안식일을 지키는 데 적용될 수 있을지 논의했다. 학문적 공동체로서 안식일에 대한 헌신이 월요일에 예정된 시험과 과제에 대해 다른 사고방식을 요구하는 것일까?

이 대화들은 나에게 영감을 주었다. 정체성 팀 전체는 단순히 애즈베리 구성원으로서 우리가 누구인지뿐만 아니라, 우리가 어떻게 살아가고 우리의 소속감, 변화, 그리고 성별된 삶에 대한 헌신을 실천할지를 협력적으로 논의하는 작업에 에너지를 얻었다.

회의가 끝난 후, 나는 가방을 챙기고 오후 시간 카페인 충전을 위해 학생 카페인 HIC-CUP으로 서둘러 갔다. 휴대전화로 일정을 확인하며, 해야 할 일 목록을 머릿속으로 되새겼다.

다음 일정: 오후 3시, 증언 모임(Witnessing Circle).

몇 분 후, 나는 협력 학습 센터의 다목적 루스 강당(Luce Auditorium)에 다른 이들과 합류했다. 앞쪽에 자리 잡은 애즈베리 보라색 십자가의 높은 스테인드글라스 창이 공간을 장식하고 있었다. 흑인 역사 기념 월간 행사의 하나로, 켄터키 주 렉싱턴의 목사와 애즈베리 지역의 몇몇 친구들이 증언 모임을 진행해왔다. 이는 특정 장소에서 발생한 비극을 회상하고, 희생자들을 인간적으로 기억하기 위한 실천이었다. 캠퍼스에서는 매년 흑인 역사 기념의 달을 실천하지만, 이번이 애도의 방식으로 증언의 모임에 참여하는 첫 번째 기회였다.

1800년대 중반 렉싱턴 지역의 재산 소유자들의 유언장에는 노예들이 남성, 여성, 소년, 소녀, 유아로 나뉘어 깃털 침대, 말, 세탁대와 함께 목록에 기록되어 가족 구성원들에게 양도된 내용이 보존되어 있다.

애즈베리 공동체의 구성원들은 유언장을 돌아가며 읽었다. 가족의 재산으로서 사람을 물건처럼 상속하는 내용을 접하며 모두가 숙연해지고, 많은 이들이 눈물을 흘렸다. 이 증언 모임에서 보존된 기록 되돌아보기가 마무리될 즈음, 내가 알아채지 못한 사이에, 아이티계 미국인 조르주 뒤메인이 앞으로 나와 흑인들을 위한 노래(Black National Anthem)를 불렀다.

"우리의 고단한 세월의 하나님, 우리의 고요한 눈물의 하나님"

조르주의 깊고 울림 있는 목소리가 강력하게 가사를 전달했다. 그의 노래에 사람들은 노래로, 그리고 감정으로 응답했다. 조르주의 얼굴에 눈물이 멈추지 않고, 방 안의 분위기가 바뀌기 시작했다. 이는 단순히 숙연한 공동체 모임이 아닌, 거룩한 공간으로 변화였다.

예배가 마무리되었지만, 거룩한 기운이 남아 아무도 쉽게 움직이지 못했다. 조르주는 눈물을 흘리며 예수님의 임재를 깊이 느끼고, 제대로 서 있기조차 힘들어 보였다. 예수님의 임재는 슬픔과 탄식, 고백 속에 머물며, 고통의 기억 속에서 자리를 잡고 계셨다. 사람들은 흩어지지만, 증언 모임의 거룩한 순간은 우리 모두의 마음에 남았다.

그날 저녁, 조르주는 벤과 가스펠 찬양팀에 합류하여 2월 8일 수요일 예배를 위한 연습을 시작했다. 이날 설교는 잭이 맡고, 찬양팀은 벤과 조르주, 게스트 및 친구들과 함께 세 곡의 찬양을 이끌 예정이었다. 준비과정이 기도로 시작되며, 가스펠 찬양팀은 예수님의 임재에 반응하며 마음을 하나님께 향하였다.

늦은 밤까지 학생들은 휴즈 강당의 좌석 하나하나를 위해 기도했다. 이 기도는 무대에서 강당 전체로 퍼져 나갔다. 예배 음악의 잔잔한 선율이 강당을 가로지르며 기도처럼 울렸다. 예수님의 사랑스러운 임재가 찬양팀을 감싸며 사랑과 기쁨을 전하지만, 동시에 하나님이 다스리시기를 간절히 바라는 긴박감도 담겨 있었다.

학생들과 다른 이들의 연합된 기도, 하나님을 향한 갈망은 휴즈 강당 곳곳에 퍼져 나갔다.

"오소서, 주 예수여."

2월 8일 이른 새벽, 가스펠 찬양팀의 마지막 몇몇 멤버들이 연습과 기도 시간을 마치고 배낭과 악보를 챙겨 집으로 돌아갔다.

"몇 시간 후 채플에서 봐요. 잘 자요!"

낡은 나무문이 그들 뒤로 닫히고, 차가운 2월 밤으로 발걸음을 내딛었다. 예수님의 영은 여전히 그곳에 머물러 다스리셨다.

"준비됐나요? 가봅시다!"

후기

사라 토머스 볼드윈

1년 후

가장 자주 받는 질문 중 하나는 "그래서, 뭔가가 변했나요?"이다. 켄터키에서 모든 나뭇잎이 떨어진 늦겨울, 핵심 팀의 몇몇 멤버들이 레이더 학생 센터에 있는 회의실에 모였다. 창문 너머로 수업에 가는 학생들로 붐비는 보도를 내려다볼 수 있었다.

방 안에는 다양한 세대의 남녀, 그리고 여러 인종의 얼굴들이 모였다. 지난 몇 달 동안, 우리는 여러 차례 모여 계속해서 하나님의 사랑의 부어짐을 기도하며 섬겼다. 그 사랑은 멈추지 않고 대신 멀리 퍼져 나가고 있다. 우리는 계속 서로에게 묻는다.

"무엇을 보고 있나요? 무엇을 경험하고 있나요? 하나님이 지금 어떻게 역사하고 계신가요?"

나는 소파 옆에 커피 머그잔을 아슬아슬하게 두고, 무릎 위에 노트를 올려놓았다. 부어짐 부흥 이후 애즈베리에서 무엇을 경험하고 있는 것일까? 펜은 그저 감사를 기록하기에 바쁘다.

우리는 예수님 안에서의 새로 시작하심을 경험하고 있습니다.
하나님의 선하심이 우리를 그분 안으로 더 깊이 이끌고 계십니다!

자유에 대한 간증들이 계속됩니다!

캠퍼스가 더 가뿐하게 느껴집니다.

부어짐은 우리가 계속 언급하는 희망의 이정표입니다.

학생들 가운데 열매가 풍성합니다! 선교를 향한 부르심이 많아지고 있습니다. 사회적 참여를 향한 부르심도 많아지고 있습니다!

우리는 마치 "거룩한 마리오네트" 같습니다! 하나님께서 우리를 들어 올려 새로운 생명 속으로 이끄십니다.

평면적이던 삶이 입체적으로 변했습니다!

우리는 순복함으로 특징지어집니다.

학생들과 함께 지속되는 부어짐을 섬기는 소명을 진지하게 받아들이고 있습니다. 이것은 어둠 속의 빛입니다! 우리는 부흥을 경험하고 있습니다!

진정으로 우리는 부흥을 경험하고 있다. 학생들은 자주 채플 이후에도 예배하고 기도하기 위해 남아있다. 이것이 이제 우리의 일상이 되었다. 캠퍼스 잔디밭에서 자발적으로 이루어지는 예배, 함께 기도하는 학생들, 예수님께 새로운 헌신을 하는 일들과 침례식은 우리 공동체 삶의 일부가 되었다. 우리는 경이로움을 느낀다. 지난 2월 이후에도 예수님께 관심을 보이지 않던 학생들이 이제 사도행전 8장에서 에디오피아 내시가 했던 것처럼 묻는다.

"누군가 나에게 그리스도의 길을 설명해 줄 수 있습니까?"

목적을 찾고 싶어 하고, 제자가 되길 원하며, 자신을 내려놓고 "와서 죽으라"는 이 믿음이 무엇인지 알고 싶어 하는 학생들을 본다.

　지난 몇 달 동안, 우리 학생들은 55개 이상의 간증 팀을 꾸려 미국은 물론 여러 나라에서 복음을 전했다. 학생들이 앞장서서 간증하고 하나님께서 그들의 삶 속에서 어떻게 역사하셨는지를 나누었다. 우리 교수진과 직원들 역시 교회, 소그룹, 때로는 해외에서도 간증을 나누었다. 우리의 영적 온도는 분명히 높아졌다.

　그러나 여전히 학생들은 불안과 우울증과 싸우고 있다. 캠퍼스는 대학생 시기에 흔히 수반되는 깊은 정서적 문제, 외로움, 스트레스, 그리고 신체적 건강 문제에서 면역되지 않는다. 그러나 기도에 대한 새로운 부르심, 새롭게 하는 믿음, 그리고 새롭게 헌신 된 삶이 우리 안에 남아있다.

　학생 센터를 지나 사무실로 돌아가는 길, 나는 커피를 마시며 교과서를 파고드는 학생들, 교수들과 대화에 몰두한 학생들, 친구들과 소파에서 어울리는 학생들을 보고 있다. 모든 곳에 생명과 공동체가 발견된다. 사람들은 하나님 안에서 거하고, 성장하며, 거룩함으로 구별되는 삶이 무엇을 의미하는지 함께 고민하고 있다. 대학생의 영적 삶은 매우 실질적이다. 운동장에서든, 식당에서든, 진정한 관계와 함께하는 삶 속에서, 하나님을 더 깊이 알아가고, 깊고 올바르게 사고하는 지적 성장, 삶의 아름다움과 그것이 거칠고 고통스러울 때 예수님을 따르는 법을 배우는 것이다. 이 공동체는 매일 나의 신앙 여정의 일부분이 되며, 나는 이곳에서 영향을 받고 변화하고 있다.

　사무실에 도착해 잠시 문을 닫고 그 시절 내게 일어난 일을 되새긴다. 사무실의 작은 책상 위에는 부어짐 부흥과 관련된 메모, 장식물, 그리고 하나님의 자발적 역사를 다룬 책 몇 권이 놓여 있다. 내 삶은 겉으로 보기에도 달라졌다. 하나님 사랑의 부어짐은 멈추지 않는다.

나는 달라졌다. 나의 영적 온도는 높아졌다. 나의 소명 의식은 더 깊어졌으며, 복음을 전하려는 긴급함은 더 강렬해졌다. 복음서의 이야기가 내 눈앞에서 살아났고, 나는 그 최전선에서 그것을 목격했다. 어찌 변화되지 않을 수 있겠는가?

가끔, 아니 자주, 나는 여전히 과중한 업무에 시달리는 기분이 들지만, 예수님 안에서 나의 정체성은 더 깊이 내 영혼의 토양에 뿌리를 내렸다. 과거에는 내 삶의 가지가 윌모어의 천장과 벽에 닿아 갇힌 느낌이 들지 않을까 걱정했지만, 이제는 시편 1편에 나오는 것처럼 맑은 물가에 심겨, 계절에 따라 열매를 맺으며, 다른 사람들, 학생들, 그리고 하나님께서 내 길에 보내주시는 사람들을 위한 피난처가 되는 나무가 되길 소망하고 기도 한다.

하나님께서 하셨던 일을 하나님께서 또 하실 것이다.
나는 준비되길 소망합니다. 아멘.

애즈베리 대학교
2024년 초겨울

데이비드 토마스

　최근에 나는 『천국으로부터 온 소리』(Sounds from Heaven)의 저자 콜린(Colin)과 메리 펙햄(Mary Peckham)의 딸, 헤더 홀즈워스 (Heather Holdsworth)를 만날 기회가 있었습니다.[1]

　이 책은 1949~1952년에 스코틀랜드 북서부 헤브리디스 제도에 서 일어난 부흥에 대한 가장 훌륭한 기록으로 여겨집니다. 메리는 이 부흥이 일어날 당시 대학생이었으며, 이 부흥은 일부 역사가들이 서구 세계에서 마지막으로 일어난 실제 영적 각성이라고 간주합니 다. 메리는 그 몇 달 동안 초기에 회심하였고, 이후 그녀의 고향인 루이스와 해리스에 머물며 부흥 기간 내내 사역을 감당했습니다.

　헤더는 메리가 자신의 남은 생애를 그 이야기를 다시 들려주는 데 헌신했다고 말해주었습니다. 그녀는 열린 하늘 아래에서 살았던 그 시간 동안의 경험에 대해 질문받는 것을 결코 지겨워하지 않았습 니다. 대학 시절부터 메리의 삶은 예수님이 온전히 임재하시고 역사 하시는 방 안에 있었던 경험으로 인해, 진짜가 아닌 그 어떤 것에도 만족할 수 없게 된 삶으로 변해버렸습니다.

　어느 정도까지는, 이 경험이 애즈베리 부흥을 직접 목격한 우리

---

1) 1949년부터 1952년까지 스코틀랜드 루이스 섬에서 일어난 부흥 운동을 다루고 있으며, Christian Focus Publications에서 출판되었다. (역자주)

모두의 경험이기도 했습니다. 우리는 이제 돌이킬 수 없습니다. 주님의 임재 속에서 살아가는 진정한 기독교가 아닌 그 어떤 것에도 만족할 수 없게 되었습니다.

우리는 성경과 부흥의 역사를 읽으면서 더 나은 날에 대한 희망을 가지고 있었습니다. 그러나 이제 우리는 그것이 우리의 눈앞에서 실현되었기에 구체적인 희망을 가지게 되었습니다. 우리는 예수님께서 이 세대를 구원하기를 원하신다는 확고한 확신을 가지고 있습니다.

그리고 우리는 애즈베리 캠퍼스와 그 너머에서 부흥을 목격한 이 젊은이들이 앞으로는 문화적 기독교와 타협하지 않기를 기도합니다. 그들은 "부어짐 부흥 공동체(community under outpouring)"와 너무 오랫동안 제공되어 온 이름뿐인 무기력한 미국 종교 사이의 강렬한 대조를 맛보고 경험했습니다.

부흥을 경험한 공동체는 우리가 2023년 2월에 날마다 추구하고 실천하고자 했던 것이었습니다. 우리가 예수님의 임재가 역사적으로 부어지는 부흥을 경험하고 있다고 믿게 되면서, 우리는 매일 그 아래에 공동체를 세우고 유지하려고 시도했습니다. 이는 오순절에 일어난 일을 이해하는 데 있어서 꽤 괜찮은 접근법일지도 모릅니다.

"부어짐 부흥 공동체"는 교회, 적어도 우리가 교회가 되기를 간절히 바라는 모습과 크게 다르지 않습니다. 메리 펙햄처럼, 그런 공동체에 속했던 경험은 우리 안에 무언가를 심어주었고, 우리는 그것을 다른 사람들에게 전하고 싶어 늘 열망하게 될 것입니다.

그 이야기를 다시 들려주는 데 있어 우리는 부흥을 신성시하거나 기념비화 하려고 하거나, 부흥을 그 자체 이상으로 만들려는 것이 아닙니다. 우리는 애즈베리에서 일어난 이 부흥을 넘어서는 또 다른 부흥 이야기가 곧 오기를 기대합니다. 그 이야기가 여러분이 있는 곳 여러분의 도시, 여러분의 캠퍼스, 여러분의 교회와 가족, 그리고 여러분 자신의 삶에서 오기를 바랍니다. 우리는 앞으로 수십 년 동안 전 세계 곳곳에서 수백 개의 부흥이 일어나야 한다는 절실한 필요를 느낍니다. 그러나 예수님께서 이 이야기를 통해 어떤 유익을 얻으실 수 있다면, 그리고 이 이야기에 대해 조금이라도 궁금해하는 이들이 있다면, 우리는 계속해서 이 이야기를 나눌 것입니다.

나의 친구 사라가 이 훌륭한 기록을 남겨주고 여기에서 몇 가지 성찰을 나눌 기회를 제공해준 것에 대해 깊은 감사를 드립니다. 사라와 나는 2월 8일 수요일 오후, 자신도 모르게 열여섯 날 동안 벗어나지 못할 작은 구명보트에 함께 들어간 팀을 공동으로 이끌었습니다. 이제는 해안에서의 관점에서, 하나님께서 그때 무엇을 하셨고, 특히 젊은이들 가운데에서 어떻게 그 분과의 만남이 계속되고 있는지를 더 명확히 볼 수 있습니다.

젊은 세대에게 힘 실어주기

매일 몰려오는 수천 명에게 우리는 이렇게 말하곤 했습니다.

"그 수요일 아침 몇몇 학생들이 남아있지 않았다면, 우리 중 아무도 여기 오지 못했을 것입니다. 그들이 이번 부흥의 선구자였고,

우리는 그들의 발자취를 따라가고 있습니다."

초기부터 우리는 하나님께서 예배, 제단, 그리고 청년들에게 베푸시는 은혜를 목격했습니다. 중년과 장년층이었던 우리들은 우리가 한 발 물러서서 젊은 세대가 이끌도록 할수록 하나님께서 더 크게 역사하신다는 사실을 깨달았습니다.

이 디지털 원주민들은 그들의 삶에서 가장 아날로그적인 경험을 하고 있었습니다. 도덕적 유동성으로 알려진 세대가 "주께 성결"이라는 깃발 아래에서 회개로 이끌려갔습니다.

스마트폰과 함께 성인이 되어, 주머니 속의 24/7 성인물 가게와 손안의 부끄러움 공장에서 끊임없이 자신이 아닌 것과 자신이 함께하지 않는 사람들을 상기시키는 연결된 세상 속에서 살아온 청년들이 여전히 예수님과 함께 걷고 있다면, 그들은 분명 내가 스무 살 때 가졌던 것보다 더 예리하고 용감한 믿음을 소유한 것입니다. 그들은 명확하고 담대하게 이끌어갑니다. 그들은 무엇이 위태로운지 잘 알고 있습니다.

이번 부흥은 나로 하여금 떠오르는 세대의 날카로운 통찰력과 용기 있는 비전을 구약 선지자의 말처럼 경청하게 만들었습니다. 그들은 무례하지 않지만, 분명합니다.

"우리는 당신들의 조직도와 구조, 직함의 사다리와 프로그램, 성과와 트로피를 원하지 않습니다."

떠오르는 세대는 교회가 사회에서 문제가 되는 존재로, 긍정적으로도, 심지어 중립적으로도 보이지 않는 시기에 이끌려가고 있습니다. 젊은 세대는 기독교가 사회적 선을 저해한다고 여겨지는 세상에서 살아가고 있습니다. 그래서 그들은 말합니다.

"진짜가 아니면 저는 떠날 겁니다."

Z세대는 우리를 본래의 모습으로 되돌아가게 하고 있습니다. 이 것이 애즈베리 부흥에서 얻은 중요한 교훈 중 하나입니다. 떠오르는 세대는 교회를 하나님의 나라에서의 삶의 단순함과 아름다움으로 다시 초대하고 있습니다. 부흥의 기간 동안 학생들은 예수님과 진정한 관계를 맺고 있지 않은 사람은 앞에 나서서 예배를 인도할 수 없다고 단호히 말했습니다.

그래서 그들은 "대기실 문화"를 거부하고 "성별의 방 문화"로 우리를 초대했습니다. 그것이 휴즈 강당 뒤편에서 숨겨진 것이었고, 예수님께서 무대를 차지하셨을 때의 거칠지만 빛나는 모습을 우리 모두에게 보여준 것이었습니다. 이는 인간의 노력보다 예수님의 임재의 승리였으며, 인간의 재능을 신격화하는 대신 진정성을 중시한 가치의 승리였습니다.

우리는 교회가 젊은이들에게 어떻게 다가갈지 고민하며 머리를 쥐어뜯었지만, 이번 부흥은 어쩌면 젊은이들이 교회로 다가오고 있다는 것을 보여주었습니다. 그 열 여섯날의 영광스러운 낮과 밤 이후, 우리는 떠오르는 리더들이 점점 더 용기를 내고 힘을 얻고 있는 모습을 보고 있습니다. 그들은 우리에게 기다리고, 서두르지 않고, 주님을 기다리며, 조금 더 인내하며 그분께서 무엇을 하실지 보라고 가르쳤습니다. 이 모든 것은 승천 후 예수님께서 제자들에게 예루살렘으로 돌아가 약속이 이루어질 때까지 기다리라고 하신 가르침과 다르지 않았습니다. 그러나 우리 서구 기독교인들의 치밀한 계획과 과도한 프로그램 속에서 사실상 기다림을 잊어버렸고, 예수님께서 실제로 들어오실 공간을 배제해 버렸습니다. 부흥기간 동안 저는 종종 그분이 제게 속삭이시는 소리를 들었습니다.

"데이비드, 나는 너희 서구 기독교인들이 가진 모든 탁월함과 시설, 자원으로 할 수 있는 모든 것을 보았다. 그러나 이제 휴즈를 보라. 너가 나에게 이 공간을 내어준다면 내가 무엇을 할 수 있는지 보라."

젊은 세대가 우리를 그곳으로 이끌었습니다.

어디에서나 나는 같은 일을 할 준비가 된 젊은 기독교인들을 발견합니다. 부흥은 우리에게, 중년과 장년층이 한 발 물러서서 단순히 그들의 영혼을 돌보고 그들의 용기에 지지자가 되어준다면, 젊은 세대가 예수님께서 가고자 하시는 곳으로 따라갈 것임을 가르쳐주었습니다. 그분은 그들을 구원하기를 원하십니다. 오늘날 떠오르는 세대는 더 이상 불안과 우울, 죽음의 세대로 알려질 필요가 없습니다. 우리는 그들이 우리의 눈앞에서 자유와 기쁨, 그리고 생명의 젊은 남녀로 변하는 것을 보았습니다.

교회를 일깨우기

이번 부흥은 우리로 하여금 청년들의 좌절감을 직면하게 하고, 그들의 비판을 진지하게 받아들이도록 도전하고 있습니다. 우리는 그들에게 물려준 교회에 대해 회개하며, 우리가 물려준 유산 위에 서도록 그들을 초청하고 있습니다. 비록 우리의 천장이 그들에게는 바닥처럼 보일지라도 말입니다. 지금은 청년들에게 권한을 부여해야 할 순간입니다. 이는 단지 우리의 교회가 그들을 잃어가고 있기 때문만이 아니라, 그들의 날카로운 질문과 희생적이고 열정적이며 선구적인 마음이 각성의 선봉에서 우리를 축복하고 있기 때문입니다.

깨어난 세대가 등장하기 위해서는 먼저 바나바 세대가 필요합니다. 바나바가 사울을 찾아 나선 것처럼, 우리는 청년들을 찾아내어 그들에게 우리의 신뢰를 주고, 그들이 하나님의 일을 하며 시행착오를 겪을 때 인내하며 동행해야 합니다. 그리고 그들이 자신의 소명을 깨달았을 때 우리는 물러서야 합니다. 오늘날 45세나 50세 이상의 사람들은 젊은 리더들 뒤에서 또는 곁에서 일해야 합니다. 이제 더 이상 자신의 경력을 쌓을 시간이 없습니다. 그런 것은 더 이상 중요하지 않습니다.

특별한 신학적 성찰이나 잘 짜인 계획에서 비롯된 것은 아니었지만, 이번 부흥을 관리한 우리 작은 팀은 단지 그것이 신성한 역사라는 인식에서 자연스럽게 이름 없는 다수의 모습을 취하게 되었습니다. 우리는 이 역사에 손을 대거나 소유하려 하지 않았습니다. 휴즈에서 앞자리를 차지한 것은 몇몇의 남성과 여성이 교대로 지원하고 관리하는 형태였습니다. 우리는 절대 자신을 소개하지 않았고, 다음에 나설 사람을 소개하지도 않았습니다. 그것은 중요하지 않았기 때문입니다. 거의 우연히, 우리는 젊은 세대에게 매우 강렬한 영향을 미친 패턴을 발견했습니다. 누구도 무대를 구축하려 하지 않았고, 개인적인 이득을 얻으려 하지 않았습니다. 그것이 방 안을 진짜처럼 느껴지게 했습니다. 여러 이름 없는 설교자와 철저히 헌신된 예배 인도자들이 함께 만들어 낸 분위기는 제가 평생 본 가장 겸손하고 순수한 마음의 분위기 중 하나였습니다. 그곳은 왕을 위한 방이 되었습니다. 예수님은 이례적으로 어떤 방해도 받지 않고 필요한 모든 일을 하실 수 있었습니다.

이번 부흥은 기독교 내 유명 인사 중심 문화를 무너뜨리며, 세상은 스타와 유명 인사를 원할지 몰라도, 교회는 성도들을 가졌음을 상기시켰습니다. 성자들은 보통 그들이 세상을 떠난 후 겸손과 희생으로 인정받습니다. 그러나 유명 인사들은 살아 있는 동안 명성을 쌓으려고 노력합니다. 미국 기독교는 군중을 끌어들이기 위해 유명 인사와 명성을 지나치게 의지해왔습니다. 하지만 교회에 상처를 입은 Z세대는 월모어로 향했습니다. 그들은 볼만한 유명 인사도, 대단한 이름도 없다는 사실을 알고 있었습니다. 우리는 예수님께서 임재하시고 일하시는 곳이라면 그 어떤 것도 필요 없다는 것을 깨달았습니다. 유명 인사는 필요 없고, 오직 예수님만 계시면 됩니다.

이번 부흥은 미국 기독교의 잘못된 전략들을 정면으로 직시하게 만들었고, 우리를 깨어난 리더십이라는 좁은 능선 위로 불러냈습니다. 한쪽으로는 두려움의 함정을 피하며 하나님께서 하나님 되심을 허용하고, 다른 한쪽으로는 과잉의 함정을 피하며 정직하고 신뢰할 수 있으며 안전하고 공감하는 우정을 통해 앞으로 나아가야 한다는 것을 깨닫게 했습니다. 이러한 우정 속에서 성령께서 말씀하시고 변화를 일으키십니다.

우정의 속도

우리는 우정이 더 나은 날을 기대하며 부수적인 문제가 아니라는 것을 이해하게 되었습니다. 우리의 관계의 수준은 예수님과 그분의 사역에 있어 중심적이고 중요합니다. 때때로 나는 하나님께서 다른 무엇을 그분의 임재의 필수 조건으로 삼으셨으면 했습니다! 그러나 우리의 관계는 도전적이고, 연합을 이루는 데 많은 노력이 요구됩니다. 이번 부흥 동안 우리는 알게 되었습니다. 하나님의 나라는 우정의 속도로 전진한다는 것을 말입니다. 깨어남은 아마존에서 주문하거나 최신 컨퍼런스에서 가져와 바로 써먹을 수 있는 플러그 앤 플레이 프로그램이 아닙니다. 하나님의 충만함과 온전함은 우리 서로를 향한 사랑이라는 흐름 속에서 움직이며, 우리의 우정, 그 겸손함과 건강함은 하나님의 사역에 있어 반드시 필요한 요소입니다.

부어짐이 시작된 며칠 동안, 회개와 용서가 우리가 할 수 있는 거의 전부처럼 보였습니다. 강당 곳곳에서 사람들이 서로에게 다가가 사과하고, 실수를 인정하며, 불만을 용서하고, 오해를 설명하려고 앞다투어 움직였습니다. 휴즈 강당 앞 계단에는 화해와 회복의 문자를 보내는 사람들로 가득했습니다.

우리 내부의 작은 관리팀에서도 관계는 가장 중요한 관심사로 남아있었습니다. 날이 갈수록 중대한 결정들이 실시간으로 이루어졌으며, 이는 대학 직원과 자원봉사자들에게 큰 영향을 미쳤고, 윌모어로 몰려드는 수천 명의 방문객들에게도 영향을 미쳤습니다. 이러한 상황에서 솔직하고 직접적인 대화는 필수적이었지만, 충분히 시간을 들여 팀의 의견 조율할 여유는 없었습니다. 우리는 약속했습니다. 아무도 방을 뛰쳐나가지 않을 것이며, 아무도 관계를 끊고 떠나지 않을 것이라고. 불쾌감을 피하고, 신속히 잘못을 인정하고 사과하며, 나중에 시간이 허락될 때 더 깊은 화해를 이루기로 했습니다. 그러나 관계는 어떤 대가를 치르더라도 보살피고 지켜야 한다는 원칙이 있었습니다.

사라는 에필로그에서 인종의 경계를 넘는 관계에서 마주했던 깊은 회개의 이야기를 나누었습니다. 부어짐에 앞서 공동체와 기관의 리더들 중 일부는 수십 년 전에 관계의 균열과 상처를 겪었습니다. 부어짐이 시작되기 훨씬 전, 이들은 윌모어를 찾아와 과거에 벌어진 일들을 다시 점검하고, 더 나은 이해를 나누며, 화해를 이루기 위해 노력했습니다.

부어짐이 시작된 첫 순간부터 모든 차원에 걸쳐 흐르고 있던 것은 도전 속에서 단련되고 견고함을 입증한 관계들이었습니다. 솔직함의 무게를 감당할 수 있는 우정, 젊은 세대의 질책을 견딜 수 있는 나이 든 관리자들, 그리고 우리가 그분을 따라 형성한 급진적인 겸손의 공동체 안에서 자비롭게 거하시는 예수님을 아는 사람들이 있었습니다. 사람들이 종종 묻습니다. "우리도 우리가 있는 곳에서 부어짐을 경험할 수 있는 방법이 있을까요?

그리고 예수님이 주신다면, 그것을 어떻게 잘 관리할 수 있을까요?"

나는 항상 이렇게 대답합니다.

"당신의 모든 관계적 통로가 열려 있고 계속 열려 있도록 하기 위해 필요한 모든 것을 하십시오."

우리는 우리의 원한을 묻어두고 하나님께서 그것을 보지 못하실 것이라고 생각할 여유가 없습니다. 부어짐은 우리에게 먼저 나아가는 기쁨, 회개와 화해라는 아름다운 선물을 가르쳐주었습니다. 우리는 연합의 짐을 사랑의 수고로 여기게 되었으며, 그것이 하나님께서 기뻐하시는 기도 자세가 되는 것을 보았습니다.

기도의 부르심

부어짐에서 배운 가장 중요한 교훈은 아마도 이것일 것입니다. 휴즈 강당에서 16일 동안 일어난 모든 일은 기도의 열매였습니다. 그리고 그 이후로 나는 기도에 대해 이렇게 동기부여를 받은 적이 없습니다. 믿음을 재건하는 젊은 세대의 눈물에 젖은 눈을 바라보며, 만약 우리가 영적인 눈으로 휴즈 강당의 오래된 강단 난간을 본다면, 우리는 나무를 보지 못했을 것입니다. 대신 수천 명의 정서적, 영적 속박의 사슬이 떨어져 나간 모습을 보았을 것입니다. 저는 예수님을 만나며 중독과 어둠의 영향에서 자유를 찾은 사람들, 갱신과 소명, 온전함을 경험한 남녀들의 얼굴에서 기쁨을 보았습니다. 이것은 하나님께서 기도에 응답하실 때 무엇을 하시는지에 대한 확신을 내게 심어주었으며, 그 이후로 나는 기도에 대한 가장 강력한 동기를 마음에 품고 있습니다.

사람들이 휴즈 강당으로 들어올 때마다, 나는 네바다에서 온 사람이든 노르웨이에서 온 사람이든, 아르헨티나에서 온 사람이든 앨

라배마에서 온 사람이든, 그들을 맞이하곤 했습니다.

"와우! 여기 켄터키까지 오셨군요!"

라고 제가 말하면, 그들은 이렇게 정정하곤 했습니다.

"절 고마워하지 마세요. 저는 반드시 와야 했습니다. 제가 수년 간 기도해온 것을 직접 눈으로 확인해야만 했습니다!"

2023년 2월 이전부터, 중보기도는 전 세계 남성과 여성들에게 개인적이고 영적인 결단의 기초가 되어왔습니다. 그들이 기도하면서 영적으로 보았던 것, 우리가 알지 못하는 곳에서 제단과 기도의 방에서 간절히 바랐던 것이 바로 이번 부어짐의 부흥이었습니다. 우리는 종종 이렇게 말하곤 했습니다.

"이번 부어짐의 부흥은 라스베이거스의 반대입니다. 라스베이거스에서는 '여기서 일어난 일은 여기서 끝난다'라고 말하지만, 부엇미의 역사에서는 '여기서 일어난 일은 땅 끝까지 가야 한다'고 말합니다!"

전 세계 곳곳에서 사람들이 기도하고 있었고, 이 이야기는 그들의 이야기였습니다.

나는 아웃포어링이 우리에게 던지는 큰 부르심이 우리를 다시 기도의 골방으로 이끌어, 우리가 마음과 가정, 교회, 도시에서 가장 필요한 것을 발견하는 은밀한 장소를 알게 하는 것이라고 믿습니다. 예수님 자신이 우리의 상급입니다. 예수님만이 우리의 정체성이자 소망이며, 우리의 끈기와 용기, 동기와 사명입니다. 역사 속에서 하나님께서 행하신 모든 위대한 일과 형성적 사건들처럼, 우리는 다시 한 번 모든 사역과 삶을 기도의 골방에서 나온 심부름으로 보아야 합니다. 예수님과의 교제를 통해 오는 매력과 완전한 만족을 다시 찾는 것이, 우리 시대에 하나님의 은혜가 증가하도록 문을 여는 열쇠가 될 것입니다.

부어짐의 부흥기간 동안 매일 우리는 휴대전화를 들고 이렇게 말하곤 했습니다.

"사진 몇 장 찍으세요. 짧은 영상도 찍으세요. 그리고 나서 휴대전화를 내려놓으세요. 깨어남은 휴대전화로 퍼져 나가는 것과는 다릅니다. 부어짐의 부흥은 휴대전화로 보는 것이 아니라, 하나님을 찾기 위해 얼굴을 땅에 대고 기도함으로 일어납니다."

그리고 시간이 지날수록 이 사실은 점점 더 명확해지고 있습니다. 에스겔 47장의 성전 문에서 흘러나온 물처럼, 사람들, 특히 서구에서 점점 더 하나님만이 하실 수 있는 일을 갈망하며 기도하고 있습니다. 우리가 기도에서 감정적으로 솔직한 표현을 우리 긴급한 필요의 압도적인 평가와 비례하게 할 때, 우리는 성령의 탄식이 우리 안에서 말로 표현될 수 있도록 허락하기 시작합니다. 우리는 이러한 하나님의 기도에 우리의 믿음을 더하고, 우리의 연합으로 그것들을 감싸며, 하나님이 일하시는 것을 지켜봅니다. 지금은 성령께서 우리에게 겟세마네의 사랑, 고통의 기도를 다시 소개하려 하시는 때입니다. 바울이 갈라디아인들을 위해 마치 해산하는 여인처럼 하나님께 간청하며, 이 세대 안에 그리스도가 형성되기를 구했던 것처럼 말입니다. 이번 부어짐은 우리를 하나님의 일이 중심적으로 이루어지는 곳, 즉 강단이나 블로그, 책이나 트윗이 아니라 기도의 골방으로 되돌아가게 했습니다.

파인탑스(Pinetops) 재단의 최근 연구 '위대한 기회'(The Great Opportunity)에 따르면,[2] 현재 추세가 계속된다면, 오늘날 미국 교회와 최소한 명목상으로라도 연결되어 있는 100만 명 이상의 젊은 성인이 앞으로 30년 동안 매년 교회를 떠날 것이라고 합니다. 이는 현재 기독교인이라고 스스로를 인정하는 밀레니얼 세대와 Z세대 중 약 4,000만 명이 2050년이 되면 더 이상 기독교인이라고 말하지 않을 것을 의미합니다. 그러나 이 연구는 만약 우리가 이러한 이탈을 조금이라도 늦추고, 20년 전 X세대에서 보았던 수준의 유지율과 전도 패턴으로 돌아간다면, 이 이탈을 2,000만 명 손실로 줄일 수 있을 것이라고 지적합니다.

그 2,000만 명의 차이는 무엇일까요? 그 젊은 믿음의 사람들을 붙잡는 것은 제1차와 제2차 대각성 운동, 1857년 뉴욕의 부흥, 아주사 거리 부흥, 그리고 모든 빌리 그레이엄 집회에서 믿음을 갖게 된 사람들의 수를 모두 합친 것보다 더 큰 결과를 낳을 것입니다. 이번 부어짐의 부흥은 우리로 하여금 지금이야말로 우리의 위대한 기회가 될 수 있다는 믿음을 갖게 했습니다.

우리는 대부분의 사람이 25세 이전에 믿음의 결단을 내린다는 것을 알고 있습니다. 밀레니얼 세대 대부분은 이미 그 시기를 지났고, 이제 막 성년을 맞이하고 있는 Z세대는 빠르게 미국 역사상 가장 세속적인 세대가 되고 있습니다. 이 세대의 막내는 2050년이 되

---

2) Greatopportunity.org.

면 35세가 되며, 그 나이가 지나면 종교적 결단은 일반적으로 변하지 않는다고 합니다.[3] 따라서 앞으로 20~30년은 미국 기독교의 성패를 가를 매우 중요한 시기라는 것은 결코 과장이 아닙니다.

바울이 고린도인들에게 쓴 편지에서 말한 것처럼,

"나에게 큰 문이 활짝 열려서, 일을 많이 할 수 있는 기회가 왔습니다"(고린도전서 16:9, 새번역),

우리 역시 지금이 그러한 순간임을 말할 수 있습니다. 이번 부어짐은 우리가 영적 기근의 시기를 살고 있음을 깨닫게 했습니다. 사람들은 단지 영적으로 굶주린 것이 아니라, 영적 기아 상태에 있습니다. 부어짐의 기간 동안, 며칠씩 여행하며 줄을 서서 몇 시간 동안 기다리던 사람들의 물결은 마치 예수님의 치유와 안식을 갈망하며 그분께 가까이 가기 위해 애쓰던 성경 속 무리들과 같았습니다. 2023년 2월, 우리는 마치 신약 성경의 페이지 속을 걸어 다니는 듯한 기분이었습니다.

그리고 메리 펙햄처럼, 이것은 우리가 평생동안 다시 이야기하게 될 이야기입니다. 구약 성경은 여호수아 세대가 그들의 조상들에게로 돌아간 후,

"그 세대 사람들도 다 죽어 조상들에게로 갔다. 그 뒤로는 다른 세대가 들어섰다. 그들은 여호와를 알지 못하며 여호와께서 이스라

---

3) 위의 사이트.

엘을 위해 하신 일도 알지 못했다."(사사기 2:10)고 기록합니다.

이것은 제1차 세계대전 후 스코틀랜드의 상황이었고, 부어짐의 부흥 전까지는 우리의 시대 역시 마찬가지였습니다. 모든 세대는 하나님이 누구이신지, 그분이 어떻게 일하시는지를 스스로 알아야 합니다. 그리고 하나님은 2023년 2월에 그것을 우리에게 주셨습니다.

열엿새 동안 밤낮으로 하나님의 임재 이상으로, 예수님은 우리에게 이야기를 주셨습니다. 우리가 볼 수 있는 형태로 하나님이 무엇을 하실 수 있는지를 보게 하셨고, 하나님께서 어떻게 일하시기를 원하시는지를 배웠습니다.

"큰일을 해 주셨어, 여호와가 우리에게. 우리는 즐거워하고 있었지."(시편 126:3).

이것이 부어짐의 기간 동안 우리가 호흡하던 공기와 같았습니다. 그리고 이것은 우리의 폐에 숨이 있는 한 계속해서 전할 우리의 간증이 될 것입니다. 우리는 부어짐의 부흥에 대해 하나님께 감사하며, 더 많은 것을 요청할 것입니다.

그분의 임재는 너무 아름다웠고, 우리의 필요는 너무 컸으며, 우리의 하나님은 너무나 가치 있으셔서 그보다 덜한 것에 만족할 수 없습니다.

켄터키 렉싱턴에서
2024년 초겨울